GEÇMİŞ YAŞAM VE RUHSAL REGRESYON
ÇALIŞMALARINDAN KAVRAYIŞLAR

EBEDİ RUHU ŞİFALANDIRMAK

Andy Tomlinson

from the
heart press

Publication by *From the Heart Press*
Website: www.fromtheheartpress.com

First Publication *O Books*, 2005
Second publication *From the Heart Press*, 2012
Türkçe çeviri, 2014

Text copyright: Andy Tomlinson
ISBN: 978-0-9572507-8-9

Tüm hakları saklıdır. Bu kitap, eleştiri ve değerlendirme amacıyla kısa alıntılar yapılması dışında, yayıncıdan daha önceden yazılı izin alınmadıkça hiçbir şekilde çoğaltılamaz.

The rights of Andy Tomlinson as author have been asserted in accordance with the Copyright, Designs and Patents Act 1988.

A CIP catalogue record for this book is available from the British Library.

Design: Ashleigh Hanson, Email: hansonashleigh@hotmail.com

Andy Tomlinson ve regresyon terapisi eğitimi ile ilgili olarak daha çok bilgi almak için aşağıdaki websitesini ziyaret edebilirsiniz.
website: www.regressionacademy.com

Bu kitabın İngilizce'den Türkçe'ye çevirisine katkıda bulunanlar:
Bengü Özen, Diba Ayten Yılmaz, Elif Ertenli, Muammer Yılmaz, Nermin Uyar, Olcay Bahadır Aksaraylı, Pınar Gogulan, Rüya Taşdelen, Şermin Çetin

Editörler:
Diba Ayten Yılmaz, Muammer Yılmaz

Editörlerden önemli not:
Bu Türkçe kitap, Andy Tomlinson'ın bizlere göndermiş olduğu son versiyonun çevirisidir. Elinizde bu kitabın ilk versiyonlarından biri varsa, bu Türkçe versiyonla karşılaştırdığınızda bazı bölüm ve cümlelerin farklı olduğunu göreceksiniz. Bu çeviri hatası değildir. Andy kitabının son versiyonunda bazı vaka sunumlarını değiştirmiş ve özellikle entegrasyon bölümüne yeni terapi yaklaşımlarını da eklemiş. Dolayısıyla kitabın ilk İngilizce versiyonları ile bu Türkçe versiyonu arasında farklar vardır.

TEŞEKKÜRLER VE ALINAN İZİNLER

Bir terapistin yaptığı çalışmanın çoğu gizli kalmak durumundadır ve terapi dışında yapılan çalışma hakkında konuşulmaz. Bu nedenle kendi vaka deneyimlerini kullanmama izin verdikleri için birçok danışanıma teşekkür borçluyum Kendilerinin isimleri ve kişisel bilgileri değiştirildi fakat geçmiş yaşam deneyimleri şifalandırma teknikleri dikkatle kaydedildi.

Kitabın taslak halini okuyan ve kitabın esas temasının oluşturan psiko-spiritüel ve ezoterik konseptlerin anlatılmasındaki önerileri nedeniyle Dr. Peter Hardwick'e özel olarak teşekkür edilmelidir. Kendisinin yorulmaksızın gösterdiği sabır takdire değerdir. Dr. Roger Woolger'ın katılımı ilham vericiydi ve ayrıca kitap için temel notları sağlaması nedeniyle kendisine teşekkür edilmelidir. Ayrıca Dr. Hans ten Dam'a da faydalı önerileri nedeniyle teşekkür edilmelidir. Spiritüel Regresyon Tearapi Birliği'nden ve Avrupa Regresyon Terapi Birliği'nden meslektaşlarıma da teşekkürler. Her birinin adlarını anmaya yer olmamakla birlikte Ulf Parczyk, Els Geljon, Helen Holt, Diba Ayten Yılmaz ve Di Griffith'e özellikle teşekkür ederim. Hayatlar arası regresyonla ilgili olarak Michael Newton Institute üyelerine katılımları için teşekkür edilmelidir. Dr. Michael Newton ve Dr. Art Roffey'e de ayrıca özellikle teşekkür ediyorum.

Bu kitabın İngilizce'den Türkçe'ye çevirisine katkıda bulunanlar: Bengü Özen, Diba Ayten Yılmaz, Elif Ertenli, Muammer Yılmaz, Nermin Uyar, Olcay Bahadır Aksaraylı, Pınar Gogulan, Rüya Taşdelen, Şermin Çetin ve Editörler Diba Ayten Yılmaz, Muammer Yılmaz.

Alıntılar için aşağıdaki yayıncılara da ayrıca teşekkür ediyorum:

Shambhala Publications, Inc., Boston, www.shambhala.com, *The Tibetan book of the Dead,* translated with commentary by Francesca Fremantle and Chogyam Trungpa.

Random House Group Limited, *The Tibetan Book of Living and Dying,* by Sogyal Rinpoche, published by Rider.

University of Virginia Press, *Twenty Cases Suggestive of Reincarnation,* by Dr Ian Stevenson.

Praeger Publishers, *Where Reincarnation and Biology Intersect,* by Dr Ian Stevenson.

Harper Perennial, *The Enlightened Heart,* by Stephen Mitchell.

The Theosophical Books, *Idyll of the White Lotus,* by Mebel Collins.

Beyond Words Publishing, *Autobiography in Five Chapters,* by Portia Nelson, quoted by Charles Whitfield in *Healing the Child Within.*

Brunner & Mazet, *The Collected Papers of Milton Erickson Vol. IV,* quoted by Yvonne Dolan in *A Path With a Heart.*

Atlantic, Daily Mail quotes.

Headline Books, *Spirit Releasement Therapy,* by William Baldwin.

Llewellyn Publications, *Life Between Lives; Hypnotherapy for Spiritual Regression,* by Michael Newton.

Michael Newton Institute, *Training Manual.*

İÇERİK

BAŞLANGIÇ   1

1. ÖNSÖZ   7
Hayal gücü; alışılmış düşünce biçiminin ötesi; Fizik bedenin ötesindeki sübtil beden enerjisi; Bazı anılarımız geçmiş yaşam anıları olabilir mi?; Bir danışanın geçmiş yaşam regresyon deneyimi; Regresyon terapisinin odaklandığı alan.

2. GEÇMİŞ YAŞAM VE RUHSAL REGRESYON TEORİSİ   23
Eski zamanların bilgeliği; Bir madde ve ruh ikiliği; Geçmiş yaşam anıları enerji alanımızda bulunuyor; Karma; Tekrar bedenlenmek; Ruhsal gelişimimiz için başkalarını çekmek; Kompleksler.

3. BİR GEÇMİŞ YAŞAMA BAŞLAMAK   41
Hipnoz; Duygusal köprü; Sözel köprü; Fiziksel köprü; Bir enerji taramasıyla oluşturulan köprü; Görsel köprü; Bir geçmiş yaşama geçişte oluşan blokajları aşmak.

4. BİR GEÇMİŞ YAŞAMI KEŞFETMEK   63
Karakteri bedenlendirmek ve sahneyi oluşturmak; Zaman içinde ilerlemek; Oyalanma ve saptırma durumlarını aşmak; Katarsis

5. GEÇMİŞ YAŞAMDA ÖLÜM ANI   79
Huzurlu bir ölüm; Çözümlenmemiş travma; Dünya'ya bağlı kalma durumu.

6. RUHSAL BOYUTTA DÖNÜŞTÜRME   89
Geçmiş yaşam karakterleriyle karşılaşma; Donmuş hislerin dönüştürülmesi; Ruhsal rehberlerin yardımı; Affediş durumuna ulaşmak; Bitmemiş işler için enerji taraması.

7. HAYATLAR ARASI RUHSAL REGRESYON 107
Hazırlık; Hipnoz derinleşmesi; Ruhsal alemlere giriş;
Ruhsal rehberlerle geçmiş yaşamın gözden geçirilmesi;
Ruh gruplarıyla bir araya gelme; Bilge ruhsal varlıkları ziyaret;
Şimdiki yaşam için beden seçimi; Tekrar bedenlenmek üzere
yola çıkmak; Diğer ruhsal aktiviteler; 'Sonsuz şimdi' içinde
çalışmak; Komple bir Ruhsal Regresyon Çalışması.

8. BEDEN HAFIZASI İLE ÇALIŞMAK 161
Bedenin dili; Beden hafızasını keşfetmek; Geçmiş yaşam beden
hafızasını dönüştürmek; Şimdiki hayat beden hafızasını
dönüştürmek; Psikodrama; Derin travma ile bağlantının kesilmesi
ve parçalanma.

9. DAVETSİZ ENERJİ 183
Arka plan; Meydana çıkarma; Ruhsal eklentilerin gönderilmesi;
Negatif davetsiz enerjinin temizlenmesi; Enerji şifası ve
bilgilendirme.

10. ENTEGRASYON 199
Bir geçmiş yaşam regresyon terapisinin entegre edilmesi;
Regresyon terapisinin entegre edilmesi; Enerjinin dengelenmesi
ve kendine gelme; Diğer entegrasyon çalışmaları.

11. ÖN GÖRÜŞME 213
Güven; Hedefler ve ölçülebilir semptomlar; Sınırlar ve danışanın
hikayesinin alınması; Regresyon terapide kaçınılması gereken
kompleksler; Psikotik ilaçların ters etkileri; Hatalı hafıza.

12. SONUÇ 223

EK I Notlar 229
EK II Bir Regresyon Terapi Seansının Yapılandırılması 235
EK III Bir Ruhsal Regresyon Seansının Yapılandırılması 247
EK IV Davetsiz Enerji ile Çalışmak 271
DAHA İLERİ OKUMALAR 277
REGRESYON TERAPİ KURUMLARI 281
KAYNAKLAR VE DİPNOTLAR 283

KAYNAKÇA 291
YAZAR HAKKINDA 297

BAŞLANGIÇ

Oturmuş bana verilen psişik rehberliği düşünüyordum. Özellikle bu medyumun bana daha önce verdiği bilgiler esrarengizce doğruluğunu ispatlamıştı. Rehberlik vermeye şu sözlerle başladı; 'Gelen ruhun muazzam bir gücü ve çok parlak bir ışığı var. Altı aya kadar Brezilya'ya gideceğini ve yapacak 2 şeyin olduğunu söylüyor. Herkesin beyazlar giyinmiş olduğu geniş bir odada 'Tanrı'nın John'u' adlı adamla tanışacaksın. Ayrıca şifa çalışmaların sırasında kullanman için ilerisinde insanları gömdükleri bir mağaranın içinde bulunan bir kristali bulmak üzere seçildin ve o kristali bulmak için filin gözüne odaklanmalısın. Bu görev çok önemli.' İlk sorum biraz daha bilgi almak amaçlıydı. Aldığım tek yanıt, 'Biri sana yardım edecek ve onların söylediklerine çekileceksin. Daha sonra nereye gideceğinin bilgisi sana verilecek. Brezilya'ya seyahat Ağustos ayında olacak ve en az 3 hafta sürecek ve yolculuğun nehir kenarında geçecek. Hazırlık olarak yanına yılan sokmasına karşı panzehir alman gerek. Eğer yolculuğun süresince sezgilerini dinlersen herşey yolunda gidecek.' oldu.

Sonraki aylar tanıştığım her yeni kişinin Brezilya ile herhangi bir ilgisi olup olmadığını kontrol etmekle gecti. Sonunda pes edip günlük yaşamıma devam ettim. 3 ay sonra, Dr Art Roffey, Amerikalı meslektaşım, Şamanizm üzerine konuşma yapmak için geldi. Şaman mentoru, Don Theo Paredes'e bir kaç yıldır asistanlık yapan Art, aynı zamanda Peru'da seyahat eder. Bana Peru'ya gitmekle ilgilenir miyim diye sordu ancak ilgimin Brezilya olduğunu belirttim. O noktada, bana Ipupiara Makunaiman, Ipu diye tanınan birisinden bahsetti. 1946 yıllarında Ureu-eu-wau-wau (Yıldızın İnsanları) diye Brezilya'nın Amazon'unda bir kabileye doğmuştu. O zamanlarda Ureu-eu-wau-wau kabilesinin sayısı 2400'dü, ama simdi sadece 43'ü hayatta kalabilmişti. Uzun süren şifacılık ve Şamanlık

EBEDİ RUHU ŞİFALANDIRMAK

eğitiminden sonra, kabile büyükleri Ipu'yu geleneksel yöntemlerin dışında eğitim almaya teşvik ettiler. Onların yönlendirmelerinin ardından, Antropoloji ve Biyoloji'de doktora yaptı ve aynı zamanda İngilizce'yi İspanyolca'yı, Portekizce'yi ve 8 yerli Güney Amerika lehçesini çok iyi derecede öğrendi. Geleneksel Şaman olarak şifa uygulamanın yanı sıra, yerli kültürleri ve bilgeliği koruma ve paylaşma amaçlı Native Cultural Alliance'ı (Yerli Kültür İttifakını) kurdu. Buna Amazon'a gezi turları düzenlemek de dahildi. Ipu ile irtibata geçtiğimde bir sonraki seyahatinin Ağustos'ta gerçekleşeceği söylendi, sezgilerime göre biliyordum ki o benim Brezilya yolculuğumda ihtiyacım olan rehberdi ve rezervasyon yaptırdım.

Ipu'nun gezisinin büyük bir bölümünün yaşam ve uyuma alanı olarak kullanılan teknelerle yolculuk ederek geçtiğini keşfettim. Bizim gezimiz Amazon'un bir kolu olan Rio Naigro boyuncaydı. Nehrin asitli suyu sivri sinekler için Amazon'dan daha az uygun bir ortam sağlıyordu, ancak benim kaygım daha çok yılan ısırmasına karsı panzehiri bulmaktı. Amazon'un bu bölümünde yalnızca tek bir yılanın bulunduğu söylendi, mercan yılanı. Tıbbi bir panzehiri almak bir eczaneye gidip satın almak demek değildi. Canlı bir yılan kendi yaşama alanında çürümüş bir ağac gövdesinin altında yakalanmalı ve zehrini çekip panzehir hazırlamak üzere bir merkeze gönderilmeliydi. Acil durumlar için hastahaneler panzehir bulundurmasına rağmen, günlcrce nehirde yol alacağımız için hastahanelerden çok uzakta olacaktık. Sonunda, yılan sokmasının çok nadir olduğuna dair ikna edildim.

Bir Şaman tekneyi karşılamak için karada duruyordu. Selamlaştıktan sonra, yanında bazı kadınların dokuma yaptığı ve başka bir Şamanın beklediği bir kulübeye yönlendirildim. Şaman, kapıdan içeri girdiğimde, koruyucu sıvı içindeki iki ölü mercan yılanının olduğu bir kavanoz sundu bana. Kulübeden içeri girdiğimde sezgileri ona bu kavanozu bana vermesini söylemişti. Bir tercümanın yardımıyla bir Şaman'ın yılan sokmasına karşı

Başlangıç

ilacının bana sunulduğunu öğrendim. Bu mercan yılanı panzehiri omuriliğinde taşıyormuş. Yılan sokmasını tedavi etmek için, Şaman bedenin etkilenen bölümünü kanamayı durdurmak için sargı beziyle döndürerek sıkıca sarar ve yılan yakalandıysa ölmüş yılanın bir parçası yaraya sürülür. Yılanın omuriliğindeki panzehir etkisini gösterince yılan sokmasından oluşan kırmızı bölge renk değiştirmeye başlar. Eğer yılan yakalanamazsa, kavanozdaki yılan kullanılır. Koruyucu sıvı ateşte yakılır ve közlenen yılan yaraya sürülür. Binlerce yıl boyunca aktarılan bilgiyle, Şaman'lar bu tür bir şifa yöntemi kullanıyorlardı. İkinci sürpriz Şaman törenindeydi. Şaman'a kristalle ilgili bana herhangi bir şey anlatabilir mi? diye sorduğumda, bana tercüme edilen kelimeler şöyleydi; "Sen insanların ruhlarını iyileştiriyorsun." Bir spiritüel ve geçmiş yaşam terapisti olarak, yaptığım iş ruhen derindir ama daha önce hiç bu şekilde düşünmemiştim. Karşımda tüm yaşamını ormanın ortasında geçirmiş ve tek kelime bile dilimizi bilmeyen bir Şaman duruyordu ve yaptığım işin önemini hemen anlayıvermişti. 'Aradığın Kristal fiziksel formda değil eterik formdadır. O bir enerji kaynağıdır.' diye devam etti.

Yolculuğumuzun sonlarına doğru, grubumuz Amazon'a bağlı olan Iracema'daki bir şelaleyi ziyaret etti. Yerlilere göre Iracema "bakire gözlerden akan yaşlar" demekti. Bu kutsal yerde iki bin yıldır şifa törenlerinin yapıldığı mağaralar var. Bu mağaraların ayrıca atalarının kemiklerini ve kalıntılarını gömmek için kullanıldıklarını öğrenince ilgim daha da arttı. O noktada hala aradığımın fiziksel bir Kristal olduğuna ikna olmuştum. Elimde bir fenerle, kimi zaman dizlerimin üstünde, mağaraların derinliklerini aradım. El fenerini yarıklara doğru çevirdiğimde, büyük yarasaları keşfettim. Bana çarpmamaları için başımı eğmek benim için artık normal bir olay haline gelmişti, file benzer herhangi bir şeyi bulmak adına mağaranın derinliklerini öylesine araştırmaya dalmıştım ki bazı yarıkların içinde, upuzun ayaklı örümceklerin bana doğru yaklaştıklarını göremiyordum. Sonunda

EBEDİ RUHU ŞİFALANDIRMAK

bu şekilde bir şey bulamayacağımı anlamıştım. Bir gün dinlendikten sonra, mağaraların üzerlerinde gezinmeye başladım, ve mağara duvarı üzerindeki bir noktaya elimi koyarak meditasyon yapmaya çekildim. Gözünün içinde Kristal olan bir fili gözümde canlandırdığım an, geniş parlak ışık kütlesine doğru akan ışık tüneline benzer bir şey deneyimledim. Ellerime şifanin aktığını hissediyordum. Ancak, halen daha bu olanın anlamını tam olarak anlamış değildim.

Yolculuğun son bölümü Brezilya'ya arabayla 2 saat uzaklıkta olan Abadiania'nın içindeki Casa'da geçti. "Tanrı'nın John'u" diye adlandırılan Joao Teixeira de Faria burayı şifa merkezi yapmıştı. Son 2000 yılın en olağanüstü şifacıları tarafından el verilmiş olan bu kişi, bir günde şifalandırdığı insan sayısının sıradan bir hastanenin bir ayda şifalandırdığı insan sayısından daha fazla olmasıyla meşhurdu. Açıkcası oraya gitmeden önce ve hatta bazı yaptığı şaşırtıcı fiziksel ameliyatların videolarını izlerken bile onun hakkında şüphelerim vardı. Bunlardan bir kaçı, elleriyle bir tümörü nasıl çıkardığını ve bir bıçakla ne yaptığına bile bakmadan kataraktı nasıl kazıyıp çıkardığını içeriyordu. Casa'daki şifa odasına girdiğimde, yüzlerce insanı Casa'nın üzerine kurulduğu kuvars tepenin enerjisiyle bağlantıya geçerek meditasyon yaparken buldum. Bu olağanüstü enerjinin içinde, asıl şifanın ışık varlıkları tarafından odaklanarak aktığı söylendi, tıpkı batı cerrahisinde göz operasyonalarında lazer enerjisinin odaklı olarak akışı gibi.

Üç yıl önce, doktoru tarafından motor nöron hastalığı teshisi konulan ve altı aylık ömrü kaldığı söylenen Claire adlı bir Avusturalya'lı ile konuştum. Tanrı'nın John'u ile ilk seansında, titremeleri durmuştu ve koltuk değneklerini atıp desteksiz yürümüştü. Ameliyatında tıbbi anestezi olmadan uzun uçlu bir makasın burnundan içeri beş santim kadar beynine doğru sokulduğunu açıkladı. Joao, makası çevirdiğinde hiç acı hissetmediğini sadece ağzının içinde sinüs sıvısı ve hafif kan hissiyle ne yaptığının farkına vardığını belirtti. Bu tip

Başlangıç

ameliyatların Joao'nun 'entities' diye adlandırdığı ışık varlıkları tarafından onun bedenini kullanarak gerçekleştiğini ögrendim. Bunun gibi mucizevi fiziksel ameliyatlar şüpheye düşen bilinci ikna etmek için kalabalık grupların önünde yapılıyor.

İngilizce bilen ve kendi şifa hikayelerini anlatan diğer insanlarla da konuştum. Onun çalışmasına olan şüphelerimin kalkmış olmasına rağmen konuştuğum herkes şifalanmamıştı. Bu çalışma da, diğer tüm çalışmalar gibi, karma yasasına uygun bir şekilde yapılmalıydı. Bazı insanlara günlük yaşamlarında değişiklikler yapıncaya kadar ya bir parça şifa uygulandı ya da hiç uygulanmadı ve tam bir şifa uygulaması için ileri bir tarihte yeniden gelmeleri söylendi.

Casa'nin şifa enerjisine giden ve içgüdülerinin ve şifa yeteneklerinin artması için yardım rica eden çok sayıda şifacı da vardı. Şifa için gelenlerle birlikte üç saat meditasyon yapmak ruhu şenlendiren bir deneyimdi. Casa'nın ziyaretçilerine hizmet etmek için yakın çevre otellerinde bir kaç hafta kalanlar da harika bir topluluktu. Medyum tarafından öngörüldüğü gibi, insanların çoğu merkeze olan saygılarını göstermek için beyaz giyiyorlardi. Günde 500 insanın şifa için geldiği, bu spiritüel girişimin saf büyüklüğü karşısında etkilenmemek mümkün değildi. Joao 30 yıldır psişik ameliyatlar yapıyor ve bunun için hiç bir ücret almıyor.

Geziden hemen sonra Art'la buluştum ve ona seyehatimi ve bulduğum enerji kaynağını anlattım. Onun ilk andaki içgüdüsel dürtüsü bir süredir koruduğu kutsal şifa taşını bana vermek oldu, sezgileri ona bunun bana verilmesi gerektiğini söylüyordu. Peru'nun Chavin insanları tarafından 2000 yıl önce kuvars figür olarak oyulmuş olan taşın güçlü şifa enerjisi açıkca hissediliyordu. Kendi kabilesindeki Şaman'ın Ipu'ya benim kristali Brezilya'da bulamayacağımı söylediği ortaya çıktı. Kristal ruhsal şifa yolunda, biri tarafından bana verilecekti.

EBEDİ RUHU ŞİFALANDIRMAK

Yaşam tam da medyumun ve Şaman'ın öngördükleri gibi gelişmişti, herkes bu muhteşem açılım hikayesinde oyuncu olarak sahne almış ve birbirleriyle iyi etkileşimde bulunmuştu.

1

ÖNSÖZ

Bilincin o engin okyanusunun içine dal.
Bir damlacık su olan senin
Çok büyük, yüz deniz olmana izin ver.
Fakat, sadece o damlanın okyanus olduğunu düşünme,
Okyanus da bir damla olur.
Celalettin Rumi, 13.yy Sufi

HAYAL GÜCÜ – GELENEKSEL DÜŞÜNMENİN ÖTESİ

Mağaradaki deneyimim ve John of God tarafından kullanılan şifalandırıcı enerji ne kadar 'gerçek' idi? Modern psikolojinin hayal gücü, bütünsel kavrayış veya sezgi ile ilgili söyleyecek çok az sözü vardır. Çoğu araştırmalar ve tedavi yaklaşımları rasyonel düşünce, mantık, sözlü iletişim ile bağlantılı olan beynin sol yarım küresi üzerinde yoğunlaşmıştır. Batı kültürü bu alanların üstünlüğünü hayal gücünü sanatçılar, müzisyenler ve yazarlara bırakarak öğretmiştir. Benimkiler gibi deneyimlerden veya geçmiş yaşam anılarından bahsedildiğinde sıkça hayal gücünün sonucu olarak icat edilmiş veya yaratılmış olarak varsayılır.

Çoğu insan rahatladıklarında düşük beyin ritim seviyesine geçiş yapar ve sezgilerini ve hayal güçlerini kullanmanın daha kolay olduğunu keşfederler, fakat modern psikoloji bunların ne olduğunu ve nereden geldiğini bilmiyor. Psikolojinin ilk zamanlarında Carl Jung hayal gücünü ortak bilinçdışına bir açılış olarak öngördü. Bunu atalardan gelen mirasın ve geçmiş yaşam anılarının deposu şeklinde gördü. Diğer bir bakış açısıyla, psikiyatrist Stanislov Grof değiştirilmiş farkındalık durumları ile çalıştı. LSD ilacı ile klinik deneyler yaptı ve katılımcıların çoğunun öncesinde ulaşılması olası olmayan cocukluk, doğum öncesi ve geçmiş yaşam anılarını kendiliğinden deneyimlediğini keşfetti. Daha sonra LSD'den ziyade derin nefes teknikleri kullanarak bu farklı bilinç durumlarına ulaşılabildiğini keşfetti.[1] Psikosentez olarak isimlendirilen terapinin kaşifi ve transpersonal psikoloji olarak isimlendirilen psikoloji dalını psikolojiye kazandıran Roberto Assagioli, meditasyon ile farklı bilinç durumlarına ulaşılabileceğini keşfetti.[2]

Diğer gerçekleri keşfetmek için hayal gücünün kullanılması insanlık tarihi boyunca bilinmektedir. Avustralya Aborjinleri bunu 'rüya zamanı' olarak adlandırmaktadır. Şamanizm[3] gerçek ve hayal edilen arasında bir fark görmemektedir. Şaman değiştirilmiş farkındalık durumuna genellikle ritmik davul sesi yardımıyla girer. Şamanizm onbinlerce yıla yayılır ve tüm kıtalardaki yerli kabileleri kapsar. Hiçbir antik kültür yazılı bir kayıt bırakmamıştır fakat biz hayatta olan ve bildiklerini bizimle paylaşmak isteyenlerden hala uygulamalarını öğrenebiliriz.

Basit gerçek şu ki dünyadaki çoğu zaman diliminde insanoğlu, sezgilere ve geçmiş yaşamlara ulaşma kapısı olarak imgelemi ve bilincin değişmiş farkındalık halinde deneyimlenen düşük beyin dalgalarını kullandılar. Odaklanmamızı keskinleştirdiğimizde fiziksel dünya boyutu dışında da bu gerçeklikleri hala görebiliriz. Nitekim imgelemimizi kullandığımızda hemen yola çıkabiliriz, geçmiş hayatlarımızın saklı olduğu hatıra dükkanına girdiğimizde anında orada yolculuğa geçebiliriz. Analoji bilgisayarın hafızasına ulaşmak için ihtiyaç duyulan komuttur. Eğer doğru komut kullanır ise doğru belleğe erişilebilir. Geçmiş yaşam anıları sözkonusu olduğunda, komut köprü olarak isimlendirilir ve

Önsöz

yönlendirmeli imgelem, bir cümle, bir duygu veya fiziksel bir duyarlılık olabilir.

SÜBTİL BEDEN – FİZİKSELİN ÖTESİNDEKİ ENERJİ

Bu nasıl çalışıyor? Fizik ve batı tıbbı tarihinin çoğunluğunda insan vücudu katı bir cisim olarak kabul edildi. Einstein'in görecelik teorisinde herşey gibi insan bedeninin de saf enerji olduğunu kanıtlaması ile bu düşünce alt üst oldu. Kadim gelenekler insan bedenini şöyle görür; herbirinin kendi titreşimi[4] olan farklı enerji katmanlarından oluşmuş ve sübtil beden olarak adlandırılan bir enerji alanı. Bir analoji şudur; buz katı halde iken de hala etrafında su buharı olabilir. Buz ile su buharı arasındaki fark sahip olduğu enerjidir. Dünyanın değişik yerlerinde sübtil beden chi, ki, prana, fohat, orgone, odic güç ve mana olarak adlandırılır. Geleneksel aletler ile kolaylıkla ölçülemez. Rus Krippner ve Rubin Yaşamın Galaksileri (*Galaxies of Life.*[5]) adlı kitaplarında bitki, hayvan ve insanları çevreleyen bir enerji fenomeni tespit ettiler. Bu enerji fışkırmaları Kirlian fotoğrafçılığı olarak isimlendirilen tartışmalı fotoğraf-benzeri bir araştırmayla kaydedildi. Bu enerjiyi göstermek için verilen bir örnek Hayalet yaprak (phantom leaf)tı.

Bir psişik olan Barbara Brennan[6] "Işığın Elleri" adlı kitabında sübtil beden üzerindeki araştırmalarında hastalıkların nedenini tıbbı cihazların tespit ettiği kadar doğru nasıl tespit edebildiğinden bahsetmektedir. Amerika ve İngiltere'deki bazı hastanelerde kullanılan terapötik dokunuş olarak adlandırılan teknik kullanılarak fiziksel bedenin şifalandırılması yolu ile sübtil bedenin inandırıcılığı artıyor. Bu araştırmayı takiben cerrahi yaraların iyileşme oranının şifacının ellerinin fiziksel yaranın metrelerce uzağında tutulduğunda arttığı görülmüştür.[7]

EBEDİ RUHU ŞİFALANDIRMAK

Geleneksel metotlar binlerce yıl sübtil bedeni şifalandırmayla ilgili çalıştı. Buna örnekler; meridyenleri kullanan Çinlilerin yaptığı akupunktur çalışmaları ve daha yakın tarihte ortaya çıkan Reiki olarak adlandırılan Japon şifa enerjisidir. Gittikçe popülerliği artan tamamlayıcı ve alternatif terapilerin çoğu yoğun fiziksel bedenin etrafındaki sübtil enerji akışı ile çalışmayı içermektedir.

Bu bizi bilincimizin sübtil bedenimiz üzerinde iradesi olup olmadığı konusuna götürür. Batı biliminin bunun hakkında söyleyeceği hiçbirşey yoktur. Daily Mail'de yayınlanan Patrick Tierney'nin[8] ölüme yakın deneyimi başlamak için oldukça faydalı bir alandı çünkü burada bilincin fiziksel bedene tamamen bağlanmayabileceğini vurgulamaktadır:

Patrick 51 yaşında kalp krizi geçirdi. Aynı günün erken saatlerinde daha az ciddi kalp krizlerini atlatırken hala hastanedeydi. Ölüme yakın deneyimi, klinik olarak ölü teşhisi konulduğunda oluştu. Hillington hastanesinde doktorların hayatını kurtarmak çırpınışları sırasında etrafında olup biten olaylardan habersizdi. Defibrillator ile şok vererek kalbinin tekrar çalışmasında başarılı oldular. Söylediğine göre bir yol ağzına gelmeden önce uzun süre yürümüş gibiydi ve tünel çıkışında yol iki yöne ayrılmıştı. Sol tarafta siyah perde ve sağında çok parlak bir ışık vardı. Çok güzel çiçeklerle dolu muhteşem bir bahçeye giden sağındaki tüneli seçti.Yaşamı boyunca hiç böyle birşey görmemişti. Bahçenin ortasında ebeveynleri vardı ve kayın validesi de onlara katıldı (1984-1990 yılları arasında ölüme yakın deneyimden önce ölmüşlerdi). Bir kapının önüne geldi ve babası kapıdan geçmemesini söyledi. Annesi sadece gülümsedi ve kendisini tekrar karanlık tünelde buldu ve bir sonraki hatırladığı şey bir kadının onun ismini söylemesiydi. O ses hastaneden bir hemşirenin sesiydi.

Önsöz

Buna benzer deneyimler bir çok tartışma ve fikir ayrılığına kaynak oldu. Tartışmaların merkezinde, bu deneyimlerin halüsinasyon mu yoksa yaşamdan sonrasına kısa bir bakış mı olduğu vardı.

Halüsinasyon olması fikrini destekleyen en yaygın teoriler, ölüm prosesi kaynaklı fizyolojik değişimlerdir. Bu değişimler endorfinin açığa çıkması, beynin oksijensiz kalması, karbondioksit seviyesinin yükselmesi veya ilaçların varlığından kaynaklanıyor olabilir. Diğer bir olası açıklama ise, hastanın o saatteki ihtiyacından kendi yarattığı psikolojik bir fenomen olabilir.

Dr Parvia ve İngiltere'deki Southampton Genel Hastanesindeki Horizon Araştırma Vakfındaki ekibi bir yıl boyunca 63 kalp durmasından hayatta kalanlarla çalıştı. Hiçbir vakanın kanındaki oksijen, karbondioksit, potasyum veya sodyum seviyelerinde bir değişiklik gözlenmedi. Bunlardan herhangi birinin düşük seviyede olması halüsinasyonlara sebep olabilirdi. Bu durum oksijen veya diğer kimyasalların düşük seviyelerinin halüsinasyona sebep olduğu tartışmasını yalanlamış oldu. Ayrıca ekip hastalar ile dini ve etik inançları ile ilgili görüşmeler de yaptı. Ölüme yakın deneyim yaşayan vakalardan yedi tanesinin diğer hastalara kıyasla spiritüalizm ile ilgili olmadıkları ortaya çıktı.

Kardiyolog Dr Pim van Lommel ve Hollanda Arnham'daki Rijnstate Hastanesinden meslektaşları 13 yılı aşkın süre boyunca oldukça kapsamlı bir araştırma yaptılar. Kalp durması sonunda hayata dönen 344 kalp hastasının deneyimlerini incelediler. Tedavileri sırasında hepsi de bazı noktalarda klinik olarak ölü kabul ediliyordu. Altmışiki tanesi ölüme yakın deneyim bildirdiler, 41 tanesi tünel, ışık ve yakınlarını gördüklerini beyan ettiler. Şuursuzluk sürecinde çoğunun beyninde elekrik aktivitesi yoktu. Bu anıların hatırlanması deneyimi geleneksel bilimsel açıklamalarla tarif edilemediği anlamına geldi. Sekiz yıl sonra bu

EBEDİ RUHU ŞİFALANDIRMAK

kişilere sorular sorulduğunda, daha az ölüm korkusu ve hayata daha spiritüel bir bakış açısına sahip oldukları tespit edildi. Sonuçlar saygın bir sağlık gazetesinde *"The Lancet.*[9] yayınlandı. Aşağıda bir hemşirenin çalışmadaki tarifi bulunmaktadır.

Tüm gece çayırlık bir yerde kaldığı tespit edilmiş 44 yaşında bir erkek ambulans ile hastaneye getirildi. Derin komada idi ve derisi mavi idi. Sağlık ekibi ve ben suni tenefüs, kalp masajı, defibrelasyon uyguladık ve ağzına tüp sokulduğunda takma diş kullandığı farkedildi. Takma dişleri çıkardım ve bir el arabasına koydum. Yaklaşık bir buçuk saat sonra hasta yoğun bakıma aktarılmaya yetecek kalp ritmine ve kan basıncına ulaşmasına rağmen hala suni solunuma ihtiyaç duymaktaydı. Yaklaşık bir hafta sonra aynı hasta ile kardiyoloji koğuşunda karşılaştım. Beni gördüğü anda bana takma dişlerinin nerede olduğunu bildiğini söyled: 'Evet, hastaneye getirildiğimde oradaydın ve takma dişlerimi ağzımdan çıkardın ve araba içine koydun. Tüm şişeler onun üzerindeydi ve altta kayar çekmece vardı ve sen benim takma dişlerimi oraya koydun.' Oldukça hayrete düştüm çünkü olayın olduğu sırada adamın derin komada ve diriltme prosesi içinde olduğunu hatırladım. Daha detaylı sorguladığımda hastanın kendisini yukarıdan bir yatakta uzanırken gördüğü ortaya çıktı. Ayrıca benim o anki görünüşümü ve diriltmek için bulundurulduğu küçük odayı detaylı ve doğru olarak tanımladı. Bizim diriltmek için çabalamayı keseceğimizden ve öleceğinden çok korkmuş. Deneyiminden derin olarak etkilenmiş ve daha sonra ölümden hiç korkmamış. Dört hafta sonra sağlıklı bir adam olarak hastaneden ayrıldı.

Ölüme yakın deneyimler tahmin edildiğinden daha yaygın, 8 milyonun üzerinde Amerikalı bir defa deneyimliyor.[10] Artan bu

Önsöz

kanıtlar bilincin fiziksel beyinden ayrı bir varlık olduğunu göstermektedir. Tabii ki araştırmayı doğrulamak ve bu yeni konsepti ana bilimde uygulamaya koymak için daha geniş kapsamlı çalışmalara ihtiyaç vardır. Bu çalışmaya, 53 ülkede yerleşik olan 2000 kişilik nitelikli bilim adamı, doktor, psikiyatrist, psikolog, terapistten oluşan Bilimsel ve Tıbbi Ağ adlı uluslararası bir organizasyon öncülük ediyor. Konferanslar düzenliyor, makaleler yayımlayıp yeni alanlardaki araştırmaları destekliyorlar.

BAZI ANILAR GEÇMİŞ YAŞAM ANILARI OLABİLİR Mİ?

Bilincin beyinden ayrı nasıl seyahat ettiğini görebilmiştik, öyleyse geçmiş yaşamla bağlantısı olabilir mi? Virjinya Üniversitesi parapsikoloji bölümü eski başkanı Dr Ian Stevenson'a bakabilirsiniz. Dünyanın herbir yerinden çocuklarla ve onların deneyimlerine tanık olanlarla röportaj yaparak geçmiş yaşam hikayelerini toplamak konusunda uzmanlaşmıştır. Bu çalışma kişisel kazanç veya aldatma sayılacak işaretler olup olmadığını kontrol etmek ve tutarsızlık veya hile varsa araştırmak için sonrasında takip ziyaretleri yapmayı da içermektedir. Vakalarından bir örnek; Hindistan'a yakın bir bölge olan Madhya'da 1948 yılında doğan Swarnlata Mishra'nın hikayesidir. "Reankarnasyona kanıt yirmi vaka" (*Twenty Cases Suggestive of Reincarnation:*[11] kitabından bir alıntıdır.

Swarnlata üç yaşında iken kendiliğinden 100 mil uzakta bir köyde yaşamış Biyi Pathak adında bir kız olduğu geçmiş yaşam anılarını hatırlamaya başladı. Dört odalı beyaz ev, demir çubuklarla sarılmış siyah kapılar ve taş levha zemin detaylarını hatırladı. Biyi adlı kızın daha sonra Swarnlata'nın anlattığı evde Swarnlata doğmadan dokuz yıl önce yaşadığı ortaya çıktı. Swarnlata ayrıca Biyi'nin yaşadığı evi ziyaret ettiğinde bir çok aile üyesini ve hizmetçiyi tanıdı ve kandırmak için Biyi'nin yakınıymış gibi tanıştırılan aslında tanıdığı olmayan birinin oyununa da gelmedi. Bir düğüne gittiğinde tuvaletin yerini bulmakta güçlük çekerken geçmiş yaşam anılarının detaylarını hatırlayabilmekteydi. Babası bu anıları hatırlasın diye onu cesaretlendirmezken kandırmak için herhangi bir motivasyon işareti de görülmedi. Swarnlata'nın hikayesi ile ilgili toplam 49 ayrı nokta derlendi ve bunlar en az bir tarafsız şahit tarafından onaylandı. Bunların hiçbiri reenkarnasyon dışında bir şey ile açıklanamadı.

Toplamda Ian Stevenson ve meslektaşları adamakıllı 2600'dan fazla geniş bir kültür ve din yelpazesinden vakalar derlediler. Çoğunluğu, çocukları genelde medya işgalinden izole olmuş köylerde yaşayan üçüncü dünya ülkelerindendi. Bu tarz topluluklar reenkarnasyona alternatif olabilecek anlatım çeşitliklerinden izole edilmiştir. Kitabında toplam 65 adet detaylandırılmış vaka ve 260 makale yayımlanmıştır.

Miami Üniversitesinin güzide nöro psikiyatristi Dr. Brian Weiss şanını ve kariyerini, bir hipnoz seansı sırasında kendiliğinden geçmiş yaşam anısı açığa çıkıp çabucak iyileşen danışanının vakasını yayınlamasına borçluydu. Many Lives Many Masters[12] adlı kitabı derin fenomen sayılacak deneyimlerin ve danışanın semptomlarındaki azalmaların açıklamalarını içermektedir. Bu vaka Weiss'in geçmiş yaşamlara olan şüpheciliğini yok etti ve Weiss bir insanın geçmiş yaşamlara inanıp inanmadığının öneminin olmadığına ve eğer doğru şekilde çağrılırsa her zaman bir geçmiş yaşam hikayesiyle bağlantıya geçileceği kanısına vardı.

Eğer bilinç ölümden kurtulabilir ve bir geçmiş yaşam anısına ulaşabilirse, aynı zamanda hayatlar arası anılara da bağlanabilir

Önsöz

mi? Derin hipnoz kullanarak danışmanlık yapan psikolog Dr Michael Newton, bir geçmiş yaşam regresyonunun ardından ruhun anılarının bilinçli farkındalığa çıktığını tespit etti. Newton Hayatlar arası hayat, ruhsal regresyon (*Life Between Lives Spiritual Regression*) ismiyle 30 yıl boyunca binlerce danışan ile çalıştı, Ruhların Kaderi (*Destiny of Souls*[13]) ve Ruhların Yolculuğu (*Journey of Souls*.[14]) isimli iki çok okunan kitabında bu araştırmalarını yayınladı. Farklı geçmiş hayatları olmasına rağmen, danışanların hayatlar arasında benzer olaylar deneyimlemeleri dikkate değerdi. Bu ruhsal rehberler ile geçmiş hayatı gözden geçirme, bir sonraki hayatı "rehberler" olarak isimlendirilen ışık varlıklarla planlama ve gruplar halinde diğer ruhlarla çalışmayı içermektedir.

Tüm bunlar reenkarnasyonun varlığını destekliyor ve batıda artan sayıda insan şimdi buna inanıyor. Belçika'da Louvain Üniversitesi'nden Prof. Kerkhofs tarafından başlatılan bir çalışmada Batı Avrupa'da her ülkede 1000'er kişi ile görüşülerek insanların reenkarnasyona olan inançları araştırıldı (Avrupa'da reenkarnasyona inananların ortalama yüzdesi 22, en yüksek ortalama olan 41 ile İzlanda, 36 ile İsviçre ve 29 ile İngiltere.)

BİR DANIŞANIN GEÇMİŞ HAYAT REGRESYONU DENEYİMİ

Geçmiş hayat belleğinin olup olmadığını kanıtlamak için fazlaca enerji ve maharet kullanılabilir. Rüyalar ile çalışan bir terapistin bunları çalışmasında kullanmadan önce, rüyaların bilimsel teorisini kanıtlamak zorunda olmadığı gibi, geçmiş yaşam anılarının kullanılmadan önce bir danışanın geçmiş yaşam anılarına sahip olduğu gerçeğini kanıtlanmak da gerekli değildir. Danışanını şifalandırmak isteyen bir terapistin ilk sorumluluğu

EBEDİ RUHU ŞİFALANDIRMAK

danışanının iç dünyasının gizliliğine saygı göstermesidir. Bunu örnekleyen bir vaka çalışması aşağıdaki gibidir:

Helen 35 yasinda akıllı, kendi ayakları üzerinde durabilen bekar bir kadındı. Endüstri alanında faaliyet gösteren bir şirketin muhasebe işlerini yürütmekteydi. Hiçbir zaman çocuğu olmadığı halde aklından devamlı şu düşünce geçiyordu: "Çocuklarımı benden alıyorlar." Zaman zaman bunu düşünüp çok sinirlenir ve gözyaşlarına hakim olamazdı. Bazı günler bu düşünceler onu işinden bile alıkoyardı. Son 15 yıldır bu düşünceyle baş etmeye çalışıyordu. Bunun yanısıra rüyasında sıkça hırsızlık yaptığını görüyordu. Yıllar boyu birçok terapiste gitmiş fakat bu sorunlarına çare bulamamıştı.

Kişisel detayları alındıktan sonra terapi için hedeflere karar verildi. İlk çalışma çocuklarının ondan alınması düşüncesinin takıntı haline gelmesini engellemek ve bunun yaşandığı sıklığı azaltmak içindi. İkincisi ise hırsızlıkla ilgili olarak gördüğü tekrar eden korkulu rüyalar üzerineydi.

Helen terapist koltuğuna uzandı ve şu cümleyi tekrarlaması istendi: "Çocuklarımı benden alıyorlar." Spontane bir şekilde kendisini İngiltere'de küçük bir evde kocası olmadan iki çocuğuyla yaşayan orta yaşlı bir kadın olarak gördü. Eski püskü kahverengi, uzun bir elbise giydiğini, saçlarının arkadan bağlanmış olduğunu, başında bir şal olduğunu ve yakınlarda bulunan bir köydeki hastaları yaptığı ot karışımlarıyla iyileştirmeye çalışan ve karşılığında yiyecek alan bir kadın olduğunu anlattı.

Helen'in sesinin tonu "Yobazlar" diye tanımladığı, evini basıp onu cadılıkla suçlayan bir grup adamı anlatırken değişti. Onu elleri arkadan bağlı şekilde evden çıkarıp bir nehre götürmüşlerdi. Bir kalasın üzerine yatması için zorlayıp ellerini de kalasın altından bağlayıp suya bırakmışlardı. Ölüm anını anlatırken Helen nefes almakta güçlük çekmeye başladı ve vücudu kaskatı kesildi. Acıyla son nefesini verişi uzun sürmedi ve bir süre sonra vücudu

Önsöz

gözle görülür şekilde rahatladı. Şifacı kadın bir kütüğe bağlı şekilde boğularak travmatik bir ölüm yaşamıştı. Ölürken aklından geçen son cümleler; "Çocuklarım için çok üzgünüm, onları benden alıyorlar." olmuştu.

Şifacı kadının ruhu bedeninden ayrılıp kalasa bağlı kendi vücudunu ve onu seyreden yobazları görürken kendini huzurlu hissetmişti. Helen'e çocuklarının ruhlarıyla iletişime geçmesi telkin edildi ve bu bağı kurduğunda çocuklarından onları bıraktığı için özür dilemeyi başardı. Çocuklarının olup biteni anlayıp anlamadığını kontrol etmesi istendi ve bu esnada çocukların şifacı kadının ölümünden sonra başka bir ailenin yanında büyüdüğü ortaya çıktı. Helen'in hala göğsünde bir sıkıntı olduğu farkedildi fakat bu sıkıntı bir yastık yardımıyla çocuklarına sarıldığını hissetmesi sonrasında geçti. Sonra köylüler ile iletişime geçmesi telkin edildi. Diğerlerinin desteği olmadan köylülerle iletişime geçmeye çok gönüllü değildi fakat bir süre sonra tüm köylülerin ondan özür dilediği görütüler geldi gözünün önüne. Yobazların ruhlarıyla yüzleştiğinde ise Helen'in ses tonu kalınlaştı ve onlara "Bana bunu yapmaya hakkınız yoktu." dedi, henüz affetmek için hazır değildi.

Daha sonra Helen yine yobazların varolduğu bir başka geçmiş hayatına gitmesi için telkin aldı. O an omuzlarında bir acı hissettiğinden bahsetti ve siyah bir pelerin giymiş, çaldıklarıyla kaçmaya çalışan hırsız bir adam olarak gördü kendini. Hırsız, bir atın üstünde yol alıyordu ve kendisini kovalayan kalabalık tarafından omuzundan vurulmuştu. Kaçarken vurulan atı yere düştü. Onları kovalayan kalabalık hırsızın başındaydı şimdi, Helen kalabalığın içinde bir önceki hayatında şifacı kadını boğan yobazları gördü. Hırsızı ellerini bağlayıp astılar.

Hırsızın ölümünden sonra onu kovalayıp ateş edenlerin ruhlarıyla iletişime geçmesi telkin edildi. Hırsızlık yaptığı için onlardan özür dilemesi ve bir daha yapmayacağına dair söz vermesi gerekiyordu.

Helen'den daha sonra tekrar şifacı olduğu hayatına gitmesi istendi, şimdi yobazları affedebilirdi.

Helen geçmiş hayatlarıyla şimdiki hayatı arasında benzerlikler olduğunu farketti. Mesela, önceki hayatında boğularak ölmüştü ve şimdiki hayatında su fobisi yaşıyordu. Küçükken annesi onu küvette yıkadığında çığlıklar atardı. Bir başka benzerlik ise yobazlara karşı gelemediği gibi şimdiki hayatında otorite sahibi, güçlü erkeklere karşı hakkını savunamıyordu.

Terapiden sonra Helen hırsızlık yaptığını gördüğü rüyaların ve çocuklarının ondan alındığı düşüncesinin tamamen son bulduğunu bildirdi. Ayrıca artık sudan da korkmuyordu. Onu arabasına çarpmakla suçlayan bir işadamına nasıl karşılık verdiğini söyle anlatıyordu: "Eskiden olsa böyle birine karşı dizlerimin bağı çözülür ve konuşamazdım ama bu sefer hakkımı korudum ve onun da en az benim kadar suçlu olduğunu söyleyebildim."

Bir sene sonra Helen terapiden elde ettiği faydalar ile halen değişmiş bir kadındı.

Helen gerçekten bir geçmiş hayatını mı hatırladı, yoksa çocukluğundan kalma, annesinin onun saçını yıkamaya çabaladığı sırada yaşadığı acı verici bir anıyı mı bunun yerine koydu? Belki de psişesi bir şekilde orta çağda yaşanan bir hatıra ile özgürce bağlantıya geçti. Bütün bu açıklamalar mümkün. Ama en önemli nokta Helen'in psişesine kendi tireşimlerini ve bağlantılarını takip etmesi için tam bir izin verilmesi, ki böylece rahatsızlıklarını çözümleme ve hafifletme aşamasına gelebildi. Terapide önemli olan hikayenin gerçekliğini kanıtlamak değil, hikayenin şifalandırıcı gücünden faydalanmaktır.

Helen'in vaka çalışması, geçmiş hayatın nasıl suyüzüne çıkıp keşfedilebileceğini gösteriyor. Terapistin farklı danışan problemlerine göre geliştirilmiş özel iletişim kurallarına sahip olmasına gerek yok, onun tek görevi sadece danışanın geçmiş hayatını keşfetmesi için basit sorular sormak. Helen'in probleminin iyileştirilmesinde, o geçmiş yaşamıyla ilişkili kişilik ötesi spirituel figürlerle yüksek alemlerde karşılaştırıldı ve bu figürlerle arasında uzlaşı sağlama ve arabuluculuk yapma yöntemleri kullanıldı. Bu noktada okurlar bunun yaratıcı bir görsellik ve diyalog mu olduğunu ya da hileli bir bilinç düzeyi sayesinde Helen'in telepatik olarak başka ruhlarla bağlantıya mı geçtiğini merak edebilirler. Bundan daha sonra bahsedilecek. Tecrübe edilen şeyin gerçekliği ne olursa olsun, şimdiki hayatıyla ilgili çözümlemeler ve iyileşmeler için tohumlar atıldı. Spontane bir şekilde affetmek ise insan ruhu için derin bir terapidir.

Helen'in tekrar eden takıntılı düşüncelerinde iki saatlik bir terapiden sonraki değişimler kayda değerdi. 'Opsesif-kompalsif Bozukluk' adlı ünlü kitapta yazarlar diğer terapi yaklaşımlarının belirtileri ortadan kaldırmadığını sadece azalttığını ve bunun toplam 45 saatlik bir terapi sonunda gerçekleştiğini söylüyorlar.

REGRESYON TERAPİSİNİN ODAĞI

Regresyon Terapisi geçmiş yaşamları olduğu kadar şimdiki hayatı da içerir. Danışan geriye doğru yönlendirilir ve genellikle bilinçli zihniyle ulaşamadığı ancak zihin ve duygusal dengesini etkileyen geçmişten gelen çatışmaları çözmeye teşvik edilir. Tıpkı derine batmış ve fiziksel rahatsızlığa sebep olan bir dikeni çıkarmak gibi. Diken çıkarıldığında semptomlar asla tekrarlamaz.

Geleneksel psikoloji kişiliğimizin şimdiki yaşam sırasında karşılaştığımız olayların anıları tarafından şekillendirilmiş olduğunu bilir. Regresyon terapisinin başarılı olduğu konulardan en belirgin olanları; kişinin sevdiği birinin ölümü, boşanma gibi hayattaki geçiş evreleri ya da ilişki sorunları gibi konulardır.

Ancak, erken çocukluk dönemi olaylarının önemli bir etkisi olabilir. Bowlby psikolojinin öncülerinden biriydi ve ebeveynden ya da bir çocuk bakıcısından kaynaklanan sevgi yoksunluğunun bir çocuğun sonraki yaşamında sevgi bağları kurma yeteneğini etkileyebileceğini tespit etmiştir. Onun araştırması, bunun gençlik yıllarında ve daha sonra yetişkinlikte davranışsal sorunlara yol açtığını gösterdi. Bu sorunlar kendine zarar verme, depresyon ve yaygın anksiyeteyi içerir. Diğer güçlü etkilenmeler duygusal travma ve hafıza bastırmalarından gelir. Çok büyük veya sindirmesi ve bilince entegre edilmesi aşırı korkutucu olan travmatik bir olay bilinçaltına gömülür. Freud'un fikirlerinin temelini oluşturan bu yaklaşım, daha sonra Klein ve Winnicott gibi psikologlar tarafından daha da ileriye götürülmüştür. Gerçekdışı korkularımızın ve davranışlarımızın çoğu bilinçaltındaki gizli anılarda araştırılabilir. Buna basit bir örnek fobiler olabilir, travma sonrası stres ise biraz daha kompleks bir örnek olabilir.

Ancak, kişiliğimizin geçmiş yaşamlar tarafından da şekillendirildiği görünür. Benim kendi çalışmalarımdan bazı örnekler geçmiş yaşam regresyonuna yanıt veren oldukça çeşitli sorunlar hakkında bir fikir verir:

Güvensizlik – Bir geçmiş yaşamda bir çocuk olarak terkedilmek ve ölmekten.

Depresyon – "Umut yok" düşüncesi köle olunan bir geçmiş hayattan ve bir diğeri de açlıktan ve kıtlıktan ölme durumundan kaynaklandı.

Fobiler ve gerçekdışı Korkular – Suda boğulmak, nefes alamayarak boğulmak, yangından, hayvanlardan ve bıçaktan korkmak gibi sıradışı fobiler.

Takıntılı Düşünceler –"Temiz olmalıyım" takıntısı Birinci Dünya Savaşı'nın kirli siperlerinde travmatik bir ölümden kaynaklandığı tespit edildi. "Bir daha kontrol etmeliyim" takıntısı bir dikkatsizlik sonucu sevilen birinin ölümünden kaynaklandı.

Tekrar Eden Sıkıntılı Rüyalar – Çeşitli çözümlenememiş geçmiş hayatlar sonucu.

Önsöz

Suçluluk ve Şehitlik – "Hepsi benim hatam" düşüncesi askerlerinin ölümüne sebep olma, sevdiklerini öldürme ya da onlara ihanet etmekten kaynaklanır.

Açıklanamaz Ağrılar, Baskılar veya Uyuşukluk – Travmatik yaralanmaların veya ölümlerin olduğu geçmiş hayatlar. Örneğin savaşta baş, göğüs veya uzuvların yaralanması. Asılma ya da boğulma kaynaklı boğaz ağrıları, ya da dövülme kaynaklı uzuvlarda ağrılar.

Panik Ataklar – Tecavüz, işkence, sorgulama ve kuyuda ölüme terk edilme kaynaklı travmatik ölümler.

Öfke ya da Öfke Patlamaları - İşgalciler tarafından öldürülen, aile ve mal kaybı, işkence, ihanet ve haksız yere topluluklardan dışlanmak

İlişkilerde Tekrarlayan Ayrılıklar – Bunlar genellikle sevdikleri tarafından ihanete uğrayan ve çeşitli suçlu ve mağdur rollerin olduğu yaşamlardan kaynaklanır.

Kopukluk ve İnsanlardan İzole Olma Hissi - Din, köy veya kabile topluluklarından sakınılan yaşamlar.

Regresyon terapisi, diğer terapilere göre, daha önce yol almış olan öncülerin omuzlarında ve onların yaklaşımlarındaki çeşitliliğin üzerinde yükselmiştir. Bu öncülerin tarihçesi, regresyon terapisi kullanılarak yapılan bazı araştırmaların özetinin de yer aldığı Ek1'de gösterilmektedir. Geçmiş yaşam regresyon dünyasına girdiğim 1990'lı yıllarda, mümkün olabildiğince tüm öncülerle birlikte çalışarak zaman geçirdim. Her biri harikaydı ancak yalnızca onun bir alanına hakim gibilerdi. Bu kitabın amacı tüm bu güçlü şifa tekniklerini bir araya toplamak: hipnozla geçmiş yaşam regresyonu, hipnoz dışı geçiş yöntemleriyle şimdiki ve geçmiş yaşam regresyonu ve derin hipnozla spiritüel regresyon. Bu kitap, birçok vaka çalışması ile hem yeni teknikler öğrenmek isteyen terapistlere hem de geçmiş yaşamlarla ve hayatlararasındaki büyüleyici ruh anılarıyla ilgilenen her okuyucuya hitap edecek.

Batı'daki çoğu bilimsel araştırma maddi dünyada uzmanlaşmak amaçlıydı. Şimdi, geçmiş yaşam ve spiritüel regresyon, bizim spiritüel iç dünyamızı anlamamıza ve sonucunda ebedi ruhumuzun şifasına yol açabilen bir devrimdir.

2

GEÇMİŞ YAŞAM VE RUHSAL REGRESYON TEORİSİ

"Duy beni, kardeşim!" dedi. Kesin ve her zaman kalıcı olan üç gerçeklik var, fakat bunlar konuşmalar yetersiz kaldığı için, hala sessizliğini sürdürüyor.
İnsan ruhu ölümsüzdür ve geleceği gelişim ve ihtişamının sınırı olmayan bir şeydir.
Bizim içimizdeki hayat sonsuzdur ve ebedi hayrı vardır. O duyulup görülmez veya koklanamaz, ama kavramak isteyen kişi tarafından hissedilir.
Her insanın kendi mutlak kanun yapıcısı vardır, ona sevinç veya hüzün, ödül veya ceza veren.
Bu doğrular, hayatın kendisi gibi çok büyüktür ve en basit akıl kadar da basittir. Aç olanları onlarla besleyin.
Mabel Collins'in The Idyll of the White Lotus'undan.

Modern Batı bilimlerinin belirlemesine göre fiziksel dünya enerjiden oluşmuştur. Ancak, yine de sezgileri, süptil bedenimizi ve tecrübe edebildiğimiz fiziksel olmayan (ruhsal) boyutları açıklayan bir teori ortaya koyamamıştır. Bilincin bir kısmının fiziksel bedenden tamamıyla bağımsız olarak varolabildiğini gösteren, ölüme yakın deneyimleri ve çocuklardaki geçmiş hayat hatırlamalarını da açıklayamamıştır.

Batı biliminde tam bir açıklama saglanamadıgından, geçmiş yasamlar teorisi için başka kaynaklara yönelmek zorundayız.

KADİM BİLGELİK

Başlıca dinlerin en muhteşem öğretmenleri, zamana ve kültüre uymak için, dünyanın farklı köşelerinde aynı temel gerçekleri öğrettiler. Dışarıdan bakıldığında, birçok dini perspektifin savaş halinde olduğu görülmekte, fakat yapılan calışmalarla, derine inildiğinde, olağanüstü bir uyum görülmektedir. Buna 'Kadim Bilgelik' diyoruz ve bu kadim bilgelik onbinlerce yıldır devam etmektedir. Bu 'Altın düşünüş' tarzı tüm Dünya çapındaki gizemli, spiritüel ve yerel öğretileri birleştirmektedir.

Birçok yıldır bu öğretiler, yazılı değil de sözel iletiler aracılığıyla dini gruplara, Kabalistlere, Essenelere, Sufilere, Tapınak Şövalyelerine, Gülhaç ve Özgür Masonlar gibi diğer gizli topluluklara aktarılmıştır. Geçen 100 yılda, Kadim Bilgelik Batı dünyasında yazılıp geniş kitlelere yayılmaya başlamıştır. Bunu gerçekleştirenlerden biri de teosofi topluluğu ve C.W. Leadbeater, Annie Besant gibi yazarların da dahil olduğu bir gruptur ve Arthur Powell *Eterik beden, Astral Beden ve Zihinsel Beden* adlarındaki bir grup kitabında bu bilgileri özetledi. Diğer katkıda bulunanlar Agni Yoga Toplulugu ile Helene Roerich'di. Tibetli Usta Djwhat Khul ile birlikte, bir diğer Kadim Bilgelik yayma dalagası İngiliz kadın yazar Alice Bailey'den geldi. 20. yüzyılın ilk yarısında bir seri kitap ve Kadim Bilgeliği öğretmek için Arcane Okulu kuruldu.

Bu yeni düşünceyi doğrudan anlamak için, göremez, dokunamaz, koklayamaz ve tadını alamazsak gerçek değildir diyen somut yaklaşımdan sıyrılmamız gerekir. Kadim Bilgelik, sorgusuz inancı gerektiren dogma yerine evreni yöneten spiritüel kurallara dayanmaktadır. Bu gerçekler insanların yaşamlarındaki deneyimleri aracılığıyla açığa çıkıp yayılmıştır.

BİRİNCİ İLKE – MADDE VE SPİRİTÜEL İKİLİK

Karşılıklılık Kanunu ilk ilkedir. Dünyada olan her şeyin bir ruhsal karşılığı vardır. Bu ikilik daha en başından; tek bir ruhsal enerji kaynağı ve madde genişleyerek evrene yayıldığından beri var olmuştu. Fiziksel maddenin big bang teorisi, bilimde oldukça kabul gördü. Bunun spiritüel enerjideki karşılığı da, orijinal enerjinin küçük parçalar olarak dağılması olarak sonuçlandı. Uzman ışık varlıklar bunu dünyanın büyüyen nüfusuna yeni ruhlar yaratmak için kullandı. Her bir bireyin saf spiritüel enerjiden oluşan ve her fiziksel bedenlenmede oluşan anılarını ve deneyimlerini içeren bir ruhu vardır. Ruh her bir hayat deneyimiyle büyür, ta ki reenkarne olması gerekmeyene ve daha yüksek bir amaca hizmet etmeyi seçinceye kadar. Hayatın nihai amacı geldiğimiz ruhsal kaynakla yeniden birleşmektir.

Bu ilkenin uygulaması söyledir; fiziksel beden ve ruh arasında sezgi olarak adlandırılan enerji bağı oluşur. Meditasyon, hipnoz veya regresyon seansındaki trans halinde bu bağı kullanmak daha kolaydır. Ruhun anılarına, geçmiş hayatlara erişmek ve telepatik bağlantı yoluyla ruhsal boyutla bağlantı kurmak daha da ulaşılabilir hale gelir. Çözülmemiş düşünceleri, duyguları ve ölüm anındaki beden hafızasını ruha taşıyan da o bağdır. Buna kanallık eden fiziksel bedenimizin etrafındaki enerji alanı olan sübtil bedenimizdir. Bu, üç ayrı titreşimi olan enerjiden oluşur; eterik, astral ve zihinsel. Eterik beden hemen fiziksel bedenimizin yanındakidir ve tüm beden hafızalarını taşır. Astral bedenimiz eterik bedenin etrafına yayılır, duygusal hafızaya sahiptir ve en dıştaki zihinsel bedenimiz de düşüncelere sahiptir.

Geleneksel bilim, düşüncelerin ve duyguların beynin içinde elektriksel bir aktivite olarak yer aldığını öne sürer. Kadim Bilgelik onları sübtil bedende fiziksel bedenin etrafına koyar. CD'den gelen müzik bir benzetme olarak düşünülebilir. Müziğin kaynagı CD'de yer alabilir, ama müziğin yeri için herhangi bir yerde olduğuna dair kesin bir şey söylenemez. Müzik aslında titreşen bir enerji olarak etrafımızı saran havanın içindedir.

ENERJİ ALANIMIZDAKİ GEÇMİŞ HAYAT ANILARI

Bazı insanlar eterik alanı, fiziksel bedenin etrafında ince gri bir sınır olarak görür. Onun amacı, fiziksel bedenle bağlantı kurmak ve onu canlandırmaktır. Geleneksel akupunkturda acıyı azaltmak için manipüle edilen de yine bu enerji alanıdır. Eterik alan aynı zamanda, bedenlenme sırasında ruh bebeğin bedeni ile bir olurken, fiziksel bedenin yapısal görünüş tasarısıdır. O anda geçmiş hayatların fiziksel anıları da transfer olur. Daha önceden, çocuklarla yaptığı çalışmalarından bahsettiğimiz, Ian Stevenson, bunu destekleyen bir çok vaka sunmuştur. Doğum lekeleri, yara izleri, vücuttaki sakatlıklar ve diğer fiziksel tezahürlerin geçmiş hayatlardaki ölüm anılarıyla bağlantılı olduğu bulunmuştur. Bu vakaların ortak özelliği, şimdiki hayattaki fiziksel durumların geçmiş hayatlardaki şiddetli ve travmatik ölümlerle bağlantısı olduğudur. Kanada'lı Alan Gamble'ın *Reenkarnasyon ve Biyolojinin Kesişme Noktası* adlı kitabından bir vaka çalışması buna bir örnek olarak gösterilebilir:

Alan Gamble sol elinde ve bileğinde iki doğum lekesiyle doğmuştu. Geçmiş hayata geçtiğinde, bir silahla kaza sonucu ölmüş olan Walter adlı biri hakkında konuşmaya başladı. Alan'ın doğumundan üç yıl önce, Walter Wilson adlı kişi bir arkadaşıyla, İngiliz Kolombiyası'nda bir sahil kenarına balık tutmaya gitmişti. Küçük bir tekneyle kıyıda dolaşırken, Walter suyun kenarında birkaç mink (Amerikan Vizonu) adı verilen hayvanlardan gördü. Tüfeğini almaya gitti fakat namlusunun üst kısmından tuttuğu tüfek elinden kaydı ve yere çarparak ateş aldı. Kurşun Walter'in sol eline isabet etti ve çokça kan kaybetmeye başladı. Arkadaşı yarayı sıkıca sardı ve tekneyi on saat kadar uzaklıkta bulunan en yakın kasabaya doğru çevirdi. Uyguladığı turnikeyi belli aralıklarla gevşetmesi gerektiğini bilmediğinden, kasabaya vardıklarında Walter baygın haldeydi ve elinde kangren oluşmuştu. Bir süre sonra hastanede can verdi. Alan'ın avucunun içindeki küçük doğum lekesi, Walter'ın eline kurşunun girdiği noktaydı. Alan'ın bileğindeki daha büyükçe leke de tam kurşunun çıktığı yerdi.

Şimdiki hayatımızda sahip olduğumuz açıklanamaz ağrılar ve sızılar önceki yaşamlardan kaynaklanıyor olabilir. Geçmiş hayatlardaki iple asılmalar, mızrak ve kılıç yaraları, dayak ve benzeri fiziksel bedende olan yaralanmalar eterik bedende iz bırakır. Kişi öldüğünde, eterik alan bedenden ayrılırken sonraki enkarnasyonları etkileyecek olan o fiziksel anıları da alır.

Bir sonraki enerji alanı, duyguların saklandığı astral bedendir. Normalde gözle görünemeyen astral bedenin fiziksel bedenin yarım metre kadar etrafını çevirdiğini söyler medyumlar. Ölüm esnasında bu enerji alanı fiziksel bedeni terk eder ve çözülmeyen duyguları 'donmuş' anılar olarak beraberinde taşır. Korku, öfke, utanç, suçluluk, kızgınlık, üzüntü, nefret ve umutsuzluk en güçlü negatif duygulardan bazılarıdır. İlgili sorunlar çözülmüş olsaydı donmuş duygusal anılar taşınmazdı.

Zihinsel enerji alanı, ifade edilmiş ve edilmemiş düşünceleri içerir. Bu, fiziksel bedenimizin birkaç metre etrafına doğru uzanır. İfade edilmese de düşüncelerimizin bu alanda güçlü enerjileri vardır. Birçok insanın, çoğunlukla farkına varmadan, bir başkasının düşüncesini okuduğu, onu yakaladığı bir an vardır. Buna genel bir örnek bir başkasının bizi izlediği hissidir ve arkamıza döndüğümüzde bunun teyidini alırız.

Adını Roz olarak anacağım danışanımın seansı, bu enerji alanlarının geçmiş yaşam regresyonundaki etkilerini gösterir niteliktedir. Terapiye geldiğinde tüm yetişkinlik yıllarında şikayet ettiği kronik eklem ve bedeninin çeşitli bölgelerindeki ağrılardan bahsetti. Doktora gitmesine rağmen bu ağrıların sebebi anlaşılamamıştı. Dört çocuklu sakin bir anneydi, ama erkeklerle olan ilişkilerinden bahsederken sesinin tonu değişiyordu. Baskın babasından, eski kocasından ve boşanma sonrasındaki erkek arkadaşından bahsederken 'Hiç bir şey yapamam' ve 'Güçsüzüm' diyordu.

Roz geçmiş hayata geçtiğinde kendisini, terkedildikten sonra rahibeler tarafından yetiştirilmiş olan ve Viktorya döneminde İngiltere'de yaşayan bir çocuk olarak gördü. Rahibelerin yanından ayrılıp köle gibi çalıştığı ve çok az para kazandığı çamaşırhanede sıcak kazanların içinde uzun saatler boyunca çamaşır yıkıyordu. Zengin ve yaşlı bir adam onu beğendi ve evlendiler. O genç kız için sanki hayelleri gerçek olmuştu. Ancak adam yakın bir ilişki istememiş ve işlerindeki sıkıntının hırsını onu döverek çıkarmıştı. Gidecek kimsesi ve hiç bir yeri olmadığından kaderine boyun eğdi ve cahil bir kıza kimsenin inanmayacağını düşündü. Bir gün onu o kadar çok dövüyor ki sonunda merdivenlerden yuvarlanıyor, bacakları, kolları ve tüm bedeni acı içinde kalıyor. Bir mahzene sürüklenip orada ölüyor. Ölüm anında bedeninde hissettiği ağrılar, güçsüzlük hissi ve 'Hiç bir şey yapamam' düşüncesi onunla birlikte gitti.

Roz, genç kız olduğu geçmiş hayatında kocasının onu dövmeye başladığı ana götürüldü. Roz'un beden pozisyonu tıpkı yerde kıvrılıp yatan kızın pozisyonunu aldı. Dayak anını anlatırken tüm bedeni sarsıldı ve sesi titredi. Psikodrama uygulamasında, terapistin tuttuğu yastığı iterken kocasını iterek uzaklaştırdı. Yastığı yumruklarken sesi canlandı. Derin bir iç geçirme ile, Roz görünür bir şekilde rahatladı ve ardından, genç kız kocasıyla yüzleşmek için ruhsal boyuta çıkarıldı. Kocasının utanç içinde olduğunu, diz çöküp af dilediğini söyledi. Deneyimlediği bu yeni güçle, kocası için şimdi sadece üzüntü hissetti.

Terapiye devam ettikçe, Roz daha önce hiç bir erkekle yapamadığı şekilde erkek arkadaşıyla yüzleşti. Terapiden sonra geçmiş olan eklem ve bedenindeki ağrılar bir daha hiç tekrarlamadı.

Roz'un vakası, *'Hiç bir şey yapamam'* düşüncesinin, güçsüzlük hissinin ve bedenindeki açıklanamaz ağrıların Viktorya dönemindeki genç kız olduğu geçmiş yaşamından nasıl bugüne taşındığına bir örnektir. Bu, Roz'un şimdiki hayatında tekrar edip duran bir kalıptı.

İKİNCİ İLKE – KARMA

Karma, Kadim Bilgelik'in ikinci ilkesidir. Eski Sanskritçe'de, tercümesi 'eylem' olan Karma prensibi, pozitif eylemlerimizin ödülü ve negatiflerin de cezası anlamına gelir. Hıristiyan İncil'inde söylediği gibi; 'İnsan ne ekerse, onu biçer.' Kozmik bir sorumluluk ve değerlendirme sistemi olarak da görülebilir. Her duruma karşı nasıl tepki vereceğimize karar vermek üzere bize özgür irade verilmiştir ve seçimlerimiz ya karma yaratır ya da karmayı çözer.

EBEDİ RUHU ŞİFALANDIRMAK

Ancak, karma bundan daha karmaşıktır. Her iki tarafı da deneyimlemek, öğrenmek ve gelişmek için bize farklı yaşamlarda farklı bedenler verilir. Bir hayatta çözülemeyen karma başka bir hayata getirilir. Adını Jenny olarak adlandıracağım bir danışanım buna örnek olabilir:

Jenny Eskiçağ Avrupa'sında farklı kasabalarda düzeni sağlamak için görevlendirilmiş ve bunu insanları döverek sağlayan bir adam olduğu bir geçmiş hayatına geçti. Kişilerin suçlu veya masum olup olmadığını umursamaksızın kasaba halkını korkutmak amacıyla fiziksel şiddete başvuruyordu. Bir grup destekçisi ile birlikte kasaba kasaba dolaşıyordu. Ünü kendisinin önünden gidiyordu ve sonunda bir kasabada halk tarafından yakalanıp linç edildi. Bir kalabalığın önünde birkaç basamakla çıktığı bir platforma getirildi ve kollarından zincirle asıldı. Kalabalığa bakamaz durumda iken, tüm bedenine ahşap kazıkların saplanması sonucunda öldü.

Jenny'ye bu geçmiş hayatla bağlantılı başka bir geçmiş hayata gitmesi söylendi. Bunun üzerine Jenny, ebeveynleri tarafından acımasızca dayak yiyen bir genç kız olduğu hayata geçti. Bir noktada, genç kız evlenmiş ve bu sefer de kocasından dayak yemeye başlamıştı. Dövülerek öldürülürken, düşündüğü şey 'Bir gün öcümü alacağım. Ben de onlar gibi güçlü olacağım.' idi.

Jenny bir geçmiş hayatta bir kurban olarak gücün yanlış kullanımını deneyimlerken, bir diğerinde ise başkalarına zulmederek gücünü yanlış kullanmıştı. Kayıplar, ihanetler, terk edilme, çocuklarının veya sevdiklerinin kaybı, suçluluk ve kurban olma durumları, insanların çözmeye çalıştığı karmik temalardan sadece birkaçıdır. Bir durum her iki yönüyle de anlaşıldığı zaman, bu anlayış kişiyi başkalarını affetmeye ve kendi hataları için de af dilemeye götürür. Bir durumla doğru şekilde başa çıkamadığımızda, aynı durumla tekrar yüzleşmek durumunda kalır veya madalyonun diğer yüzünü deneyimleriz. Karma, insan oluştan yüksek varlıklara dönüşebilmek için, birçok yaşamdan öğrenmemize ve onlardan faydalanmamıza olanak sağlar. Karmik döngüyü kırabilmek için yolumuza çıkan problemlere farklı tepki vermeyi öğrenmeliyiz. Geçmiş hayat regresyonunun amacı daha büyük resmin görülmesine izin vererek daha fazla seçenek, daha fazla anlayış ve affedişi kolaylaştırmayı sağlamaktır.

ÜÇÜNCÜ İLKE - REENKARNASYON

Reenkarnasyon binlerce yıldır milyarlarca insan için dünya çapında süregelen bir spiritüel inanış olmuştur. Bu, Keltler ve Kuzey Avrupa Cermenleri'nden, Afrika, Avustralya ve Amerika'nın yerli halkına kadar bağımsızca yayılan küresel bir fikirdi. Yüzmilyonlarca Hindu, Budist ve İslam Sufi tarikatların bazıları bunu kendi inançlarının bir temel taşı yapmışlardı. İlk milenyumda, Güney Fransa'da ve İtalya'nın bazı bölgelerinde yaşamış Katarlar gibi bazı mistik Hıristiyan mezhepler de reenkarnasyonu kabul etmişlerdi. Ancak, birçok bilim adamı, reenkarnasyonun yazılı referansının İznik Konseyi'nde Roma İmparatoru Konstantin tarafından MS 325 yılında Hıristiyan dininden çıkarıldığına inanır. Bu, imparatorluğu Hıristiyan Grupların kavgalarından ayrı tutarak birlik sağlama düşüncesiyle yapılmıştı.

Reenkarnasyonun önemli amaçlarından biri, ruhun fiziksel hayata geri dönerek geçmiş yaşamlardaki eski problemlerine yeni cevaplar bulmasına izin vermektir. Ruh, öğrendiklerini birleştirerek spiritüel anlamda daha farkında hale gelir. Buna bir

EBEDİ RUHU ŞİFALANDIRMAK

örnek, ortaçağ döneminde Avrupa'da bir piskopos olduğu geçmiş hayatına geçiş yapan Alice'dir:

Piskopos, takipçilerinin sandığı kadar masum biri değildi. Hırsızların çaldığı altınları gizlice katedralde saklayarak onlarla işbirliği yapıyordu. Altınları, yana doğru açılan gizli bir taş bloğun altında saklıyordu. Daha sonradan, bu piskopos, yağmacılardan oluşan bir çete tarafından öldürülmesinler diye katedrale sığınan sekiz kişilik bir grup köylüyü kurtardı. Piskopos onları altınların bulunduğu taş bloğun altındaki bölmeye sakladı. Piskopos, yağmacılara karşı gelerek onları geri püskürtmesine rağmen, köylüler saklandıkları yerde nefes alamadıkları için öldüler. Cesetleri dışarı çıkartıp tüm köylülere onların yağmacılar tarafından öldürüldüğünü söyledi. Günahları yüzünden suçluluk duyan piskopos kendiliğinden kiliseye teslim olup altınların bulunmasını ve ihtiyacı olanlara dağıtılmasını sağladı.

Piskopos'un ölümünden sonra ruhsal boyutta, Alice geçmiş hayatını iki ruhsal rehberle beraber değerlendirdiğini kendiliğinden hatırladı. Piskopos yaptıklarından dolayı pişmanlık duyuyordu. Ruhsal rehberler, onun yerel halk tarafından sevildiğini, yağmacılara karşı gelebildiğini ve köylüleri öldürmeyi amaçlamadığını vurguladılar. Gücünü ve sorumluluğunu yanlış kullandığını ve bunun bir sonraki yaşamının odak noktası olacağını söylediler. Seansın sonunda Alice bu karşılaşmadan dolayı derin huzur ve sevgi hissetti ve neden sürekli olarak diğer insanların sorumluluğunu aldığı işlerde zorlandığını anladı.

Alice'in deneyimi, Michael Newton'un ruhun hayatlar arasındaki anılarıyla ilgili yaptığı araştırmasıyla tutarlıdır ve bu, *Ebedi Ruhu*

Keşfetmek adlı kitabımda incelendi. Reenkarnasyon planlanır ve hazırlık aşaması yeni enkarnasyon için yeni bir beden, ebeveynler, durum ve kültür seçimlerini içerir. Bu planlama aşamasına dahil olan rehberler enkarnasyonu denetlerler. Onlar, ruhun amacını anlar ve destek verirler. Bebek anne karnında henüz oluşma aşamasındayken, ruh ve bebeğin beyninin birleşmesi sırasında kişiliğimiz şekillenir. Bu esnada, yeni bir baslangıç için geçmiş hayat ve hayatlar arası anıları gözden kaybolmaya başlar. Bu işlem aniden gerçekleşen bir şey değil, erken çocukluk dönemi boyunca adım adım gerçekleşen bir süreçtir ve bazı çocukların kendiliklerinden geçmiş hayatlarını hatırladıkları görülür. Erken çocukluk dönemindeki olaylar, güncel yaşamdaki duygusal anlar ve kendimizi içinde bulduğumuz kültür çözümlenmemiş geçmiş yaşam anılarını yeniden tetikler.

Kadim Bilgelik, boyutlar olarak adlandırılan var oluşun çeşitli seviyelerine bakarak reenkarnasyona bir açıklama ekler. Bu açıklama boyutları basitçe üçe bölmeye yardımcı olur, fiziksel, ruhsal ve ilahi.

İlahi katman, diğer tüm dünyaların kaynağı olan saf ruhların ve yüksek meleksi zekanın dünyasıdır. *Tibet'in Yaşam ve Ölüm Kitabı*'nda [9] buna 'boşluğun saf ışığı' ve 'temel/ilahi ışık' denir ve bu Tao'nun Taoizmin'inin en yüksek gerçeğidir. Hıristiyanlıkta, buna 'Tanrı, Oğul ve Kutsal Ruh' adı verilir.[10] Orası, insanların ışığın vizyonlarına sahip olmakla ilgili konuştukları değil, ışığın parçası oldukları yerdir ve özne ve nesne arasında bir ayrım artık yoktur.

EBEDİ RUHU ŞİFALANDIRMAK

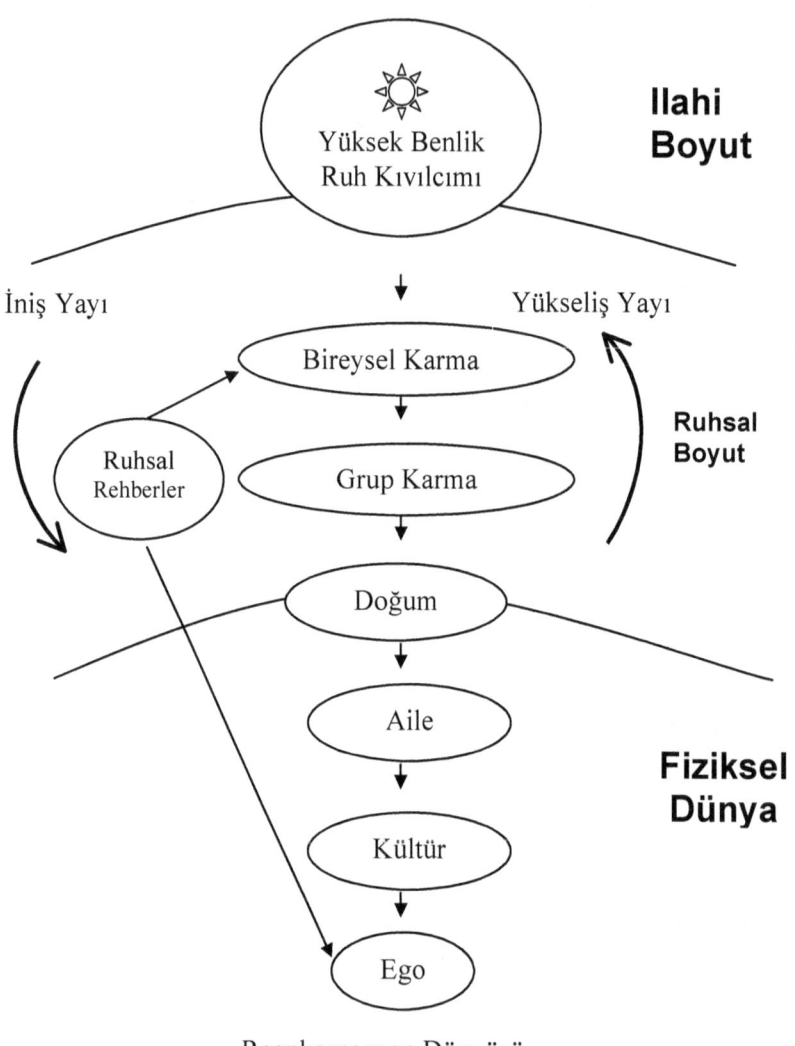

Reenkarnasyon Döngüsü

Roger Woolger'ın *Üç Dünya ve Ruhun Yolculuğu* kitabından uyarlanmıştır.

Ruhsal boyut ruhun ikamet ettiği yerdir. Orası, şamanların görsel dünyası ve aborijinlerin hayal zamanı dedikleri yerdi. Spiritüelistler içinse 'Summerland/Yaz mevsimi yaşanan yer' idi. Budizmde, bu aradaki boyut 'Dharmata Bardo', koşulsuz gerçeğin açığa çıkması ve 'Yeniden Doğuşun Bardosu' diye açıklanırdı. Bu, fiziksel dünya ile saf ruhun nihai ve bir şekli olmayan gerçekliği arasındaki orta noktadır. Burada, mitolojik tanrılar, görsel cennet ve cehennemler, zaman ve mekanın önemi olmadan bir arada var olur.

Fiziksel boyut, zaman ve mekan kavramlarının ve fiziksel bedenin ölümünün de olduğu fiziğin duyusal dünyasıdır. Hindu ve Budist öğretilerinde bu, 'var oluşun dünyası' anlamına gelen 'Samsara' olarak adlandırılır. Burası, Samskaraların yani yaşamlardan gelen eski alışkanlıklarımız veya düşünce biçimlerimizin çözülmesi için getirildiği yerdir.

DÖRDÜNCÜ PRENSİP – RUHSAL GELİŞİMİMİZ İÇİN KENDİMİZE ÇEKTİĞİMİZ KİŞİLER

Çekim Yasası niyetimizin gücünü kapsar. Ruhsal gelişimimiz için ihtiyaç duyulan kişilerin bize çekildiği bir sistemdir. Yirmili yaşlarında genç bir kadın olduğu geçmiş hayatına geçen ve adını Sarah olarak anacağım bir danışanım buna bir örnek niteliğindedir:

Sarhoş babası onu taciz etmişti ve sonunda ondan kurtulmak için erkek kardeşiyle birlikte San Fransisco'ya kaçmıştı. Neyse ki, bir dulun yanına sığınıp onun yanında elbiseler diktiği bir işe sahip oldu ve orada ona dostça yaklaşılıyordu. Daha sonra doktor bir bey hayatına girmiş ve oradan ayrılıp kendisiyle evlenmesini istemişti. Dul arkadaşının yanındaki güvenli ortamı bırakamadığından kalbi kırık ve hiç arkadaşı olmadan öldü. Ruhsal boyuta geçer geçmez, insan formunda üç rehberle birlikte bu geçmiş hayatı değerlendirdiğini hatırladı.

Sanki bir mülakata giriyor gibiyim. Pencereli ve içinde bir sıra olan bir oda ve orada bir bayan ve iki erkek oturuyorlar. Bir sandalyeye oturmama izin verdiler ve kendilerini bana benim kabul edebileceğim bir şekilde gösteriyorlar.

Geçmiş hayatın hakkında mı konuşuyorlar?

Çok yoğun bir hayattı. Durup düşünmek ya da seçimler yapmak için vaktim yoktu. Nasıl tepki vereceğimi görmek için bana sert koşullar hazırlanmıştı. Bana bir fırsat geldiğinde doğru ya da yanlış olup olmadığını sorgulamak yerine onu değerlendirmeli ve insanlara şans vermeliydim. Fırsat varken ben o adamla gitmeliydim. Fırsatı değerlendirmediğim için, yapmadığım başka şeyler de oldu ve ben o yaşamda ruhen kendimi tam olarak gerçekleştiremedim. Kendi ruh grubumu ve kendimi hayal kırıklığına uğrattım.

Ne yapabilirdin?

O adamla gitmeli ve dul kadını bırakmalıydım. O bir doktordu ve ben onun asistanı olabilirdim. Tedavi ederek değil ama insanların bakımıyla ilgilenebilirdim. Bir daha yapmak zorunda kalacağım. Yapmaya korktum çünkü alışık olduğum bir ortam değildi. Bana bir el uzatıldı, ben o eli tutmadım ve fırsat kaçtı. Herkesi hayal kırıklığına uğrattım.

Başka neler söylüyorlar?

'Bir daha yap öyleyse' *diyorlar. Sanki bir video izliyor gibiyim, farklı zamanlarda sahneyi durdurup nasıl hissettiğimi ve ne yapmış olmalıydım diye bana soruyorlar.*

Dul kadınla kalmak yanlış değildi, ancak o başkasını da bulabilirdi. Bana her zaman ihtiyacı yoktu ve ben yine oralarda olabilirdim.
Bir daha ruh grubumla bir araya gelip yeniden deneyeceğiz. Doktor olan adam şimdiki hayatımda tanışacağım biri olacak. Bu sefer doğru olanı yapsam iyi olur.
[Sarah'nın yüzü gülüyordu.]

Sarah'nın geçmiş hayatının planı, ruh grubunun doktor olarak gelen bir üyesiyle çalışmaktı. Bu onun ruhsal gelişimine destek olurdu. Ancak, fırsatı değerlendirip değerlendirmemek onun özgür iradesine kalmıştı.

Yeni hayatlar planlandığında, giderek zorlaştırılırlar ama bu zorluk seviyesi, ruhun karmik hedefine ulaşabileceği ölçüdedir. Zor hayatlar bu süreci kısaltabilirken, kolay hayatlar, yaşanması gereken hayatların sayısını arttırır. Ancak, önemli olan nokta şudur, planlama aşamasında diğer çözülemeyen geçmiş hayatlardan getirilen konuların doğru bir zorluk derecesinde olduğundan emin olunmalıdır. Bu genellikle diğer ruhlarla birlikte yapılır. Böylece karşılıklı olarak her hayatın amacını yerine getirmek için birlikte çalışılan karmaşık bir ağ oluşturulur. Bu sebeple şimdiki hayatımızda farkında olmadan, ihanet, taciz, yalnızlık, isteyerek kurban olma gibi karmik paternlerimizi tekrarlamak üzere belli şartları oluştururuz ta ki öğrenme tamamlanıncaya kadar.

KOMPLEKSLER

Bir kompleks, bizim hayatımızın koşullarının dışındaymış gibi görünen düşünce, duygu ve beden rahatsızlıklarını taşıma şeklidir.

EBEDİ RUHU ŞİFALANDIRMAK

Bu, depresyon, anksiyete, panik atak, öfke, üzüntü, fobiler, obsesif kompalsif bozukluk, travma sonrası stres, v.s. olarak adlandırılabilir. Bir kompleksin ortak özelliği; sanki hayali bir düğmeye basılmışcasına, aynı sabit tepkinin ortaya çıkmasıdır. Depresif kişi 'Umutsuz' olduğunu düşünebilir ve kendisini daha da depresif hissedebilir. Enerji düşüklüğünün fiziksel belirtilerini göstermeye başlaması da bunun ardından gelir. Kontrol edildiğini düşünen kişi, sinirlenip sert ve ani patlamalar yaşayabilir. Kompleksler, kişinin kendisini bozguna uğratan davranışlar üretir. İlişki kurmakta zorlanan kişi 'Yeteri kadar iyi değilim' düşüncesine sahip olabilir, bu da onun yeni ilişkiler kurmasını engelleyip kendisini yalnız ve mutsuz hissetmesine sebep olur.

Porta Nelson'in 'Beş Bölümlük Otobiyografi'sindeki bu harika şiir, komplekslerin tekrar tekrar ortaya çıkma doğalarını vurgular:

Cadde boyunca yürüyorum.
Derin bir çukur var.
İçine düşüyorum.
Kayboldum ... Umutsuzum ...
Bir çıkış yolu bulmam sonsuza kadar sürer.

Aynı yolda yürüyorum.
Kaldırımda derin bir çukur var.
Görmezden geliyorum.
Yeniden içine düşüyorum.
Yine aynı yerde olduğuma inanamıyorum.
Fakat benim hatam.
Çıkmam yine uzun sürüyor.

Aynı yolda yürüyorum.
Kaldırımda derin bir çukur var.
Orada olduğunu görüyorum.

Geçmiş Yaşam ve Ruhsal Regresyon Teorisi

Yine içine düşüyorum ... Bu bir alışkanlık.
Gözlerim açık.
Nerede olduğumu biliyorum.
Benim hatam.
Anında dışarı çıkıyorum.
Aynı yolda yürüyorum.
Kaldırımda derin bir çukur var.
Etrafından dolaşıyorum.

Dersin ne olduğunu anlamak, içselleştirmek ve tekrar edilmemesi için nedenini çözmek bir kompleksi şifalandırmanın önemli bir parçasıdır. Başka bir yol da ondaki anlamı ortaya çıkarmaktır. Regresyon terapisinde, bunun şimdiki veya geçmiş yaşamdaki orijinal kaynağına gidilerek aslı araştırılır. Roz'un önceki vaka çalışmasını hatırlayalım; Viktorya döneminde terk edilen bir çocuk iken yediği dayaklar, Roz'un şimdiki hayatında yaşadığı ilişki problemlerinin kaynağıydı. Ortaya çıkan hikayeyi anlatmak kişinin şifa kaynaklarının toplanması sürecini başlatır. Bu da kişinin içinde sıkışıp kaldığı kompleksin dönüştürülmesinde kullanılabilir.

Batı psikolojisinde, her çeşit rüyayı, fantazileri ve görüntüleri canlandırma yaklaşımı, her türlü psikolojik çatışmaların şifalanması ve çözümünü kolaylaştırmak için başvurulan en güçlü araçlardan biridir. Bu, Ek 1'de daha detaylı olarak verilmiştir. Ancak, Doğu'nun mükemmel psiko-spiritüel disiplinleriyle karşılaştırıldığında, geçmiş hayatlar konusunda Batı psikolojisinin hala bebeklik aşamasında olduğu söylenebilir. Bir geçmiş yaşam deneyiminden sonra ruhsal boyutta çalışmak, kişiyi spiritüel ilhama, yüksek benliğinin ve ruhsal öğretmenlerinin vahiylerine açar. Yüzlerce danışanla çalışmamın getirdiği deneyime dayanarak söylüyorum, kişinin geçmiş hayatlara ve reenkarnasyona inanıp inanmadığı deneyimini etkilemez. Onların gerçekliğini ispatlamaya calışmak anlamsız olur.

EBEDİ RUHU ŞİFALANDIRMAK

Danışanlarımdan basitçe iç dünyalarında yaşadıkları deneyimde kalmalarını isterim. Gerçeği ve bağışlama gücünü anlamak kendi ruh şifasını getirebilir ve şimdiki hayatını dönüştürebilir.

ÖZET

Batı tıbbı; sezgileri, bilinci ve ölüme yakın deneyimleri açıklayıncaya kadar, Kadim Bilgeliğe yönelebiliriz. Bu, bilgelik yeryüzünde onbinlerce yıldır varolmuştur. Dört ilkeyle geçmiş yaşamlar ve ruh anıları teorisini destekler. Bu, olaylara iki taraf açısından da bakmanın ve eski paternleri tekrarlamamanın karmayı nasıl dengelediğini gösterir. Çözülmemiş travmaların, fiziksel, duygusal ve düşünsel olarak, bir hayattan diğerine nasıl taşındığını açıklar. Bunlar, regresyon terapisi ile serbest bırakma ve dönüştürmenin odağıdır. Geçmiş hayat ve spiritüel regresyon aracılığıyla, danışanlar bu hayatın karmaşıklığını ve ilüzyonunu görebilir ve bu kavrayışlarını şimdiki hayatlarına entegre edebilirler.

3

BİR GEÇMİŞ YAŞAMA BAŞLAMAK

Yolculuklar içinize güç ve sevgiyi geri getirir.
Eğer bir yere gidemiyorsanız,
İçinizdeki yollara doğru hareket edin.
Onlar sürekli değişen ışık demetleri gibidirler,
ve sen onları keşfedince değişirsin.
Celaleddin Rumi,13.yy Sufi Mistik

Bir geçmiş yaşama geçiş için sadece yönlendirmeli imgelem yardımıyla oluşturulan hafif trans haline ihtiyaç duyulurken, hayatlar arası ruhsal hafızaya ulaşmak için daha derin bir trans hali gereklidir. Bazen bir geçmiş yaşama dair detaylar, aniden ortaya çıkan bir ışık gibi veya rüyalarda ortaya çıkar. Yine de kendiliğinden bir an için geçmiş yaşam görüntülerinin ortaya çıkması durumu çocuklarda daha çok yaygındır ve bu Ian Stevenson'un çalışma alanı olmuştur.

Köprüler, regresyon terapisinde geçmiş yaşama geçmek için yaygın olarak kullanılan bir yol sunar. Bir kişi kompleksi hakkında konuşurken, bir düşünce, his veya bedensel bir gerilim ortaya çıkabilir. Bu, daha eski anıların hatırlanmasını sağlayan hayali bir düğme gibi işlev görür. Bir kızgınlık duygusu, bize ebeveynlerimizin bizimle alay ettiği bir anıyı veya bir geçmiş hayatta köle olarak hiç de adil olmayan muameleye maruz kaldığımız bir görüntüyü getirebilir. Boğaz bölgesindeki bir sıkışıklık hissi, boğulmuş veya asılmış olunan bir geçmiş yaşam hikayesini getirebilir. Bu düğme bulunduğu anda kişi aniden şimdiki yaşamında veya geçmiş yaşamındaki eski bir anıya gidebilir.

HİPNOZ

Trans, zihnin içe doğru yoğunlaştığı sırada bilincin doğal olarak geldiği bir durumdur. Bir kişinin kitap okurken zamanı unutacak kadar veya ismi çağrıldığı halde bunu duymayacak kadar okuduğu kitaba dalması hali buna bir örnek olarak verilebilir. Uzun bir sure boyunca araba kullandıktan sonra, yolculuğun sadece az bir kısmını hatırlamak durumu da bir başka örnektir. Geçmiş yaşam çalışmaları için hipnoz kullanmak geleneksel bir yaklaşım olmuştur. Terapist ve danışan karşılıklı olarak koltuklarda otururlar ve danışan terapist tarafından transa yönlendirilir. Danışanın baş ve bedenini destekleyen bir koltuk kullanılabilirken, özellikle dört saate kadar derin trans durumunu gerektiren ruhsal regresyon çalışmaları için danışanın uzanabileceği ve bedenini tam olarak destekleyen bir yatak veya bir terapist koltuğu kullanmak faydalı olur.

İnsanların yüzde on beşi telkine yüksek derecede açık durumda olup, trans haline kolayca geçebilmektedirler. Yüzde yetmiş oranında bir kısım bu konuda orta seviyede olup, bu durumdaki insanların derin trans haline geçebilmeleri için, uzun telkin metinlerinin uygulanması veya hipnoz seanslarının tekrarlanması gerekmektedir.

Geriye kalan yüzde on beş oranında bir kısım ise telkinlere minimum seviyede cevap vermekte ve sadece hafif trans halinde

Bir Geçmiş Yaşama Başlamak

kalabilmektedirler. Daha önceden, trans veya bilincin farklı algı seviyesinde olma durumunu deneyimleyen kişiler trans haline daha çabuk ve daha derin bir seviyede ulaşabilirler.

Eğer kişi trans derinleşmesine başlamadan önce gerginleşirse, kendisinin bu konuyla ilgili kaygıları üzerinde konuşmak ve bunları netleştirmek gerekir.

Her zaman, göz önünde bulundurulması gereken ilk ve en önemli şey güven veren bir ilişki kurmaktır. Anlayışlı, özenli, saygılı ve yakın bir ilgi danışan için bir güven ortamı yaratır. Hipnoz, birine bir şeyler yapmaktan öte aslında bir işbirliği çalışması olduğu için, danışanla kurulucak insan ilişkisine zaman ayırmak önemlidir.

Takip eden notlar hipnozu öğretmeyi amaçlamamaktadır, birçok iyi hazırlanmış kitap bunu zaten yapmaktadır ve birçok okuyucu da zaten hipnoz uygulaması konusunda deneyimli olabilir. Bununla birlikte bu notlar, kişileri geçmiş hayatlarına götürmek için yapılabilecek hipnoz uygulamalarıyla ilgili ipuçları ve tavsiyeler içermekte ve Ek III. Bölümünde var olan örnek trans metinlerinden en iyi şekilde nasıl yararlanabileceğini açıklamaktadır. Adım adım rahatlama, parçalandırma, karmaşa, algıların yüklenmesi ve sabitlenme gibi birçok formda trans derinleşme metinleri mevcuttur. Deneyimli terapistler tercih ettikleri yaklaşımı kullanacaklardır ve zaten tüm danışanlar için ortak, evrensel bir yaklaşım bulmak zordur. Kişisel olarak ben, geniş bir aralıkta birçok insanda iyi çalıştığını düşündüğüm için, adım adım rahatlama ve onu takiben yönlendirmeli görsel imgelemi tercih ediyorum. Aşağıdaki metin, adım adım rahatlamanın bir örneğidir:

've şimdi başının en tepesine odaklan ... her bir kas gerginliğinin gitmesine izin ver ... sadece rahatla ve gerginliğin gitmesine izin ver ... ve deneyimlediğin derin rahatlama ve başının ön bölümündeki dinlendirici ağırlık

EBEDİ RUHU ŞİFALANDIRMAK

yayılmaya başladı mı? diye merak ediyorum ... gözlerinden aşağıya ... yüzüne ... ağız bölgene ... ve çenene ... boyun bölgen üzerinden ... yayılan derin dinlenme hali ... ağırlaşma'

Dünyayı duygularıyla algılayan kişiler buna iyi cevap verirler. Bu aynı zamanda seansa gerilimli bir şekilde gelen danışanın bedenini ve zihnini rahatlatmak için bir fırsat sağlar. İnsanların çoğunluğu görseldir ve görsel imgelem hipnoz metinlerine iyi cevap verirler. Bu özellikteki danışanların dikkatlerini tümüyle çekebilmek için aşağıdaki metin gereklidir:

'Çok güzel bir kır evini ziyaret ettiğini gözünde canlandır ... ılık, güneşli bir öğle sonrası ... bu evin giriş merdivenlerinin tepesinde duruyorsun ... bu merdivenler seni evin giriş kapısına doğru götürüyor ... merdiven basamakları geniş olan bir merdiven ... aşağıya doğru baktığında ... kapının açık olan kısmından büyüleyici güzellikteki bahçe görünüyor ... çok güzel güneşli bir öğle sonrası ...

Terapistin sesinde bir ritm olması önemlidir. Transa geçiş işlemi süresince terapistin konuşma seviyesini azar azar düşürmesi sürece ayrıca yardımcı olacaktır. "Gevşeme", "derinleşme" ve "rahatlama" gibi anahtar kelimeler üzerinde yapılacak çok ince tonlama değişiklikleri de süreci destekler. Seste çok ince tonlamalar yapma yeteneğini geliştirmek için en etkin yol, terapistin kendi ses kaydını yapması ve bunu dinlemesidir. Bazen geri planda hafif bir müzik çalmak, istenmeyen gürültüleri maskelemek anlamında işe yarar. En etkin müzikler, ritmik frekansı dörtten sekiz hertz'e kadar olanlardır. Bu, beyin dalgalarının theta frekans aralığı olup, insanların uykuya geçiş sürecine başlamalarının hemen öncesinde gözlenir. Reiki uygulayıcıları için hazırlanan birçok CD bu amaca uygundur.

Nefes alıp vermede yavaşlama, alt dudağın aşağıya doğru düşmeye başlaması ve yüz kaslarının gevşemeye başlaması, trans halinde olmanın fiziksel belirtilerini içermektedir. Kan dolaşımının yavaşlaması nedeniyle yüz bölgesinde cilt yarı saydam hale gelir. Ayrıca, kapalı haldeki göz kapaklarının altında, alfa seviyedeki rüya haline benzer hızlı göz hareketleri fark edilebilir.

Danışan kendisine uygulanan telkin metninin kendi iç dünyası tarafından, zaman algısının da kaybedilmesiyle birlikte tamamen özümsenmiş olduğunu farkedecektir. Geçmiş yaşam anıları, bu derin rahatlama halinde hızlı bir şekilde biliçli farkındalığa çıkar.

Çoğunlukla sadece hafif bir trans gereklidir ve çeşitli tipte yönlendirmeli görsel imgelem metinleri kullanılabilir. Bunlar danışanı bir geçmiş yaşamına yönlendiren bir köprü geçmek veya bir bahçenin aşağılarındaki bir kapıya doğru gitmek şekillerinde olabilir. Bir diğer örnek de, danışanın bir geçmiş hayatını bulmak üzere bir başka kıyıya doğru yüzen bir kayığın içinde olmaktır. Alternatif bir yönlendirmeli görsel imgelem de, büyük bir binanın içinde her bir kapının bir geçmiş yaşama açıldığı birçok antresi olan bir salonda bulunmaktadır. Hangi yönlendirmeli görsel imgelem kullanılırsa kullanılsın, terapistin yapacağı geçmiş yaşam regresyonu ile ilgili niyetini net olarak koyması gerekir, bu da danışanın probleminin çözümüne yardımcı olacak veya onunla ilgili bir geçmiş yaşamı bulmaktır.

DUYGUSAL KÖPRÜ

Kişinin bir duyguya odaklanması istendiğinde, o kişiler çabucak bilincin farklı algı seviyesine geçiş yaparlar. Milton Erickson bunu 'yaygın hergün yaşanan trans davranışı' olarak adlandırır.

EBEDİ RUHU ŞİFALANDIRMAK

Steven Wolinsky *Trances People Live / Kişilerin Yaşadıkları Trans Durumları* adlı kitabında, kişilerin hayatlarının büyük bir bölümünü tarans halinde geçirdiklerini ima etmektedir. Anksiyete gelecekle ilgili trans durumuna bir örnek iken, suçluluk duygusu ise geçmişten gelen bir trans durumuna örnektir. Benim Joanne olarak adlandıracağım 27 yaşındaki danışanım, duygu köprüsüne bir örnek olarak gösterilebilir. Joanne, erkek arkadaşı kendisini terkettiğinde yaşadığı üçüncü düşükle birlikte başlayan, umutsuzluk hissi olarak tekrar eden bir duygusal problem olan genç bir kadındı. Duygular öngörüşme sırasında ortaya çıkmaya başladı:

Senin için en kötü an neydi?
O beni terkettiğinde hayalkırıklığı hissettim.
Bunu şu anda da deneyimliyor musun?
Evet.
Bu duyguları bedeninde nerede tutuyorsun?
Gözlerimde.
Geriye doğru bu duyguları ilk deneyimlediğin ana git.
Tarama röntgenine bakıyorum. Bebeği, onun küçücük kollarını ve bacaklarını görebiliyorum. O, hayatın bir mucizesi ve o şimdi gitti. [Joanne bunu söylediğinde sesi bir duygusal yükle değişti. Birkaç sessiz iç geçirme sonrasında durdu.]
Şimdi neler hissediyorsun?
Kendimi umutsuz hissediyorum.
'Umutsuzluk duygusunun' içine doğru derine ve daha da derine doğru ... bu duyguyu ilk kez hissettiğin ana git ... neler oluyor?

Joanne, aslında hiç istemediği halde başka bir klanla çarpışan bir Viking savaşçısı olduğu bir geçmiş hayata geçiş yaptı. Bu Viking savaşçısı çarpışmayı terketmek için

Bir Geçmiş Yaşama Başlamak

bulduğu ilk fırsatı değerlendirir ve karısı ile birlikte yaşadığı kulübeye geri döner. Bir arkadaşı gelir ve ona çarpışmaya devam etmesi gerektiğini söyler. O bunu reddeder çünkü kandavası için Viking kardeşlerini öldürmenin anlamsız olduğunu düşündüğünü ve çatışma konuları üzerinde konuşmanın daha iyi olacağını söyler. Daha sonra kendisi korkaklıkla suçlanarak Büyük Konsey önüne getirilir ve burada, başkasının canını almanın yanlış bir şey olduğunu söyleyerek kendisini savunur. Burada elleri bağlanır ve bu 'tehlikeli' konuşmayı yapmasını durdurmak için ağzı da bir tıkaçla bağlanıp kapatılır. Ailesinden uzağa sürüklenerek götürülür ve bir kayığa bindirilir. Açık denizde cezası belirgin hale gelir. Kendisi suda boğulmak üzere bir kayıkla denize salınmıştır.

Danışanlar kendi problemleri hakkında konuşurlarken, derinlere gömülü olan duyguları yüzeye çıkarmak için işe yarayan bir soru şudur:

Senin için en kötü an neydi?

Duygular yüzeye geldiğinde, duygunun bedende nerede bulunduğunu sormak bu duygunun kuvvetlenmesini sağlayabilir:

Bu duyguyu bedeninde nerelerde tutuyorsun?

Duygu köprüsü basitçe; ortaya çıkan duyguyu kullanmak ve bu duygunun ilk olarak deneyimlendiği ana gitmektir. Bu, şimdiki hayattaki erken dönemden veya bir geçmiş yaşamdan gelen bir anı olabilir.

Geriye doğru, bu duyguyu ilk kez deneyimlediğin ana git ... neler oluyor?

Eğer anı şimdiki hayattan geliyorsa, bu duygunun açığa çıkıp çözülmesi sağlanabilir ve bir geçmiş yaşama geçmek için duygu köprüsü tekrar uygulanır. Eğer ortaya çıkan duygu az ise danışanın probleminin biraz daha derinlemesine araştırılması gerekir. Duygu yüzeye çıktığında, bu duygu benzer bir duygunun deneyimlendiği bir geçmiş hayata bir bağlantı oluşturacaktır.

SÖZEL KÖPRÜ

Dil; fikirlerimizi, düşüncelerimizi ve anılarımızı temsil eden bir sembolik sistemdir. İçsel hislerimizi ve fiziksel duyarlıklarımızı ifade etmek için kullandığımız kelimelerin özel bir anlamı vardır. Bir cümlecik veya bir kelime veya sesin tonu, bir içsel deneyimle ilgilidir. Eğer zarif kelimeler kullanılmasa bile bu geçerlidir.

Benim Kirsty olarak adlandıracağım danışanım, tekrar eden ilişki problemleri yaşayan bekar bir işkadınıydı. Ön görüşme sırasında biten bir ilişkisi hakkında konuşmaya başladı. Sesinin tonunun sertleştiği bu sırada durumu şu şekilde anlattı:

O bir başkasıyla kararlaştırılmış bir evlilik sürecinde ilerlemek istiyordu ve ben ilişkimizin hiçbir yere gitmediğini bilmeme rağmen ilişkimizin devam etmesinine izin verdim.

Durum senin istediğin şekilde gitmediğinde neler hissettin?

Kızgınlık

Bu duyguya hangi kelimeler eşlik ediyor?

Bu durumu kaldıramayacağım. Buna nasıl cüret edersin. Bir kurban olmayacağım. [Sesi bu noktada sertleşti.]

En yoğun duygu hangi kelimelerde var?

Bir kurban olmayacağım.

Bir Geçmiş Yaşama Başlamak

Derin bir nefes almanı ve bu kelimeleri birkaç defa tekrarlamanı ve sonrasında neler olduğunu görmek istiyorum.
Bir kurban olmayı reddediyorum ... Bir kurban olmayı reddediyorum ... Bir kurban olmayı reddediyorum. [Bu noktada duyguların, danışanın sesinde daha güçlü çıktığı duyuluyordu.]
Şimdi ne hissediyorsun?
Kızgınlık.
İlk kez kızgınlık deneyimlediğin ana git. Ne gibi görüntüler geliyor, aklına gelen ilk şeyler neler?
Su. Göle benziyor.

Kirsty, bir çiftçinin oğlu olduğu ve bazı köylüler tarafından suya batırılıp trajik bir şekilde boğulduğu hayatı anlatmaya başladı. Öncesinde zengin bir adamın kızı ile tanışmış ve birbirlerine aşık olmuşlardı fakat farklı sosyal sınıflardan oldukları için gizlice buluşmaları gerekiyordu. En sonunda bu durumu kızın babasına bildirdiler. Bunun üzerine baba, onu uzaktaki karanlık bir ambara götürüp, bağlayıp korkutarak, kızını bir daha görmemesini sağlamak üzere bir grup köylüyü teşvik etti. Daha sonra onu dışarıya alıp, kendini savunması için eline de bir değnek verdiler. Çünkü gruptaki kişiler onunla eğlenmek, dalga geçmek niyetindeydi. Onlar kendi aralarında dövüşmeye başladıkları sırada, o sessizce sürünerek çamur ve suların içinden geçerek gizlenmek için bir kayığa binmeyi başardı. Daha sonra köylüler onu bulup suda boğdular.

Kirsty, *'Bir kurban olmayı reddediyorum'* cümleciğini tekrar ederken kelimeler bir enerji dönüştürücü gibi çalıştı ve onun bastırdığı duyguları aktif hale getirdi ve böylece hızla regresyona girmiş oldu. Danışanla ön görüşme sırasında problemi tanımlarken, anahtar nitelikte tanımlama özelliği olan veya onda duygusal yük oluşturan cümlecikleri iyi dinlemek ve yazmak önemlidir. Çoğunlukla bu cümlecikler tekrar eden cümleciklerdir. Bir fiziksel hareket ve sıkılmak, veya nefes alıp vermede bir değişiklik bu tip cümleciklere eşlik eder. Danışanın bu cümleciği tekrar etmesi istenebilir:

Derin bir nefes al ve kelimeleri birkaç kez tekrar et ve neler olduğunu gör.

Bu cümlecikler her zaman bir duyguyla bağlantılı olacaktır:

Şimdi deneyimlediğin duygular neler?

Duygular bir kez yüzeye çıktıysa, bir önceki duygu köprüsü kullanılabilir. Geştalt terapisinin kurucusu olan Fritz Perls, komplekslere odaklanmak üzere cümlecikler kullandı ve geçmiş yaşam terapisinin kurucularından biri olan Morris Netherton[3] da aynı şeyi yaptı. Danışanın cümleciği tekrar etmesi en iyi durumdur, çünkü bunu söyleme tarzı bile özel bir anlam içeriyor olabilir. 'Asla hiç birşey söylemeyeceğim' cümleciği korku ve sorgulanmakta olan bir mahkumun geçmiş hayatıyla bağlantılı olabilir. 'Tam anlamıyla yalnızım' cümlesi hüzün ve ormanda çocuğunu kaybettiği bir geçmiş hayatla bağlantılı olabilir. Eğer cümlenin tekrar edilmesi bir duygu yükü oluşturmaz ise de kaybedilen bir şey yoktur ve durumda ön görüşmeye devam edilebilir.

FİZİKSEL KÖPRÜ

Danışanın problem üzerinde görüşülürken, kendiliğinden oluşan ve hiç bir tıbbi açıklaması olmayan bir gerilim veya ağrı ortaya

Bir Geçmiş Yaşama Başlamak

çıkabilir. Bunlar; boğulma, migren, şiddetli baş ağrıları, sırt ve mide ağrıları ve tekrar eden kronik duyarlıklar gibi fiziksel duyarlıkları içerir. Bunlar çoğunlukla geçmiş yaşam travmalarının fiziksel kalıntıları olabilirler.

Bir atölye çalışmasındaki bir öğrenci - Ben ona Allan diyeceğim – bunu açıklayacak bazı semptomlara sahipti. Kendisinde boğaz bölgesinde tekrarlayan bir gerilim hissi ve düşük enerji seviyesi durumu vardı:

Boğazında ne gibi duyarlıklar var?
Bir sertleşme ve bir sıkışıklık.
Tüm bilinçli farkındalığını boğaz bölgene getir. Neler oluyor?
Daha da sıkışıyor. Nefes almakta sıkıntı yaşıyorum.
Beden duruşunu, kol ve bacaklarının pozisyonlarını deneyime uygun olacak şekilde ayarla. [Alan, avuç içleri dışarıya doğru bakacak şekilde ellerini göğüs hizasında tuttu ve acı çektiğine dair belirtiler gösterdi.]
Havasızlıktan kıvranıyorum.
İlk gelen görüntüyü söyle?
Bir adamın elleri benim boğazımda.

Alan, Victoria döneminde boğulmak suretiyle ölen bir hizmetçi kız olduğu bir geçmiş hayata geçti. Çalıştığı büyük evin aşağısına doğru giden dar yol üzerinde bulunan içki içilen bir evin üst katında bir odada uyuyordu. Bir gece, büyük evin efendisi onun odasının kapısını çaldı. Adam içeriye girdiğinde kız, onun deri eldiven giydiğini ve yüzünün donuk bir maske gibi ifadesiz olduğunu farkediyor. Adam ona saldırıp boğmaya başladığında o direnmeye çabalamanın umutsuzluğunu deneyimlemişti.

EBEDİ RUHU ŞİFALANDIRMAK

Fiziksel köprü bedene odaklanmayla başlar:

Bedeninde ne gibi duyarlıklar deneyimliyorsun?

Bazı danışanlar fiziksel duyarlıkları tanımlamaya alışkın değillerdir, bu nedenle bunları dile getirebilmeleri için bazı yönlendirici sorular sormak gerekebilir:

Duyarlık yüzeye yakın mı, yoksa derin mi?
Şiddetli mi, yoksa hafif mi?
Sıkı mı, yoksa gevşek mi?

Duyarlığı arttırmak için danışanın beden duruşunu ayarlaması istenebilir. Bu yöntem, bilinçaltının derin bir seviyesinde bulunan ve şimdiki hayat veya geçmiş bir hayattan gelen donmuş beden anılarını çoğunlukla tekrar ortaya çıkarır.

Beden duruşunu, kol ve bacaklarının pozisyonlarını deneyime uygun olacak şekilde ayarla.

Danışan, terapi yatağı üzerinde hareket edebileceği bir alana ve bu sırada duruşunu ayarlamak için daha çok cesaretlendirilmeye ihtiyaç duyabilir. Bedenin kıvrılması, ellerin başın üstünde tutulması veya karın bölgesinin kavranması gibi her türlü pozisyon duruşu buna dahil olabilir. Çoğunlukla, geçmiş hayata dair görüntüler hızlıca ortaya çıkar:

Aklına ilk gelen görüntüyü söyle?

Eğer bir anı veya geçmiş hayat tetiklenmiyor ise, beden duyarlığına odaklanma, beden duruşunu tekrar ayarlama olarak ard arda gelen komutların tekrarlanması ve 'sanki' ile başlayan soruların kullanılması gerekebilir. Birkaç telkin, geçmiş hayatın yüzeye çıkmasını tetiklemeye çoğunlukla yardımcı olur.

Sanki neler oluyor?

Göğüs bölgesinde bir sıkışıklık için gelen cevaplar, 'Sanki üzerimdeki bir ağaç yüzünden kımıldayamaz durumdayım'; veya 'Sanki bir kaya göğsümü eziyor'; veya 'Sanki göğsümün etrafında sıkıca bir halat bağlanmış' şeklinde olabilir.

ENERJİ TARAMASI İLE KÖPRÜLEME

Bir danışanın sübtil bedeni onun bitmemiş işlerini de içerir ve enerji taraması, bunları geçmiş hayata geçiş öncesinde daha da güçlendirmek için kullanılan bir yoldur.

Bir danışanım, ben onu Sue diye anacağım. Sue eğitimini tamamlamış, büyük bir şirkette çalışan genç bir kadındır. Kendisi, şimdiki erkek arkadaşıyla ne zaman bir araya gelse kontrolu kaybettiğini anlattı. Bu alışılmadık bir durumdu çünkü, hayatının diğer bölümlerinde herşeyin kendi kontrolünde olduğunu hissediyordu. Çok fazla içki içtikleri bir gün, eski erkek arkadaşının kendisine tecavüz ettiğini düşünüyordu. Fakat, bu olaya dair hafızasında detay içeren bir anı ve net belirtiler yoktu. Tüm hatırladığı, sabah uyandığında birşeyin doğru olmadığını biliyor olmasıydı. Kendisi, terapi için uzandığında problemin kaynağını tespit etmek için enerji taraması yöntemi kullanıldı:

'Kontrolünün olmaması' durumu ile ilgili bir blokaj aramak için enerji alanını tarayacağım. Gözlerin kapalı. Ellerim belli bir mesafe yüksekte ayaklarından başına kadar tüm bedenini tararken, bedeninde ellerimin gezindiği yerlere odaklanıyorsun. Bir blokaj, bir hafifleme, bir

ağırlaşma, gerilim veya herhangi bir bedensel duyarlılık algıladığında veya bir duygunun farkına vardığın anda bana söyle.
[Tarama başladı.]
Ayaklarının etrafındaki enerjiden başlıyorum ... bacağının alt bölümleri ... dizler ...
[Bu, onun başına kadar bedeninin tüm bölümlerinin üzerindeki enerji alanında devam etti. Tarama ikinci kez yapılırken ...]
Bacaklarımın alt kısmında sızlama hissedebiliyorum.
[Tarama bu bölge üzerinde yeniden yapıldı.]
Sızlamayı algıladığın bölgeye odaklan ... Sızlama sadece bir bacağında mı? Yoksa her ikisinde de mi? ... Geniş bir alanda mı? Yoksa küçük bir alanda mı?
Sol bacağımın alt tarafında, sızlayan yer orası.
Tüm bilinçli farkındalığını o bölgeye koy ve neler olduğunu bana söyle?
Daha çok bir uyuşma gibi.
Beden duruşunu, kol ve bacaklarının pozisyonlarını deneyime uygun olacak şekilde ayarla.
[Sue, sol bacağı dışarıya bakacak sekilde yan tarafına doğru kıvrıldı.]
Şimdi sol bacağına neler oluyor? Sanki neler oluyor?
[Sue hıçkırarak ağlamaya başladı.] *Sanki biri ayağımdan tutuyor.*
O John [eski erkek arkadaşı]. O ayağımdan tutuyor. Oh ... oradan kaçamıyorum.
[Taşan duygularla birlikte hikaye ortaya çıktı.]

Sue, duygularını göstermeyen analitik bir kişi olarak beden hafızasında tuttuğu duygular karşısında şaşırdı. Regresyonun nereye doğru gideceğine dair bir yönlendirme yapılmadı. Enerji taramasını takip eden fiziksel duyarlık köprüsü onu doğrudan kompleksin başladığı noktaya götürdü. Bu vakada şimdiki hayata dair çözümlenmemiş bir problem sözkonusuydu fakat Sue aynı şekilde bir geçmiş hayatına da gidebilirdi.

Hans ten Dam buna 'aura keşfi' adını verir ve kişilerin kendi enerji alanlarını taramalarını ister. Bu yaklaşım tarzı da değerli olmakla birlikte, ben terapistin enerji taraması yaptığı durumlarda terapistin enerjisinin sanki bu eski yaraların şiddetini arttırdığını ve bir çeşit rezonans oluşturduğunu düşünüyorum. Bir enerji taraması aynı zamanda başka enerjilerin de algılanmasını sağlayabilir ve bu konu daha sonra ele alınacaktır. Bu nedenle enerji taraması öncesinde niyetin açık ve net bir şekilde oluşturulması önemlidir:

(Danışanın problemi ile) ilgili bir blokaj bulmak için senin enerji alanını tarayacağım.

Enerji taraması sırasında danışanın odağı kendi bedeninin değişik bölümlerine doğru yönlendirilebilir. Danışanın duyarlığı giderek arttığı için çoğunlukla iki veya üç tarama yapmak gerekli olacaktır. Birçok terapist danışanın enerji alanındaki blokajı kendi elleriyle algılayabilirler, fakat danışanın geri bildirimlerini referans alıp onlar doğrultusunda yol almak en iyisidir. Birden fazla duyarlık ortaya çıkması durumlarında, en güçlü olana odaklanıp onun üzerinden ilerlenmelidir. Enerji taramasını takiben fiziksel köprü geçişi kullanılabilir.

GÖRSEL KÖPRÜ

Bazen geçmiş yaşama dair bilgi, görüntü parçaları bilinçli farkındalığımıza doğru sızar. Bu parçaların görsel olan bölümleri geçmiş yaşama direkt geçiş için kullanılabilir. Bir danışanım, ben onu Jenny diye anacağım. Jenny normal kilosuna gore 15

EBEDİ RUHU ŞİFALANDIRMAK

kilogram fazlası olduğunu gördükten sonra diyet yapmaya çabalıyordu. Ne yazık ki, ne zaman diyet yapmaya çabalasa, bir toplama kampında bulunduğuna dair görüntüler görüyor ve diyeti bırakması gerektiğini düşünüyor. Hafif bir adım adım rahatlama aşamasından sonra görsel köprü kullanıldı:

Gelen görüntülerden en güçlü olanına odaklan. O anda neler olduğunu bana anlat.
Ben bir yahudi kadınım ve açlıktan ölmek üzereyim.
Üzerinde giysi olarak neler var?
Dizlerime kadar inen, şekilsiz, pamuklu bir elbise var.
Üzerindeki giysi sana nasıl bir his veriyor?
Kabaca yapılmış bir giysi ve ayağımdaki botlar dışında üzerimde sadece bu giysi var.
Bedenindeki duyarlıkların farkına var.
Üşüyorum ve soğuktan korunmak için sahip olduğum hiç bir şey yok. Ah, benim zavallı bedenim. Açlıktan acı çekiyorum.

Jenny, İkinci Dünya Savaşı sırasında Almanya'nın Polonya sınırına yakın bir toplama kampında bulunan 32 yaşında bir kadının hayatını anlatmaya başladı. Kendisi, kampın diğer büyük bölümleri için yiyecek hazırlayan daha küçük bir kampta çalışıyordu. Bir veba salgını, kendilerini başka bölümlerden gelen ölü bedenlerle besledikleri ve bunları yedikleri gerçeğinin ortaya çıkmasını sağlamıştı. En sonunda, bir battaniyenin altında midesinde açlıktan oluşan bir düğümlenme ile bilincini ara ara kaybetti. Sonunda; açlık, zayıflık ve soğukla ilgili anıları taşıyarak öldü.

Geçmiş yaşamlara dair anı ve görüntü parçaları bazen kabuslar veya tekrar eden güçlü rüyalar şeklinde ortaya çıkarlar. Psişik, durugörür ve sezgilerini güçlü bir şekilde geliştirmiş insanlar

Bir Geçmiş Yaşama Başlamak

geçmiş yaşam parçalarına çoğunlukla kendileri uyum sağlarlar. Bazı danışanlar da daha önceden çalışılmış bir geçmiş yaşamlarını daha da ileri seviyede keşfetmek isteyebilirler. Bu gibi durumlarda takip edilecek en basit yol, hafif bir trans geçişi yapmak ve danışanın ilgili geçmiş yaşamın en güçlü olan bölümüne odaklanmasını istemektir. Çoğunlukla geçmiş yaşam hikayesine giriş yapmak kolaydır, fakat danışan bu hikayeyi kendisi sanki konuyla bağlantısızmış - kopukmuş - gibi dışardan anlatabilir. Jenny vakasında; kendisine başlangıçta geçmiş yaşam anılarının daha da güçlendirilmesi için bedensel duyarlıklarına dair anılarını hatırlamasını sağlamak yönünde sorular soruldu ve bunun ardından da geçmiş yaşam keşfedildi ve dönüştürüldü.

GEÇMİŞ HAYATA GEÇİŞTE BLOKAJLARI AŞMAK

Bir regresyon terapi seansında, bazen danışanın esas kompleksine dokunulması nedeniyle bir blokaj oluşabilir ve bu durumda beden hafızasıyla çalışmak geçmiş yaşam hikayesinin hızlıca ortaya çıkmasını sağlar. Bir danışanım, ben onu Wendy diye anacağım. Wendy kendi hikayesi hakkında konuşurken arada bir en az üç kez 'Ben onu yapamam' dedi. Öyle görünüyordu ki, hayatını daha iyiye doğru geliştirme yönündeki her girişiminde, bu negatif iç konuşma ile sanki hayatını sabote ederek harcamıştı. Şimdi kendisi gelir desteği alarak yalnız yaşayan bir anne olarak, hayatının yönünü değiştirmek konusunda umutsuzdu:

> Wendy, regresyon seansı için uzandığı sırada, aniden kalkarak 'Bunu yapabileceğimi sanmıyorum' dedi. Kendisinin tekrar uzanması ve bu cümleyi tekrarlayıp sonrasında hangi duygu ve duyarlıkların çıktığına bakması istendi. Wendy sırtında bir ağrı olduğunu söyleyince, beden

EBEDİ RUHU ŞİFALANDIRMAK

pozisyonunu bu deneyime uygun olacak şekilde değiştirmesi istendi. Wendy ellerini birbirine bitişik vaziyette başının üzerinde tuttu ve nefesi kesilerek; 'Ah, sırtım, hiç bir şey söylemeyeceğim. Beni kırbaçlıyorlar. Bunu yapamam. Ah, yardım edin, hareket edemiyorum.' dedi. Wendy, bacakları bağlanmış durumda kollarından çekilerek kendisine işkence yapılan bir geçmiş hayatı anlatmaya başladı. Kendisi, zalim bir toprak sahibine karşı yerel köylüleri örgütleyip yönlendiren şişman bir kadındı. Kendisine işkence edilmesine ragmen onlara istedikleri bilgileri vermeyecekti. Seanstan sonra Wendy şunları söyledi; *'Beni kontrol etmeye çabalayan insanlardan hoşlanmıyorum ve anlıyorum ki bunda şaşılacak bir şey yokmuş. Bu hayatta, ben yapamam diye düşünmeyi neden sürdürdüğümü şimdi anlıyorum.'*

Bazı insanlar çoğunlukla beyinlerinin mantık bölümünü kullanırlar, imgelem ve sezgilerin bulunduğu beynin sol yarıküresini kullanmakta zorluk yaşarlar. Fazlaca aktif durumda olan analitik bir zihin geçmiş yaşam regresyonunu bloke edebilir. Bir sonraki, adını John olarak anacağım danışanımın vaka çalışması buna bir örnektir:

Orada hiç bir şey yok, tıkandı.
İlk görüntünün veya düşüncenin sana gelmesine izin ver ve onu söyle.
Hiç bir şey gelmiyor, tıkandı.
Gözlerini aç ve ne deneyimlediğini bana anlat.
Hiç bir şey olmadı.
Bazı insanlar geçmiş yaşamları bir rüya gibi deneyimlerler. Onlar, deneyimleri sırasında bir şeyler olduğunu bilirler fakat bu olan şeyler görme ve işitme duyularımızı kullandığımız durumlardaki kadar net değildir. Bazen

Bir Geçmiş Yaşama Başlamak

insanlar görüntüler görür, bazen bir şeyin olduğunu hisseder ve bazen de kelimeler onlara kendiliğinden gelir.
Ben rüyaları hatırlamam.
Şimdi tekrar denemeni ve sadece bir hikaye uydurmanı istiyorum. Bu hikayeler çoğunlukla kendiliğinden bir geçmiş yaşama dönerler.
Ben yaratıcı biri değilim.
Torunlarına hiç hikaye uydurdun mu?
Evet.
İyi, şimdi aynısını yap. Uzan ve bir hikaye uydur ve bunu nasıl deneyimleyeceğine dair evrene karşı açık ol.
[Daha derin bir trans uygulaması ve görsel imgelem sonrasında] Ahşap bir geminin direğinin üstündeki gözetleme yerindeyim ve bir savaş gemisi bize doğru geliyor.

John bir Fransız denizcisi olduğu ve 19.yy'da İngiliz savaş gemisi ile kendisinin de içinde bulunduğu Fransız gemisi arasındaki savaşı anlatmaya devam etti. O hayatın ölüm anında vurularak geminin direğindeki gözetleme yerinden aşağıya düşüyor ve aşağıda, güvertede ölüyor. Sonradan şunları söyledi: *'Ben her zaman o dönemde yaşanan deniz kuvvetleri arasındaki mücadelede büyüleyici bir taraf bulmuşumdur. Fakat, Fransız tarafında olacağımı asla düşünemezdim. Ayrıca, aşağıya düşüp ölmeden önce, vurulduğumda göğsümde ağrı hissettim.'*

Karmaşa bazlı hipnoz metinleri, analitik yapıya sahip danışanların, zihnin daha az aktif olduğu trans seviyelerine geçiş yapmalarına yardımcı olabilir. Bu tip blokajlarda, danışanın sadece bir öykü uydurmasına izin vermek bazen sezginin hakim duruma geçmesine müsaade eder. Bununla birlikte, daha geçmiş yaşam regresyon seansına başlamadan önce, bazı insanların analitik zihinlerinin hikayenin gerçek olup olmadığını sorgulayabildikleri danışana anlatılabilir. Onlara bir film izlemeye gittiklerinde sonuna kadar bekleyip ondan sonra filmi analiz ettikleri, daha film bitmeden durup filmi tartışmadıkları hatırlatılabilir. Aynı şey geçmiş hayat hikayesi ortaya çıkmaya başlarken de uygulanabilir. İnsanların geçmiş yaşamın gerçek olduğuna karar vermelerine yardımcı olacak faktörler şunları içerir: hikayenin kendiliğinden ve hiç beklenmedik bir şekilde ortaya çıkması, geçmiş hayatla bağlantılı olarak ortaya çıkan duygular ve bedensel duyarlıklar ve şimdiki hayatlarında da tekrar eden kalıplar.

ÖZET

Hipnoz eğitimi almış olanlar, danışanı geçmiş yaşama doğru yönlendirmeden önce, danışanı trans durumuna getirmek için bir hipnoz telkin metni kullanabilirler. Sadece hafif trans gereklidir ve ardından geniş çeşitlilikte olan yönlendirmeli görsel imgelem metinlerinden biri kullanılabilir. Danışan geçmiş yaşamı deneyimlemeyi istiyorsa, bu çoğunlukla tercih edilen bir metottur. Çünkü hipnotik trans, ortaya çıkan duyguların ve bedensel duyarlıkların etkilerini azaltma eğilimi getirir. Eğer danışanın problemiyle bağlantılı bir geçmiş hayata geçiş yapılacaksa bu niyet belirtilmeli. Aktif analitik bir zihin blokaja neden olabilir ve öngörüşme sırasında geçmiş yaşam deneyimi beklentisinin belirlenmesi, ekstra trans derinliğinin yaptığı etki gibi yardımcı olur.

Regresyon terapisinde odak noktası, bir danışanın probleminin çözülmesidir. Bu problem, rahatsızlık veren düşünceler, negatif duygular ve bedensel gerginlik veya açıklanamayan ağrılar gibi belirtilerle bağlantılı olacaktır. Danışan kendi problemi hakkında konuşurken, ondan bunun en kötü bölümüne gitmesini istemek çoğunlukla duyguları yükseltici bir etki yapar. Bu, problemle ilgili cümleyi tekrarlamak veya bunu bedensel bir duyarlıkla ilişkilendirmek durumlarında ortaya çıkabilen etki gibidir. Eğer, duygular veya fiziksel gerilim öngörüşme sırasında zaten mevcut ise bunlar, doğrudan geçmiş yaşam veya şimdiki yaşam ile ilgili problemin kaynağına gitmek için bir köprü olarak kullanılabilir. Enerji taramaları, bedensel duyarlıkları arttırmanın kolay bir yoludur ve fiziksel köprü ile birlikte kullanıldığında birçok blokajı aşmak mümkündür.

Köprülerin kullanımında deneyimsiz uygulayıcıların, bir danışanın bir geçmiş yaşama geçişini sağlayacak doğru köprüyü bulmak için, köprüleri kullanarak çeşitli çalışmalar yapması gerekebilir. Eğer kullanılan köprü ile danışanın kompleksine bir bağlantı kurulamaz ise hiç bir şey kaybedilmiş değildir. Böyle bir durumda, danışanın problemi hakkında biraz daha konuşması istenebilir ve böylece yeni bir köprü oluşturma durumu ortaya çıkabilir veya hipnoz kullanılabilir. Önemli olan şey durmamak veya bunu bir mesele haline getirmemektir. Sonuçta kapı açılana kadar değişik anahtarları deneyen bir çilingir gibi olmak önemlidir.

EBEDİ RUHU ŞİFALANDIRMAK

4

BİR GEÇMİŞ YAŞAMI KEŞFETMEK

Muazzam yolun kapısı yoktur ve
Ona doğru giden bin tane patika vardır.
Eğer engelin üzerinden geçersen,
Evreni tek başına gezersin
Wu-Men Hui-k'ai, Chinese Zen Master.

Geçmiş yaşamlarla çalışmada yeni olan öğrencilerin çoğu, bir kişinin geçmiş yaşamına gitmesini sağlamak tek gerekli şey diye düşünebilir. Aslında bu, daha kolay olan bölümdür. Öncelikle yapılması gereken iş, geçmiş yaşamı olduğu haliyle bilinçli farkındalık seviyesine getirmek ve bir kompleksin başlamasına sebep olan bir travmatik olayın oluştuğu noktaları belirlemek için, o geçmiş yaşam üzerinde yol alıp onu gözden geçirmektir. Bu çalışma aynı zamanda, bu eski anılardan gelen ve bir katarsis olarak adlandırılıp, kendiliğinden enerji boşalması olarak yaşanan durumu ele almayı ve onu yönetmeyi de içerir.

KARAKTERİ BEDENLENDİRMEK VE SAHNEYİ OLUŞTURMAK

Geçmiş yaşama dair ilk görüntüler ortaya çıkmaya başladığında, danışanın geçmiş yaşamındaki kişinin bedeninde olduğundan emin olmak önemlidir. Geçmiş yaşam karakteri ve üzerine giydiği giysilerle ilgili detaylı sorular sormak bu emin olma durumunu sağlayabilir:

Ayaklarında neler var? ... Ayakların çıplak mı? Yoksa giydiğin ayakkabı var mı?

Üzerindeki giysiler neler?

Giysileri daha detaylı olarak tarif et?

Elinde bir şey taşıyor musun?

Bir erkek misin? Yoksa, bir kadın mı? ... Genç misin? Yoksa, yaşlı mı?

Normal cevap şimdiki zaman kipinde ve şu şekilde olacaktır; 'Eski püskü bir elbise giyiyorum' ve 'Ayaklarımda hiç bir şey yok'. Eğer danışanın cevabı, geçmiş yaşam karakterinin bedenine girmeden, uzaktan bir sahnenin anlatımı şeklindeyse, bu durumda danışanın hikayeyi o kişi olarak anlatması yönünde cesaretlendirilmesi gerekir. Örneğin, 'Kendimi bir uçurumun kenarında ayakta, aşağıya itilmek üzereyken görüyorum,' gibi bir durumda şu şekilde karşılık verilebilir, 'Bedenine tamamen yerleşmeye izin ver ... ve sonra sana neler oluyor?' Alternatif olarak kendisine bedensel duyarlıklarıyla ilgili bir soru sorulabilir:

Bir Geçmiş Yaşamı Keşfetmek

Sıcak mı? Yoksa, soğuk mu?

Giysilerin sana nasıl bir his veriyor?

Nefes al ve havayı kokla ... neler farkettiğini bana söyle.

Geçmiş yaşam karakterinin bedenlenmesi için zaman harcamak, danışanın geçmiş yaşamıyla tam bir bağlantı kurmasına yardımcı olur ve ortaya çıkacak sahneler için bir temel sağlar.

Etrafında neler olduğunu farkediyorsun?

Kırsal bir yerde misin? Yoksa, bazı binalara yakın mısın?

Daha detaylı tarif et.

Yalnız mısın? Yoksa biriyle birlikte misin?

Diğer insanlar neler yapıyorlar?

Terapist, durumu araştırmak ve olabildiğince çok detay alabilmek için meraklı bir tutum içinde olabilir. Sorulan sorular, son soruya danışanın verdiği cevaba bağlı olacak ve böylece hikaye bir akış halinde devam edecektir. Bu tip soruları sormak için harcanan zaman, sadece hikayenin içeriğini oluşturmakla kalmaz, aynı zamanda danışanın bir geçmiş yaşama mı giriş yaptığını yoksa şimdiki hayatındaki daha eski bir anıya mı geçiş yaptığına karar vermek için terapiste zaman sağlar. Eğer terapist bu konuda emin değilse, bunu basitçe danışana sorabilir.

Bir regresyonu yönlendirmede en iyi sonuçları almak için, geçmiş yaşam karakterine yöneltilen soruların şimdiki zaman kipinde olması gerekir. Örneğin; 'Şimdi ne yapıyorsun?' veya 'Küçük kız, şimdi ne yapıyorsun?' Neden, niçin tipi sorulardan kaçınmak akıllıca olacaktır, çünkü bu tip sorular kişinin geçmiş yaşam anılarını sezgisel olarak hatırladığı yerden, sağ beyine yani mantığın kurallarına uygun düşünme tarafına atlamasına neden olurlar. Gerekli olan şey sadece, hikayenin akışını basitçe korumaktır.

Yılın ne olduğu, o dönemin kralı veya yerel yöneticisinin kim olduğu gibi, geçmiş yaşam döneminin detayları hakkındaki sorulardan kaçınmak en iyisidir. Bu tip sorulara cevap almaya çabalamak terapi için gerekli değildir ve bu bilgi o zamanda bilinmiyor da olabilir. Bir çok geçmiş yaşam yılın ne olduğuna dair hiç bir bilginin olmadığı yerli kabileler içinde veya hiç kimsenin okuma yazma bilmediği köy toplulukları içinde oluyor. Eğer gerekliyse bu tip bir soru seansın sonunda, geçmiş yaşam tekrar gözden geçirilirken sorulabilir.

Danışan bir cevap verdiğinde, terapist danışanın söylediği kelimelerin bazılarını ve onları söyleyiş şeklini tekrarlayabilir. Bu aynalama tekniği, danışana yönelik ilgiyi korur ve hikayenin ilerlemesini sağlayan devinimin korunmasına yardım eder. Bununla birlikte, dikkatle dinlemek ve sadece danışanın kelimelerini kullanmak önemlidir:

Giydiğin giysiler neler?
Belimdeki bir hayvan derisi dışında hiç bir şey.
Bir hayvan derisi ... bu derinin rengi ne?
Bir açık taba rengi.
Bir açık taba ... erkek mi yoksa kadın mısın?
Bir erkek, genç biriyim.
Bir erkek, genç biri ... etrafında başka birileri var mı?
Evet, bana bakan adamlar ve kadınlar var, onların derilerinin rengi benimkinden daha koyu.

Adamlar ve kadınlar bakıyor ... ve başka neleri farkediyorsun?
Onlardan biri bana doğru bir mızrak fırlatıyor ve beni vuruyor.

ZAMAN İÇİNDE İLERLEME

Karakterin bedenlenmesi ve sahne oluşumu sonrasında geçmiş yaşam hikayesinin geriye kalan kısmı bir araya getirilebilir. Normalde bu, ölüm anına doğru olan yönde olacaktır, fakat sonrasında daha fazla bilgi toplamak için geriye doğru gitmek de gerekebilir. Benim Maggie olarak anacağım danışanımın vakası bunu örneklemektedir. Kendisi, işyerinde insanları yönetmek için sorumluluk almakta isteksiz olunca kendi içinde çatışma yaşıyordu. Bu durum kariyerinin gelişimini engelliyordu. Kendisi regres edildiğinde, Akdeniz'de bulunan bir gemide bir köle tüccarı olduğu bir geçmiş hayata geçiş yaptı:

> Kendisi; üzerinde beyaz giysileri, belinde bir metalle kaplanmış deri bir kemer ve ayaklarında deri sandaletler bulunan yanık tenli iri yarı bir adamdı. İki sıra halinde kürek çeken kölelerin bulunduğu üstü açık bir teknede, elinde bir kamçıyla ayakta duruyordu. Tekne Akdeniz'de bir taraftan diğer tarafa baharat, şeker ve ipek taşıyordu. Kölelerin çoğu zenciydi ve hepsi güvertede bulundukları noktalara zincirlenmişlerdi. Onun görevi de, köleler yeteri kadar hızlı kürek çekene kadar onlara vurmaktı. Limana çabuk gelmesi karşılığında kendisine komisyon veriliyordu ve bu da onun özellikle daha da vahşileşmesine neden oluyordu. Kendisine bakan kölelerin gözlerindeki korkuyu anlattı. Sahnenin bu bölümünde Maggie'nin sesinin tonu

EBEDİ RUHU ŞİFALANDIRMAK

değişti: *'Onlara yaptıklarımdan dolayı kendime karşı nefret hissediyorum,'* dedi ve hafif bir şekilde hıçkırarak ağladı. Köle tüccarının bir sonraki belirleyici olayın olduğu ana gitmesi istendi ve o da bu komutun ardından, kendisinin yüksek dozda bitkisel ağrı kesici alması nedeniyle kazara öldüğü anı anlattı. Ölüm anında, bedenini terkettikten sonra aşağıya doğru tekneye baktı ve kendi yerine geçen kişinin de kölelere vurmaya devam ettiğini gördü. Bu geçmiş hayatında canlarını yaktığı kişilerle karşılaşmadan önce, onun böyle zalim bir insan olmasına neyin neden olduğunu bulmak önemliydi. Bu geçmiş hayatındaki ilk belirleyici olayın olduğu ana gitmesi istendi. Köle tüccarı, kendisinin genç bir çocuk olduğu ve yanında da babası olan güçlü bir demircinin bulunduğu bir anı hatırladı. Babası onu dövüyor ve döverken de; *'Hayatta kalmak için güçlü olmalısın.'* diyordu. Bu, babasının kendince oğlunu dayanıklı hale getirmesinin bir yoluydu. Geçmiş hayattaki olaylarla ilgili bilgilerin tümü alındıktan sonra, seans ruhsal boyuta doğru yönlendirildi. Orada kendilerine kötü muamele ettiği kölelerle ve kendisine kötü muamele eden babasıyla karşılaştı. Diyalog sayesinde affediş gerçekleşti ve Maggie, başkalarından sorumlu olmanın kaçınılacak bir şey olmadığını fakat asıl kaçınılması gereken şeyin sorumlu olunan kişilere kötü muammele etmek olduğunu derinden anladı.

Bir geçmiş yaşama giriş anı; idam edilme, boğularak öldürülme veya bir kavgada birini öldürmek gibi bir kriz anının tam ortalarına denk gelebilir. Alternatif olarak giriş anı; kırlarda uzanmış olmak, bir patikadan aşağıya yürümek veya bir aile çevresinin içinde olmak gibi sakin ve yavaş bir anda da olabilir. Durumla ilgili sorular soruldukça, hikaye ortaya çıkacaktır. Sıkça olduğu gibi, hikayenin nereye doğru gittiği açıkça belli

Bir Geçmiş Yaşamı Keşfetmek

olmayabilir. Bu gibi durumlarda sorular, alınan cevaplar esas alınarak sorulmalıdır. O anki sahneyle ilgili tüm bilgiler toplandığında, geçmiş yaşamla ilgili daha fazla bilgi edinmek için araştırmaya devam edilebilir.

Sonra neler oluyor?

Bu sıkça sorulacak bir sorudur, çünkü bu soru hikayenin ortaya çıkmasına olanak sağlayacak ve en sonunda da kompleksin başladığı nokta ortaya çıkarılmış olacaktır. Eğer artık önemsiz sayılabilecek bilgiler geliyorsa, geçmiş yaşamın başka bir bölümüne geçme zamanı gelmiş olabilir. Bu durum şu soruyu sorarak doğrulanabilir:

İlerlemeden önce başka belirleyici bir şey var mı?

Geçmiş yaşamın başka bir bölümüne zamanın içinde ileriye doğru gitmek, bir video kayıt cihazındaki hızlı ileriye sarma fonksiyonuna benzer ve danışan ilgili komut verildiğinde o noktaya hemen gidecektir. Bu komut şu şekildedir:

**Birden üçe kadar saydığımda bir sonraki belirleyici olayın olduğu ana gitmeni istiyorum. 1 ... 2 ... 3 ...
şimdi bana neler olduğunu söyle.**

Karakterin bedenlenmesi için yeterince zaman ayrıldığında danışanın bu komuta uyması daha kolay olacaktır. Normalde, hikayenin akışını bir yönde, ölüm anına doğru olacak şekilde tutmak en iyisidir. Eğer geçmiş yaşama giriş anı ölüm anına yakın ise, bu noktadan ileriye doğru gittikten sonra yeni bilgilere ulaşmak üzere danışan bu geçmiş hayatındaki ilk belirleyici olayın olduğu ana götürülür. Bunun için kullanılan komut şu şekildedir:

EBEDİ RUHU ŞİFALANDIRMAK

Birden üçe kadar saydığımda, bu geçmiş hayatındaki ilk belirleyici olayın olduğu ana gitmeni istiyorum. 1 ... 2 ... 3 ... şimdi neler oluyor?

Zaman içinde hareket etmeyle ilgili komutları verirken kararlı ve yönlendirici bir ses kullanmak en iyisidir. Bazen yeni öğrencilerin belirsiz ifadeler içeren komutlar verdiklerini duyarım. Şu ifadeler buna örnek olarak verilebilir: 'Bir sonraki belirleyici olayın olduğu ana gitmek ister misiniz?' veya 'Eğer yapabileceğini hissediyorsan, bir sonraki belirleyici olayın olduğu ana git.' Onlara, bu tip ifadelerin kaçınılması gereken ifadeler olduğunu söylerim. Çünkü danışanın o anda gitmesini istediğimiz olay o geçmiş hayatın önemli olaylarından biri olabilir. Eğer kararlı ve kesin ifade edilmiş bir komut kullanılmaz ise geçmiş hayatın o bölümü hiç bakılmamış olarak kalabilecek ve bu nedenle, elde edilebilecek çok önemli bilgiler kaybedilmiş olacaktır. Belirleyici olayların olduğu anlara gitmek, değişik sahneler hakkında bilgi edinilmesini sağlar ve böylece bütün bir geçmiş yaşam hikayesi anlaşılabilir.

Bazen belirleyici olaylar bir kompleksin başlangıcı olabilir. Kompleks çeşitlerinden biri *kapanmak* olarak adlandırılır. Bu durum, örneğin bedenin kayalar arasında sıkışıp kalması gibi bir çeşit yenilgi, bozgun gibi deneyimler yaşarken olabilir. Sıklıkla, 'Bir daha asla bunu hissetmeyeceğim' veya 'Durum umutsuz' gibi cümleler bu durumlara eşlik eder. Bu kompleks ayrıca beden duruşunun katılaşması veya titreme veya ses tonunda bir değişiklik olması gibi, yaşam enerjisinin kaybolması durumları ile de ayırd edilebilir.

Bazen belirleyici olay ilgili geçmiş yaşamın tamamen değiştiği bir *dönüm noktası* olacaktır. Bir çocuğun annesinden alınıp uzaklaştırılması, zengin bir kişinin tüm servetini ve gücünü kaybetmesi, veya sevilen insanlarla birlikte yaşanan bir hayatın bir anda yalnız yaşanan bir hayata dönmesi gibi durumlar *dönüm noktası* temasına örnek olarak verilebilir. Maggie'nin vaka örneğinde bu durum demirci babanın genç oğlunu dövdüğü sırada meydana geldi. Dönüm noktasının yeri kesin olarak belirlenebilir ve anlaşılması için üzerinden yavaşça geçilebilir. Geçmiş yaşam hikayesinin olduğu gibi açığa çıkmasına, akmasına izin vermek gerekir. Böylece herhangi bir kapanma veya dönüm noktası bağlantılı geçmiş yaşam karakterleriyle birlikte, daha sonradan ruhsal alemde çözümlenmek üzere not edilebilir. Bazen eğer geçmiş yaşama giriş anı dramatik bir ölüm anının ortasına denk geldiyse, bilgi alma seviyesi minimumda olacaktır. Böyle bir durumda genel kural enerjiyi takip etmektir. Eğer danışan ölüm anının üzerinden hızlıca giderse, kendisi daha sonradan geçmiş yaşam hikayesinin geriye kalan kısmını da ögrenmek üzere o geçmiş yaşamda geriye doğru yönlendirilebilir.

SAPTIRMALARIN ÜSTESİNDEN GELME

Saptırmalar bir geçmiş yaşamın tam olarak ortaya çıkmasını durdurabilir ve bu saptırmalara karşılık verilmesi gereklidir. Benim Mary adıyla anacağım danışanımın regresyon terapisi seansından vereceğim bu bölüm, saptırmaların bazılarına örnek olarak gösterilebilir. Mary'nin yoğun bir hayatı vardı. Tam zamanlı bir işte çalışıyor ve genç yaştaki çocuklarına bakıyordu. Seans, kocasıyla yüzleşmesiyle ilgili bir zorluk hakkındaydı:

> Mary, 'Yalnızım ve acı çekiyorum.' şeklindeki bir anahtar cümlenin köprü olarak kullanılmasıyla, üzerinde beyaz ve krem renkli giysi bulunan bir genç kız olduğu geçmiş yaşama geçti. Genç kızın ayakları çamurluydu ve çok sıkı çalışıyor, çalı çırpı topluyor ve iki yaşındaki erkek kardeşi ve halen bebek olan kızkardeşi için böğürtlenler ve başka

bazı yiyecekler bulmaya çabalıyordu. Mary alçak sesle şunları söyledi; 'Bu çok ağır bir iş ve benim zavallı ellerim çok acıyor.' Genç kızın annesi de babası da yok ve küçük kardeşlerinin bakımıyla ilgili tüm işleri kendisi yapmak durumunda. Hikaye şöyle devam etti; 'Etrafım birçok renkle sarılmış durumda. Şimdi ise tümüyle mavi ve altın renginde. Çok huzur verici bir şey.'

Buradaki tutarsızlık Mary'nin bir travmayı atladığını ve ölüm sonrası bir anıyı hatırladığı hissini verdi. Bu durum, geçmiş yaşamındaki kişinin kalp atışlarının durduğunun ortaya çıkarılması ile teyid edilmiş oldu. Mary herhangi bir yönlendirme olmadığı halde konuşmaya devam etti ve başka bir geçmiş hayata geçiş yaptı. Bu geçmiş hayatında ise ergen bir erkek çocuktu. Babası, suyun karşı tarafına geçip savaşa katılmak üzere dışarı çıkmış ve bir daha hiç geri dönmemişti.

Mary'nin, çalı çırpı toplarken elleri acıyan bir genç kız olduğu o ilk geçmiş hayata geri gitmesi istendi. Böylece, arkasında bir adamın olduğu, tepelerden insanların ona güldüğünü işittiği, olasılıkla canının yakıldığı ve sonrasında bedenini bir ağacın yanında gördüğü şeklindeki hikayeyi başkaca hiçbir yönlendirme olamadığı halde aceleyle anlattı. Genç kızın, bir adamın kendisine doğru yaklaştığını ilk kez farkettiği ana geri gitmesi ve olayların üzerinden yavaşça geçerek anlatması istendi. İlk olarak, koşmaya başlamadan önce arkasında bir gürültü işitti. Neler hissettiği sorulduğunda, o anda yaşadığı korkuyu tekrar hatırladığı için Mary'nin sesi titremeye başladı. Tepelerin olduğu yerden gelen adam genç kızı öldürüp bir ağacın üzerine bırakmıştı. Mary'nin duyguları biraz daha sakinleştikten sonra bu geçmiş yaşamının ve ölümünün detayları ortaya çıktı.

Bir Geçmiş Yaşamı Keşfetmek

Mary'nin bu geçmiş yaşam deneyimi, bir geçmiş yaşam hikayesinin ortaya çıkmasını durdurabilecek bazı saptırma durumlarını örnekler. Dr Hans ten Dam *Deep Healing* adlı kitabında bunun bir çok örneğini göstermekte ve bunlara odaklanmanın ve yüzleşmenin önemini vurgulamaktadır.

Mary aniden 'bir çok renk içinde ve huzurlu olduğunu' algıladığını anlatmaya başladığında, o geçmiş hayattan ruhsal aleme sıçramış ve ölüm anını atlamış olabilir. Geçmiş yaşamdaki karakterin kalbinin atıp atmadığı sorusuna verdiği cevap ile genç kızın ölümünü takiben doğrudan ruhsal aleme atlamış olduğu teyid edilmiş oldu. Bazen bir başka geçmiş yaşama atlama durumu da sözkonusu olabilir. Böyle bir durumda en iyisi, üzerinde çalışılan ilk geçmiş yaşama ve saptırma durumunun ortaya çıktığı anın hemen öncesine geri dönmektir. Bu yaklaşım, bir geçmiş yaşamın tamamlanmasını ve bir başka geçmiş yaşam üzerinde çalışmadan önce, ilk çalışılan geçmiş yaşamdan kalmış olabilecek herhangi bir kompleksin çözümlenebilmesini sağlar.

Birden üçe kadar sayacağım. Üçe geldiğimizde (atlamanın olduğu anın öncesine) **... gitmeni istiyorum. 1 ... 2... 3... şimdi neler oluyor?**

Eğer hikaye aniden hızla ilerlerse veya belirli bir olay atlayarak geçilirse, bu tip saptırmalar *telaş* olarak adlandırılır. Aslında iyi bir seansın içinde bu durum oluştuğunda, bu bize tehdit edici bir durumun fazla hızlı bir şekilde sonlandırıldığına işaret eder. Mary geçmiş yaşamını anlatırken, ölümüne dair hikayenin üzerinden geçerken acele etti. Bu tabiki, danışanın ortaya çıkacak duyguların rahatsızlığından kaçınması anlamında faydalıdır. Üstünden aceleyle geçilen o anlarda oluşmuş bir kompleks danışanın problemiyle ilgili olabilir. Bu nedenle regresyon terapisinde danışan, üzerinden aceleyle geçmeye çalıştığı ana geri götürülebilir ve ilgili anılar tam bir bilinçli farkındalık seviyesine çıkarılabilir.

Eğer sahne aniden boş bir hale dönerse, bu durum danışanın travmatik bir andan *kaçındığına* işaret ediyor olabilir. Bazen bu durum, dramatik bir olayla ilgili olarak gelen bilgilerin bir anlam bütünlüğü içermemesi durumu gibi bir tutarsızlık şeklini alır. Eğer, bir denizcinin geçmiş hayatında bir deniz kazasında suda boğulma durumunun yaşandığı bir sahne, aniden sakin ve huzurlu bir sahneye dönerse, oluşan bu durum buna bir örnektir. Böyle bir durumda üzerinde çalışılan geçmiş hayatın daha detaylı incelenebilmesi için, hikayenin durdurulması ve tekrar geriye doğru yönlendirilmesi gereklidir:

Olayların üzerinden daha yavaş bir şekilde ilerle.
Başına gelen ilk şey nedir? Bana söyle!

Saptırma durumlarının sonuncu tipi travmatik bir anı ile *kopma (bağlantısız hale gelme)* durumudur. Geçmiş yaşam anlatılırken, kişi kendi geçmiş yaşam karakterini veya olayları yukarıdan aşağıya doğru bakan bir gözlemci gibi anlattığında bu durum ortaya çıkar. Bu durumda eğer geçmiş yaşam devam ediyorsa, ilginin kesildiği bu nokta daha sonradan çözümlenmek üzere not edilmesi gerekir. Eğer geçmiş yaşam hikayesi bu noktadan sonra giderek daha belirsiz veya boş bir hale dönüşmeye başlarsa, hikayeyi tekrar ortaya çıkarıp canlandırmak için beden hafızası kullanılabilir. Hikayenin her an şimdiki zaman içinde tutulması önemli bir tavsiyedir. Eğer danışan hikayeyi; 'Bıçaklanan adama yukarıdan bakıyorum,' şeklinde anlatıyorsa, söylediği şey doğrulanabilir ve şu şekilde bir geri bildirimde bulunulabilir; 'Bıçaklanmak üzere misin, sonra neler oluyor?' Bir diğer yaklaşım da, terapistin danışanın son kelimelerini aynalamasıdır ve bunu hemen ardından şunları söyleyebilir; 'Derin bir nefes al ve sonra neler olduğunu bana söyle.' Bilinçli bir şekilde derin bir nefes alma eylemi, çoğunlukla bedensel farkındalığı geri getirme gibi bir etkiye sahiptir.

KATARSİS

Bir katarsis, yoğun duyguların serbest bırakılmasıdır. Geçmiş yaşamlarla çalışan batılı psikoterapiler ve terapistler katarsis durumunun nasıl ele alınacağı konusunda çatışmalı görüşlere sahiptirler ve bu Ek I bölümünde yeniden incelenecektir. Geçmiş yaşam regresyonu yaparken eğer kendiliğinden bir katarsis durumu ortaya çıkarsa, onu minimize etmeye çabalarım. Duyarsızlaştırma, kısaca travmatik bir durumun ortaya çıkmasına ve bilinçli zihnin onu yavaşça sindirmesine izin veren bir yoldur. Travmatik anların çoğu ölüm anındadır, bu nedenle danışan ölüm anı üzerinden hızlıca geçilerek doğrudan ruhsal aleme doğru yönlendirilebilir. Böyle bir yaklaşım, duygu seviyesini düşürmek yoluyla danışanın o andaki rahatsızlığını minimize eder. Bu yaklaşım ruhsal regresyon çalışmaları için özellikle önemlidir, çünkü bu çalışmalarda ruhsal anıların hatırlanması için gereken derin trans seviyesi bir duygu boşalması ile bozulabilir.

Regresyon terapisi için duygusal ve fiziksel belirtiler var olduğunda bunlar çoğunlukla bir kompleksi işaret eder. Ben danışanı gereksiz yere rahatsız etmeye inanan biri değilim. Fakat, çalışmalarımdan anlıyorum ki, tam bir şifanın gerçekleşmesi için, bir kompleksle ilişkili bastırılmış ve kilitlenmiş duygular boşaltılmalı ve dönüştürülmeli. Burada, etimize batıp gömülmüş bir dikenin varlığı benzetmesi kullanılabilir. Diken geri çekilip alınmadığı sürece, acı vermeye ve rahatsızlık yaratmaya devam edecektir. Katarsis yüksek bir enerji durumu olduğu için, o an için mantıklı zihne tümüyle hakim olup onun düzenini bozabilir. Bu nedenle, katarsis durumunda en iyisi, danışana yardımcı olacak

EBEDİ RUHU ŞİFALANDIRMAK

önerileri normal sesimizden daha yüksek bir sesle ona söyleyerek konuşmaya devam etmektir:

Bırak hepsi çıksın... Gözyaşlarının akmaya devam etmesine izin ver.

Katartik bir boşalma üç faz üzerinden gider:

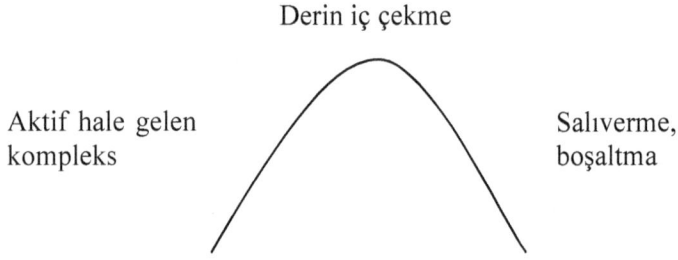

Danışan çoğunlukla derin bir iç çekmenin ardından normal uyanık bir seviyeye geri gelecektir ve bunun ardından geçmiş yaşamla ilgili soruların sorulmasına devam edilebilir. Birçok vakada, dönüştürme aşaması öncesinde kompleksle ilişkili gömülmüş duyguların tamamen salıverilmesi, boşaltılması gereklidir. Bu işlem hızlı bir şekilde bir seansta veya birkaç seans içinde azar azar olarak da yapılabilir.

Bir katarsis durumunu nasıl ele alıp idare edeceğimi ön görüşme sırasında danışanla konuşmayı tercih ederim. Böylece bu konuda danışanla bir anlaşmaya varmış olurum. Bu konuşmanın yapılış şekli ile ilgili bir öneri şöyle olabilir; 'Bazen seans çok yoğun olabilir ve böyle durumlarda duygular ortaya çıkabilir. Bu duyguları ortaya çıktıkları sırada azaltmaya gayret ederim fakat tıkanmış duyguları temizlemek için çoğunlukla birkaç seans gerekecektir. Bir alternatif olarak, bunların tam olarak ortaya çıkmalarına izin verebilir ve onları hızlıca temizleyebiliriz.

Duygular garip bir şeydir. Bazı insanlar onları deneyimlemek için bir servet öderler. Bu bazen white- knuckle rides, bungee jumping olarak adlandırılan şeyleri yapmak veya sinemaya gitmek ve üzüntü dolu bir film izlerken doya doya ağlamak olarak yaşanabilir.' Bir kompleksten kaynaklanan şiddetli negatif duygularla yıllarca yaşamış olan danışanlar genellikle bunlardan bir an önce kurtulmayı memnuniyetle isterler.

ÖZET

Geçmiş yaşama giriş anının kendiliğinden bir katarsisin ortasına denk gelmesi hali dışında ilk öncelik, üzerindeki giysilerin detayları ve çevresinde neler olduğuna dair sorularla geçmiş yaşam karakterinin tam olarak bedene yerleşmesinin sağlanmasıdır. Gerçek sorular ortaya çıkan bilgiler doğrultusunda olacaktır, yine de 'Sonra neler oluyor?' sorusu sıklıkla kullanılabilir. Belirleyici olayların olduğu anlara odaklanarak, herhangi bir dünyevi detay atlanabilir veya yok sayılabilir. Danışanın bilinçaltı belirleyici olaylara yönlendirildiğinde danışan da geçmiş yaşam hikayesini bu olaylar üzerinden anlatacaktır. Normalde en iyisi, bir geçmiş yaşam hikayesinin ölüm anına doğru tek bir yönde ilerlemesidir, çünkü böyle bir yol danışanın deneyimini anlamasını kolaylaştırır. Danışanın herhangi bir saptırma yapması durumunda, terapistin bunu tespit edip buna karşılık verebilmesi için öyküyü dikkatle dinlemesi gerekir. Böyle bir durum sözkonusu olduğunda çoğunlukla, saptırmanın olduğu anın hemen öncesine gidilmesi ve olayların üzerinden yavaşça geçilmesi gerekmektedir.

Bir kompleksin kaynağı çoğunlukla belirleyici olaylardan biridir. Kompleksin bir çeşidi *kapanmak* olarak adlandırılır. Bu durum, örneğin düşen kayalar nedeniyle bedenin orada sıkışıp kalması gibi bir durumda geçmiş yaşam karakterinin mücadeleden vazgeçmesi şeklinde ortaya çıkabilir. Bir diğer kompleks çeşidi de dönüm noktasıdır ve bu Maggie'nin köle tüccarı olduğu vakada örnek olarak gösterildiği gibidir. Burada köle tüccarının hayatı, kendisi genç yaşlardayken babasının onu dövmesi sonrasında başkalarına zalimce davrandığı bir hayata dönmüştü. Böyle noktalar tam olarak belirlenebilir ve yavaşça tekrar gözden geçirilebilirler, böylece anlaşılmış olurlar. Daha sonraki dönüştürme aşamasında kullanmak için, kapanma ve dönüm noktalarına ait bilgilerin, o geçmiş yaşamdaki diğer karakterlerle birlikte terapist tarafından not edilmesi gerekir.

Kendiliğinden bir katarsisin ortaya çıkması durumunda terapist, danışanın bunu tamamen salıvermesi ve boşaltabilmesine yardım etmek için hazırlıklı olmalıdır. Özellikle sözkonusu olan bir ölüm anı ise geçmiş yaşam hikayesinin ilgili bölümü üzerinden hızla geçilmek suretiyle salıverme sırasındaki duyarlık seviyesi azaltılabilir.

Normalde regresyon terapisinde, kendiliğinden ortaya çıkan bir katarsisin tam olarak boşaltılmasına izin verilebilir. Bir katarsis sırasında danışana sorular sormak olası değildir ve böyle bir durumda en iyisi, normal ses seviyesinden daha yüksek bir sesle danışana yardımcı olacak önerilerde bulunmaktır.

5

GEÇMİŞ YAŞAMDA ÖLÜM ANI

*Şimdi artık ölümün "Bardo"su üzerimde ışıdığında,
tüm açgözlülüğü, özlemi ve bağlılığı bırakacağım.
Bu et ve kan birleşiminden oluşan bedenden ayrılırken,
bunun geçici bir ilüzyon olduğunu bileceğim.*
Padmasambhava, Tibetin ölüler kitabı.

Bardo kelimesi Budist dilinde yaşam ve yeniden doğuş döngüsü boyunca bilinçte oluşan değişim anlamına gelir. "Ölmenin ve ölümün Bardo"su en anlamlı olandır. Ölmek, insanlar için tüm yaşamlarıyla ve en derin kendi gerçekleriyle yüzleşmek için büyük bir fırsat olarak görülür. Sogyal Rinpoche *Tibetin Yaşam ve Ölüm Kitabı*[1] adlı kitabında ölmeden önce, bitmemiş işler, suçluluk, öfke veya başkalarına yönelik kötü duyguların temizlenmesinin önemini vurgular.

Geçmiş yaşam regresyonu her zaman ölüm anını kapsamalıdır. Danışan, ölüm anını hatırlayarak o hayatın bittiğini farkedecektir, sonrasında yapılacak şifa çalışması için, çözümlenmemiş düşüncelerin, duyguların ve beden hafızasının not edilmesi gereklidir. Geçmiş yaşamdaki ölüm deneyimini hatırlayan bir çok insanın anlattıkları ile ölüme yakın deneyimlerden sağ kurtulanların anlattıkları deneyimler arasında benzerlikler vardır. Fiziki bedenden ayrılırlarken, her türlü fiziksel rahatsızlık geride bırakılmıştır. Çoğunlukla, ışığa doğru yönelmeden önce aşağıdaki bedenlerine baktıklarını anlatırlar. Benim deneyimlerime göre geçmiş yaşamların %85'inde ruhsal alemde çözümlenmesi gereken bitirilmemiş işler söz konusudur. Çok azında, yaklaşık %5'inde danışan herhangi bir travma taşımadan yukarıya ışığa doğru gittiğini anlatır. Kalan geçmiş yaşamları için ise danışan bilincinin bedenle kaldığını ve devam etmeye isteksiz olduğunu belirtir. Şaman geleneğinde buna "ruhun kayıp kısmı" denir, Kadim bilgelikte ise buna 'dünyaya bağlı ruh'[2] denir.

HUZURLU BİR ÖLÜM

Mutlu geçmiş yaşamlar bilinç üstüne (bilinçli zihne) taşındığında olumlu bir kaynak etkisi yaratabilir. Buna bir örnek kum tepelerinde oyun oynayan küçük bir Arap çocuk olduğu hayata giden, ismini burada "Kim" olarak anacağım danışanımın vakası olabilir:

> Kum tepesinde oyun oynadığı çocuklardan bir tanesi gözüne kum fırlatır ve yüzünü tutarak yere düşer. Yaptıklarından çok korkan diğer çocuklar büyüklere neler olduğundan hiç bahsetmeden oradan kaçıp giderler. Küçük çocuk bütün gün orada, gözlerine kum kaçmış bir şekilde güneş altında kalır ve sonuçta artık bulunduğunda gözleri kör olmuştur. Buna rağmen, görme yetisinin olmaması onun başka yetilerini geliştirmesine sebep olur ve sonuçta psişik yetenekleri olan bir kahin haline gelir. Başka işlerde çalışamadığı için kendi köyündeki insanlara öğütlerde bulunduğu , çocuklara hikayeler anlattığı basit bir hayat sürdürür. Arap'tan ölümünden hemen önceki ana geçiş

Geçmiş Yaşamda Ölüm Anı

yapması istendiğinde, 80 yaşında ve çevresinde bir kaç arkadaşının olduğu ölüm döşeğinde yattığı ana geçiş yapar. Yaşlı Arap son nefesini verirken, huzurlu olduğunu ve ölümden korkmadığını hissettiğini, sonrasında bedenini terkedip aşağıdaki sahneye baktığını anlattı. Bütün kabile evinin çevresinde ellerinde çiçeklerle toplanmıştı ve onların sevgisini hissedebiliyordu. Işığa nasıl yöneldiğini ve derin bir iç huzurla ışığa doğru nasıl süzüldüğünü anlattı.

Kim'i bu derin deneyimi özümsemesi için sakince kendi halinde bıraktım. Şimdiki hayatında psişik yeteneklerini geliştirme konusunda mücadele veriyordu ve bu geçmiş yaşam onun bu yolda devam etmesi konusunda hevesini tazelemişti. Bunun gibi olumlu bir geçmiş yaşamı deneyimlemek veya bir geçmiş yaşamdaki önemli bir olay, kişinin bilincini çok derinden etkileyebilir.

ÖLÜM ANINDA ÇÖZÜLMEMİŞ TRAVMA

Geçmiş yaşamların çoğunda bitmemiş işler vardır ve bunlar şimdiki hayatta tekrarlayan kalıpların kök sebebidir. John olarak adlandıracağım danışanımın vakası buna bir örnek olarak verilebilir. John'un topluluk karşısında konuşma konusunda sorunu vardı. Bu durumlarda boğazında kronik bir sıkışma tetikleniyor ve onun için konuşmak çok zorlaşıyordu:

John'un bu problemle ilgili ilk hatırası şuydu; okulda İncil'i okuması istenmişti. Herhangi bilinçli bir sebep olmaksızın bu talep onu dehşete düşürmüştü ve okurken tir tir titrediğini ve sarsıldığını hatırlıyordu. Bu hatıradan bir cümleyi tekrarlarken John yaşlı bir kadın olduğu geçmiş yaşama geçiş yaptı. Kadın yırtık pırtık bir elbise giyiyordu ve belinde bir ip olan uzun bir elbise giyen bir dini görevlisinin karşısında duruyordu. Yaşlı kadın yükseltilmiş bir platform üzerindeydi ve çevresini öfkeyle bağıran bir kalabalık sarmıştı, boğazının çevresinde ise bir ip sarılıydı. Bir sonraki anda ise yukarıdan aşağıya doğru bir direkte sallanan bedenine baktığını anlattı.

Yaşlı kadından son nefesini vermeden hemen önceki ana geçiş yapması istendi ve asılma olayını tekrar hatırladı. John bu sırada nefes almakta zorlandı ve vücudu titremeye başladı. Yaşlı kadın hızlıca kalbinin son attığı ana götürüldüğünde, ölüm anındaki son düşüncesi "kaçamam"dı. Son anlardaki bu olaylar en çok etki edenlerdir. O ölüm anında korku, öfke, haksız bir şekilde suçlanmanın utancı ve asılmanın fiziksel etkileri vardı.

Bu geçmiş yaşam öyküsünü gözden geçirdiğimizde, yaşlı kadın kırlarda tek başına bir hayat sürerken bazı askerler onu yakalayıp karanlık bir hücrede bırakıyorlar ve ondan bir itiraf imzalamasını istiyorlar. Yaşlı kadın kendisine işkence yapacaklarını düşündüğü için imzalamayı kabul ediyor, Ancak o zaman da din adamı görünümlü insanların yüksek bir platform üzerinde durduğu, çevresinde kalabalık insanların olduğu bir mahkemeye çıkartılıyor. Burada elinde kendisinin imzaladığı itirafı tutan birisi onu sorguluyor ve etrafını saran kalabalığa onun bir cadı olduğunu söylüyor.

Ölümünden sonra onu mahkum eden din adamının ruhuyla bir araya geldiğinde öncelikle ona yapılan haksızlıklara karşı öfkesini ifade etti. Sonra kurulan diyalog sonucunda din adamının görevi olduğunu sandığı şeyi yerine getirdiğini düşündüğünü ve aslında ruhunun derinden üzgün olduğunu anladı. Bunu keşfetmek onun

Geçmiş Yaşamda Ölüm Anı

olanları affetmesini kolaylaştırdı. Bundan sonra yaşlı kadın kalabalığın arasında olup ona yardım etmek için hiçbirşey yapmayan arkadaşlarıyla bir araya geldi. Bunlardan birisi olan o geçmiş hayatta otlarla iyileştirdiği bir genç adamla diyaloğu sırasında, kalabalığın onu geride tuttuğunu anladı. Korkmuştu ve eğer ona yardım etmeye çalışırsa karısı ve çocuklarının elinden alınacağını düşünmüştü. Şimdi artık anlıyordu.

Yaşlı kadından son nefesini almadan hemen önceki ana geçiş yapması ve bundan sonraki olayları yavaşça ihtiyaç duyduğu şekilde değiştirerek ilerlemesi istendi. John'un nefesi tıkandığında yaşlı kadının boynundaki ipten kurtulmayı deneyimledi, Fiziksel/ beden hafızası dönüştürüldüğünde John göğsünü çok daha hafif hissettiğini belirtti. Yaşlı kadına daha başka neler yapmak istediği sorulduğunda kalabalığın karşısında meydan okuyarak ve gururlu bir şekilde durmak istedi.

John geçmiş hayat anılarından ayrılarak, şimdiki hayatında okulda İncil okuduğu çocukluk anısına götürüldü. Geçmiş hayatındaki boğulma hissinden kaçmasına dair yeni deneyimini şimdiki hayatına getirdiğinde, bu çocukluk anısını artık titremeden veya korku hissetmeden hatırlayabildiğini farketti. Bu noktada kendisine bir olumlama telkini verildi, 'Bir insan grubuyla birlikteyken, kendimle gurur duyacağım ve kendimi güçlü hissedeceğim.' Bundan sonra, gruplara karşı konuşmak John için bir sorun olmadı.

John geçmiş yaşam anılarını hatırladıktan sonra, onları istediği şekilde değiştirmeyi deneyimledi. Bu değişimi bir metafor veya yeni bir yaşam deneyimi olarak tanımlamak John için o kadar da önemli değildi. Geçmiş yaşamında tekrar boynunda ip takılı olduğu o travmatik andaydı. Sadece boynuna ip gibi sarılmış bir

EBEDİ RUHU ŞİFALANDIRMAK

havluyu kendinden fiziksel olarak uzaklaştırmayı deneyimlemekle sözcüklerin ulaşabileceğinden çok daha derin bir seviyedeki fiziksel travmayı dönüştürmüştü. Bu dönüşüm onun şimdiki hayatındaki travmatik okul anısıyla bağlantılı olduğu için onu da dönüştürerek aynı anda temizlenmesini sağlamıştı. John' un bu geçmiş yaşamı eğer ölüm anında kopma olursa ne kadar önemli bilgilerin kaybolabileceğini gösteriyor. Kopmadan hemen önceki noktaya geri dönmek ve işin içine bedensel farkındalığı dahil etmek boğulma hissini, "kaçamam" düşüncesini, korku, öfke ve utanç duygularını yüzeye çıkarttı. Ölüm anındaki son düşünceler ve duygular gelecek hayatlar üzerinde çok etkilidir. Hatta bu düşünceler olayın etkisini olduğundan daha büyütür ve sonraki algıyı da etkiler. John'un vakasında bu etkiler onun şimdiki hayatına taşınarak çocukken okulda kalabalık karşısında okuma sırasında gösterdiği tepkiye neden olmuştu. Geçmiş yaşamda ölüm anındaki duygu ve düşüncelerin neler olduğunu keşfetmek, daha sonraki çözümlemeler için çok önemlidir:

Üçe kadar saydığımda kalbinin son çarptığı andan hemen önceki ana geçiş yapıyorsun, 1.....2.....3, neler oluyor?

Hangi duygu ve düşünceler içinde ölüyorsun ?

Bütün hayatı boyunca dayak yemiş olan bir esir "hiç umut yok" diye düşünebilir ve bu düşünceyi kendi güncel hayatına, bir depresyon formunda taşıyabilir. Birinci Dünya Savaşı'nda çamurun içinde savaşan bir asker "bu pislikten temizlenmek istiyorum" düşüncesiyle ölebilir ve güncel hayatında sürekli ellerini yıkayan takıntılı bir kişi haline gelebilir. Geçmiş yaşam karakterinin ölüm öncesi veya sonrasındaki düşünce ve duyguları mutlaka araştırılmalıdır.

Geçmiş Yaşamda Ölüm Anı

DÜNYA BOYUTUNDA KALMA DURUMU

Bazen travmatik bir geçmiş hayat ölümü sonrasında ruh fiziksel bedene ve dünya boyutuna bağlı olarak kalır. Örneğin bir eğitim sırasında Mike olarak isimlendireceğim bir öğrenci, ortaçağda isyancı bir İskoç olduğu ve trajik bir şekilde işkence edilip asılarak öldürüldüğü bir hayata geçiş yaptı:

> Yakalanmış bir mahkum olarak ayaklarından iki ata bağlı şekilde sırt üstü bir durumda taş sokaklarda sürüklenmişti. Sonrasında yarı yarıya boynundan asılmış, ardından midesinden bıçaklanarak karnı yarılmıştı. Ölüm deneyimini hatırladıktan sonra İskoç isyancının ruhu hareket edemez durumda kalmıştı. Zavallı yaralanmış bedeninin yanında kalmak istemişti. Kalbinin atıp atmadığını kontrol etmesi istenerek artık ölmüş olduğunu hatırlaması sağlandı. Ruhu hala bedeni bırakmakta gönülsüzdü, bu durumda ölümünden yıllar sonrasına geçiş yapması istendi. Geride sadece kemikler kalmıştı, İskoçyalı'nın ruhu ancak o zaman orada kalmasına değecek hiçbirşey kalmadığını anlamıştı ve devam etmeye hazırdı.

Ruhun bedeni bırakamayıp ruhsal boyuttaki yolculuğuna devam edememesi sonucunda ruhsal enerjinin bir kısmı dünya boyutuna bağlı ve takılı kalır. Bu, bazen ani ve beklenmedik bir şekilde, örneğin arkadan vurulma veya patlama sonucunda gerçekleşen bir ölüm sebebiyle olabilir. Ölüm o kadar ani gerçekleşmiştir ki ruh bedenin öldüğünü farkedemez:

Bedenle birlikte mi kalıyorsun veya bedeni bırakabiliyor musun ?

EBEDİ RUHU ŞİFALANDIRMAK

Çoğunlukla son anlara ait anılar karışık olabilir. Bu durumda ufak bir yönlendirme fiziksel bedenden ayrılma anılarıyla bağlantı kurmaya yardımcı olabilir:

Bedenin ölü, kalbinin durup durmadığını kontrol et, şimdi bedeni bırakabiliyor musun?

Ölüm anındaki düşünceler çoğunlukla bir teyp kaydı gibi devam eder. Asker nöbet görevine devam etmek isteyebilir, bir baba kalıp çocuklarına yardım etmek isteyebilir. Bir bombalamada ölen küçük çocuk annesini aramak için dolanıp durabilir. Bazı kültürlerde ölümden sonra bedene ne olduğu önemlidir. Ruh ölümün gerçekleştiği yerde kalarak bir cenaze töreni veya ölü yakma töreninin yapılmasını bekleyebilir. Buna bir örnek vaka, Betty olarak anacağım danışanın, ayakkabı tamircisi kocası tarafından öldürülen bir kadın olduğu geçmiş hayat olabilir:

> Kadın öldükten sonra evliliğini ilk terkeden olmaktan dolayı o kadar suçluluk hissediyordu ki, ölüm anında bedeni terkederken çok ağır ve karanlık bir enerjiyle dolu olduğunu tasvir etmişti. Kocasının onu öldürmek suçuyla asılıp ruhsal boyuta geçiş yapmasını izledikten sonra bile hala ruhsal boyuta geçiş yapamıyordu. Kadına harekete geçmek için neye ihtiyaç olduğu sorulduğunda hafif (aydınlık) enerjiyle şifalanmasını ve karanlık enerjinin temizlenmesini istedi.

Ayakkabı tamircisinin karısının ruhu basitçe bu şifayı deneyimleyeceği bir yere gitmesi için yönlendirilince artık ruhsal boyuta geçiş yapmak üzere yoluna devam edebilmişti:

Bedeni bırakıp, ruhsal boyuta geçiş yapabilmek için neye ihtiyaç duyuyorsun?

Fiziksel bedenin artık var olmadığı bir patlama sonrasında bile, ruhsal bilinç yaşamaya devam ettiklerine dair bir hayal yaratabilir. Bilinen anlamıyla zamanın ve mekanın olmadığı bir boyutta kaybolabilir, süregelen bir şekilde tutsak kalabilir ve dünya boyutuna bağlı hale gelir. Eğer geçmiş yaşam bir engizisyon kurbanı veya son anlarında cehennemin dibinde olunan bir hayatsa bedeni bırakmaktan korku duyulabilir. Bu noktada bir dönüştürmeye ve yolculuk sırasında korunmaya ihtiyaç duyulabilir. Patlama kurbanı, basitçe parçalarının bir araya getirilmesini isteyebilir.

ÖZET

Bir geçmiş yaşamın ölüm anındaki duygu, düşünce, veya bedensel gerilimlerin şimdiki hayat üzerinde önemli etkileri olabilir. Daha sonra ruhsal boyutta çözümlenmek üzere hepsinin not edilmesi gerekir. John'un vakasında anlatıldığı gibi, cadının ölüm anındaki korkusu ve 'bu kalabalıktan kaçamayacağım' düşüncesi, John'un kalabalık karşısında kronik korkusu olarak taşınmıştı. Bir danışanın travmatik ölüm hikayesini hızlıca hatırlamak, sıkıntıyı azaltabilir ve bundan sonra geçmiş hayat artık gözden geçirilebilir.

Bazı şiddetli ölümlerde blokajlar oluşabilir, bundan dolayı herşeyi tam olarak anlayana kadar yeni bilgileri yüzeye çıkartabilmek için ölüm olayını tekrar tekrar incelemek gerekebilir. Ölümden sonra ruhsal bilincin bedeni terkedip etmediğini anlamak için kontrol etmeye ihtiyaç vardır. Sıklıkla gerekli olan sadece o geçmiş hayatın bittiğini ve fiziksel bedenin öldüğünü hatırlamaktır. Zaman zaman İskoçyalı isyancıda olduğu gibi ruhsal bilinç dünyaya bağlı kalabilir ve ruhsal boyuta geçiş için neye ihtiyaç olduğunu sorunca dönüşüm başlar.

EBEDİ RUHU ŞİFALANDIRMAK

Birçok geçmiş hayatta travmatik yön yoktur, hatta bu hayatlar içerdiği pozitif duygular dolayısıyla faydalı bile olabilir.

6

RUHSAL BOYUTTA DÖNÜŞTÜRME

Canlıyken öl ve tamamen ölü ol.
Sonra ne istersen yap, hepsi uygun .
Bucan, 17.yy Japon Zen Ustası.

Geçmiş hayat ve ölüm deneyimi tamamen olduğu şekliyle göz önüne serilebilir, zira gerçeği anlamanın muhteşem iyileştirici bir gücü vardır. Eğer bir danışan ölümüne dövüldüğü bir geçmiş yaşam deneyimliyorsa terapist onu dövülmekten alıkoymamalıdır. Danışanlara, kafa karışıklığı, öfke, korku vb. ruhsal boyuta taşıdıkları çözümlenmemiş konularını bir seviyeye kadar deneyimleme olanağı verilir. Budistler için "ruhsal boyut", "dönüşmenin Bardosu" dur, çünkü orada geçmiş yaşamlar gözden geçirilir ve bu konuların bazılarının çözümlenmesi amacıyla yeniden doğuş için hazırlıklar yapılır. Fiziksel bir beden olmadığında, zaman önemini kaybeder ve değişim çok hızlı gerçekleşir. Ruhsal boyut aynı zamanda geçmiş yaşamda bitirilmemiş işlerin de çözümlendiği bir yerdir.

GEÇMİŞ YAŞAM KARAKTERLERİYLE KARŞILAŞMA

Geçmiş yaşamdaki önemli olaylara dahil olmuş karakterlerin hikâyelerini anlamanın, bitirilmemiş işlerin dönüştürülmesine çok yardımı olabilir. Dönüşüm, danışanla bu karakterler arasındaki diyalogda kılavuz olunması yoluyla gerçekleşir. Terapist süreci, danışan ise içeriği yönetir.

Bu duruma örnek Sarah ismiyle anacağım danışanımın vakası olabilir. Sarah, evden dışarı çıkarsa ve kalabalık bir yere giderse öleceği korkusunu kronik olarak yaşıyordu. Öyle ki bir markete alışverişe gitmek gibi en basit işlevler bile arkadaşlarından yardım almasını gerektirecek büyük stres ve panik atak kaynağı oluyordu. Bunları ilk defa bir ortaçağ kilisesini ziyaretinden sonra yaşamaya başlamıştı ve kalabalıklardan uzak durma ihtiyacı giderek artmıştı. Şimdi 37 yaşında kendi evinde sanki hapis hayatı yaşar hale gelmişti:

> Sarah, insanların vebadan ölümüne engel olamayınca Belediye Başkanı tarafından köyünden kovulan bir ortaçağ doktoru olduğu geçmiş yaşama geçiş yaptı. Doktor kasaba kapılarından dışarı doğru yavaşça yürürken, daha önce ona doktor olduğu için saygı gösteren kasaba halkından bir grup onu görmezden geliyor. Bu dışlanma onu tüm yön duygusundan mahrum bir şekilde işsiz ve evsiz bırakıyor. Amaçsız bir şekilde serseri gezgin gibi Avrupa'da dolaşırken erken bir ölümle hayatını kaybettiğinde hala utanç duyuyor ve *"onların karşısına çıkamam, onları hayal kırıklığına uğrattım"* diye düşünüyor.
>
> Doktor ruhsal boyutta onu kasabasından dışlayan Belediye Başkanıyla bir araya gelip haksız bir şekilde dışlanmanın onda yarattığı utanç duygusunu ifade etti. Bunun ardından " *başı önüne eğik, kendi işini kaybetmekten korkmuş, ama yaptığından çok pişmanlık duyuyor, şimdi acınacak derecede*

küçüldü. Onun için üzülüyorum, şimdi gidebilir artık" sözleri geliyor. Sonrasında onu görmezden gelen kasaba halkıyla bir araya geldi. Doktor başlangıçta isteksiz olduğu için rehber bir ruhun desteğini talep etti.*" Çok kalabalıklar. Bana onlara yardım etmeye çalışan tek kişi olduğumu söylüyorlar. Ölümleri için beni suçlamıyor, bana teşekkür ediyorlar."* Bu noktada anın duygu yoğunluğundan Sarah'nın gözlerinde yaşlar belirdi. Doktor artık kendisini affedebiliyordu.

Bu seans Sarah'nın kalabalığa karışma korkusunu yenmesine yardım etti. Bundan sonraki birkaç ay içinde kademeli olarak gittikçe daha az yardım alarak kalabalık bir süper markete tek başına gitme hedefini gerçekleştirdi. *" Başlangıçta kalabalıklarla karşılaşmak hiç de kolay değildi, ancak bu seans benim hayatımı dönüştürdü.*

Geçmiş yaşamlara inanmayanlar da dâhil olmak üzere, yüzlerce danışanla bu şekilde çalıştıktan sonra, bu sürecin her zaman çalıştığını söyleyebilirim. Farklı bir bilinç durumundayken, danışanın geçmiş yaşam deneyimiyle derinleşen psişesi sezgisel iletişime tamamen açık olur. Bunu anlayabilmek için her şeyin enerjiden oluştuğunu düşünmek en iyisidir. Geçmiş hayatlardan bitirilmemiş işleri kalan geçmiş yaşam karakterlerinin ruhsal enerjileri danışanınızın enerjisine eklenmiştir. Ortaçağ doktoru için, bitmeyen işler, Belediye Başkanı ve kasaba halkından bir kısmının enerjisini içeriyordu. Bu enerji kaldığı sürece sezgisel bağ da var olacaktır.

Geçmiş yaşamda ölümden sonra bir çocuk kayıp annesiyle bir araya getirilebilir, vahşice muamele edilmiş bir köle, köle sahibiyle yüzleşebilir, veya terkedilmiş bir mahkum ailesiyle bir araya gelebilir:

Ruhsal boyutta (diğer, geçmiş yaşam karakterinin) **olduğu yere git ve onlarla biraraya gel.**

Bir defa o geçmiş yaşam karakteriyle bir araya gelmeye niyet edildiğinde, danışanın sezgisi bağlantıyı kuracaktır, bundan sonra neye ihtiyaç varsa onu söylemeye veya sormaya teşvik edilebilirler.

Onlara o hayatta söylemek isteyip de söyleyemediğin neler demek isterdin?

Onlar sana neler söylüyorlar?

Bu karşılıklı konuşma yoluyla yeni bir bilinçli farkındalık ve diğerlerinin davranışlarının sebepleri konusunda anlayış gelişir. Ruhsal boyutta çalışmak biraz yaratıcılık ve doğallık gerektirir. Terapist dönüşümü gerçekleştirebilmek için yapılacaklar konusunda kendi sezgilerine güvenmelidir. Eğer işin içinden çıkamazlarsa, konuyu mantıkla çözümlemeye çalışmak yerine, yüksek benliklerinin onları yönlendirmesine izin verebilirler. Terapist sezgileriyle çalıştıkça gittikçe daha kolaylaştığını fark edecektir.

Bu yüzleşmeler, geçmiş hayattaki ölümden bugüne taşınan bir kompleksin başladığı noktadaki donmuş duyguları ve düşünceleri dönüştürür.

DONMUŞ ÜZÜNTÜ VE KEDERİ DÖNÜŞTÜRMEK

Üzüntü ve keder normalde terkedilme veya derinden sevilen birinden ayrılık sebebiyle olur. Genellikle depresyon, bloke edilmiş ağlama ve nefes almakta zorlanmayla bağlantılıdır. Ruhsal boyutta izlenecek strateji geçmiş yaşamda sevilen kişilerle bağlantıya geçmektir, bu kişiler anne, baba, çocuk veya eşler olabilir. Sıklıkla bu karşılaşma sonrasında gelen yeni bilgilerle birlikte kavuşma enerjisini özümsemek için danışanların biraz zamana ihtiyacı olacaktır:

Bir kadın, geçmiş hayatında öldürülmek üzereydi ve bebeğini emanet edebileceği kimse yoktu. Kaderini kabullenmiş, ancak bebeğinden ayrılmanın derin hüznüyle ölmüştü. Ruhsal boyutta bebeğiyle bir araya geldiğinde bir yastık yardımıyla onu fiziksel olarak kucağında tutmasına izin verildi. Kaybettiği bebeğine sarıldıkça, bastırdığı duygular giderek sevinç göz yaşlarına dönüştü. Ancak bundan sonra kendi ölümünden sonra hayatın bebek için nasıl geliştiğini sorabilmişti.

Kollarıyla sarılma, kelimelerin ifade edebileceğinden çok daha derine etki eder ve bunun için bir yastık çok pratik bir **araçtır**.

DONMUŞ SUÇLULUK DUYGUSUNU DÖNÜŞTÜRMEK

Suçluluk bir veya bir grup kişiyi üzdükten sonra bu hareketimizden acı bir şekilde pişmanlık duymaktan oluşur. Sıklıkla 'Ben suçlanacağım' ve 'Ben korkunç bir şey yaptım' düşünceleri kendini tekrar eder. Ruhsal boyutta izlenecek strateji, kişiyi konuya dâhil olanlar ile bir araya getirerek daha fazla bilgi almasını sağlamak ve bu düşünce döngüsünü kırmaktır:

Bir geçmiş hayatta bir komutan kendi bölüğünü ölüme götürür. Ölüm anında etrafındaki diğer ölü bedenlerden dolayı büyük bir suçlulukla doludur. Ruhsal boyutta tüm bölükle bir araya gelip kendi ölümleriyle ilgili onların bakış açısını anlaması istendiğinde büyük bir şaşkınlıkla onu suçlamadıklarını gördü. Bunu bir askerin hayatının parçası olarak kabul etmişlerdi. Hatta askerler komutanlarına onun emri altındayken olumlu davranışları sebebiyle teşekkür etmek istediler.

Eğer ihtiyaç olursa danışan pozitif işler yaptığı başka geçmiş hayatlarına da yönlendirilir ve etkisinin yeni bir perspektif olarak bu hayata yansıtılması sağlanır.

DONMUŞ KIZGINLIK VE ÖFKEYİ DÖNÜŞTÜRMEK

Öfke başkalarının bizi kırması veya haksızlığa uğramamız sebebiyle hissedilir. Bastırılmış aşırı kızgınlık öfkeye dönüşebilir ve buna çoğunlukla katı üst beden, yumruklar, çene ve kollarda gerginlik eşlik eder. Bu duruma sebep olan kişi ya da kişilerle ruhsal boyutta yüzleşerek öfkenin ifade edilmesine izin verilir. Bundan sonra diğerlerinin davranışlarının sebebi belirlenip üzerinde çalışılır:

> Bir geçmiş yaşamda genç bir çiftlik çalışanı çiftçi tarafından haksız bir şekilde yiyecek çalmakla suçlanmış ve ölümüne dövülmüştü. Ruhsal boyutta çiftçiyle yüzleşebilmiş ve öfkesini yumruklarıyla bir yastığa vurarak çıkartması için teşvik edilmişti.

Öfkenin bağırarak ve vurarak ifade edilmesi çoğunlukla sadece konuşmaya göre çok daha derin bir şekilde etki eder.

DONMUŞ UTANCI DÖNÜŞTÜRMEK

Donmuş utanç bir kişinin yaptığı bazı davranışlar için toplum tarafından dışlanma veya sürgün edilme sırasında hissettiği derin aşağılanmadır. Eski kültürlerde bir topluluk tarafından reddedilme çok önemliydi, zira kişisel kimlik ait olunan grupla çok bağlantılıydı. Buna örnek, dini emirler, yerel kültür, kasabalar veya geniş aileler verilebilir. Çoğunlukla bu duyguya 'Onların yüzüne bakamam', 'Saklanmak istiyorum', 'Kendimi berbat hissediyorum' düşünceleri eşlik eder:

Bir geçmiş yaşamda bir rahibe, ziyarete gelen bir papazın tecavüzüne uğramış ve bunu saklamaya çalışmıştı, ancak hamilelik belirtileri fark edildiğinde manastırdan kovulmuştu. Bundan kısa bir süre sonra derin utanç hissederek ve "onların yüzüne bakamam" düşüncesiyle ölmüştü. Ruhsal boyutta diğer rahibelerin karşısına tek başına çıkmakta gönülsüzdü, ancak ruhsal rehberinin desteğiyle aşamalı olarak onlarla yüzleşebilmişti. Diğer rahibelere dışlanmanın nasıl hissettirdiğini telepatik olarak aktarması için teşvik edildi ve sonuçta rahibelerin diz çökerek ondan af dilediklerini söyledi.

Bir grupla başkalarının yardımı olmadan yüzleşme konusunda direnç olabilir. Bu destek, geçmiş yaşamdaki aile fertlerinden birisi veya arkadaşları, ruhsal rehberi veya bilinç ötesi ruhsal figürler gibi varlıklar tarafından gelebilir. Sağlanan fazladan enerjinin yanında bu desteğin kimden olduğu önemsiz kalır zira utanç yanında bir güçsüzlük hissi de getirir:

Onlarla bir araya gelmek için kimin desteğine ihtiyaç duyuyorsun?

DONMUŞ YALNIZLIĞI DÖNÜŞTÜRMEK

Donmuş yalnızlık, uzun süre boyunca insanlardan ayrı kalma ve başkalarının sevgisinden mahrum kalma sonucunda olur. Ruhsal boyuttayken kaybedilen ebeveynler, sevgililer, aile üyeleri veya arkadaşlar ile bir araya gelinebilir:

> Geçmiş yaşamda küçük bir oğlan ayağında hiçbir şey olmadan ve yırtık pırtık giysiler içindeydi. Islaktı, üşüyordu ve bir dükkânın kapısı önünde dileniyordu. Hava soğudukça giderek kolları ve bacakları kaskatı olana kadar soğuğun içine işlediğini fark ediyordu. Kapının önünde çömelmiş şekilde ölürken aklından geçen son düşünce "hiç kimse umursamadı" oldu. Ruhsal boyutta ne bir annesi veya ailesi olduğuna dair anısı yoktu, zira doğuştan yetimdi. Küçük çocuk onu seven bir ailesi veya topluluk olan başka bir hayatı hatırlaması için teşvik edildi. Ilık ve huzurlu bir bahçedeki bir rahibenin hayatına geçiş yaptı. Rahibe oraya yalnızlık hayatı içinde kendi iç huzurunu bulmak için gelmişti. Bu bilgiyi bir önceki geçmiş hayata taşımak danışanın yalnız olmanın iç huzur getirebileceğini anlamasına yardım etti

Yukardaki örnekte ruhsal boyutta karşılaşılacak kimse yoktu, bu durumda başka bir hayattaki önemli bir olaydan yeni bir deneyim taşınmıştı.

DONMUŞ KORKUYU DÖNÜŞTÜRMEK

Donmuş korku en güçlü duygulardan biridir ve kökleri biyolojik hayatta kalma içgüdüsüne dayanır. Korku, hayati tehlike olan, örneğin tecavüz, işkence, savaş alanında olma ve ceza gibi bir çok duruma eşlik edebilir. Bedensel hafıza içinde donmuş ve sığ nefes, katı bir beden, iletişimi kesme eğilimi ve güçsüzlük gibi duygular vardır. Bir geçmiş yaşamdaki karakterlerle yüzleşme öncesinde başkalarının yardımına ihtiyaç olabilir:

> Bir geçmiş hayatta genç bir yahudi kız ölümüyle buluşmaya gaz odasına gitmeden önce saçları traş ediliyordu. Direndiği için tekmelenmiş ve dövülmüştü. Bu noktada direnmeyi bıraktı ve kısa bir süre sonra gaz odasındaydı. Ruhsal boyutta onu döven gardiyanla bir araya gelme fikrinden dehşete kapılmıştı. Onunla aynı zamanda ölen annesinin ruhuyla bir araya geldi. Şimdi gardiyanla yüzleşmek için yeterli gücü vardı.

Korkuyu yenmek için gereken fazladan enerji tüm bir kasabadan veya toplumdan, veya danışanın elini tutan terapistten gelebilir.

RUHSAL REHBERLERDEN GELEN YARDIM

Danışanın ruhsal rehberi geçmiş yaşamın planlamasına da dahil olduğundan geçmiş yaşam gözden geçirilirken Ruhsal rehber tavsiye ve yön verebilir. Bunu açıklayabilmek için Anne olarak adlandıracağım danışanımın vakası örnek olabilir. Baskıcı bir anneyle bağımlı bir ilişkisi olan otuzlu yaşlarında bir kadındı. Bütün hayatı boyunca annesinin işinde çalıştığı için, kendisine hiç güveni yoktu ve başkalarının hep onun hakkında konuştuğunu ve ondan nefret ettiklerini düşündüğü için hiç derinliği olan ilişkiler kuramıyordu:

EBEDİ RUHU ŞİFALANDIRMAK

Çocukları, Kuzey Amerikalı hacılar tarafından elinden alınan bir annenin hayatına geçiş yaptı. Ona kocası olmadığı için iyi bir anne olmadığını söylüyorlar. Ormandaki klübesini ateşe veriyorlar, orada öylece oturup kalıyor ve olaylarla ilgili düşünceye dalıyor. Bir yabancı olduğundan çocuklarını yanında tutabilmek için söylediği savunmasını kimse dinlemiyor. Hacıların ihtiyar heyetiyle konuşup onları ikna etmeyi denemeye, çocuklarını geri alabilmek için gerekirse onlara yalvarmaya karar veriyor. Yerleşim yerine vardığında hacılar onu görmezden geliyorlar, hatta bazıları ona gülüyorlar. Hacıların ihtiyar heyeti toplulukta tüm gücü ellerinde tutuyorlar, çocuklarını geri almak istiyorsa kendini düzeltmesi gerektiğini söylüyorlar. Düzgün şekilde giyinmesi, alçak gönüllü bir hacı kadın gibi olması gerektiğini, bir yıllık deneme süresince erkeklere itaat ederek boyun eğmesi gerektiğini söylüyorlar. Ancak bundan sonra çocuklar geri dönebilirlerdi.

İtaat etti, ancak korkunç hissediyordu çünkü toplulukta hiç kimse onunla ilgilenmiyordu. Bazı çocuklar ona bağırarak taciz ediyor, bazılar da taş atıyordu, ancak çocuklarını geri alabilmek için ne olursa olsun kabul etmeye kararlıydı. Bir yıl sonunda ihtiyar heyeti çocukların onlara bakan aileyle çok mutlu olduklarını ve geri dönmek istemediklerini söylediğinde harap olmuştu. Kayıp ve yas hissediyordu ve yapabileceği başka hiçbir şey yoktu. Yerleşim yerinde yaşlanırken deliriyor ve yerlerde saman olan bir odada bileklerinden zincirlenmesi gerekiyor. Çok ince, pasaklı, saçları kötü bir hale geliyor. Ölüm anında hüzün ve çocuklarına özlem hissediyordu.

Ruhsal boyutta, anne çocuklarının ondan utanç duyacaklarını düşündüğü için ve ihtiyar heyetine de güvenmediği için onlarla bir araya gelmekte isteksizdi.

Ruhsal Boyutta Dönüştürme

Ruhsal rehberine ihtiyaç vardı ve diyalog sırasında çocuklarının o topluluk içinde büyüyüp kendi ailelerini kurduğunu anladı. O sırada olayları veya onu hatırlayamayacak kadar küçüklerdi. Bu noktada anne hacı çocuklarının ruhuyla biraraya gelip onları ne kadar çok sevdiğini söyleyebildi. Bir yastık yardımıyla onlara sarılabilmişti. Duygusal yüzleşme sırasında hüzün ve özlem duyguları serbest bırakılmıştı. Bundan sonra ruhsal rehberinin desteğiyle ihtiyarlar heyetiyle karşılaşabilmişti, diyalog sırasında başlarını önlerine eğdiklerini ve bir tanesinin affedilmeyi istediğini söyledi. Şimdi artık onları gönderebiliyordu.

Ruhsal rehberini diyaloga dahil etmek bir blokajı açıp anne hacının çocuklarıyla yeniden bir araya gelmesini sağladı. Anne bu seansı şimdiki hayatına ve baskıcı annesiyle olan ilişkisine uyarlayabildi. İlk defa ona karşı çıkabildi ve yeni bir kariyer için Londra'ya taşındı.

Ruhsal boyutta çalışırken, terapist bundan sonra ne yapması gerektiğine emin olamadığı bir noktaya gelebilir veya danışan affetme konusunda tıkanıp kalabilir. Başka bir ruhla bir çok hayatlar boyu uzlaşamadan çatışma yaşamış olan bir ruh, affetmeyi kolayca beceremeyebilir. Ruhsal rehberi işin içine katmak daha geniş bir bakış açısı veya derin bir ruhsal içgörü sağlar:

Ruhsal rehberinle bir araya gel... sana neler tavsiye ediyor?

Danışanınız değiştirilmiş bir farkındalık seviyesindeyken kendi sezgileri sayesinde onlarla iletişim kurabileceğini fark edecektir. Bazen zincirleme devam eden hayatlar ve karmik yükler açık ve anlaşılır bir hale gelir. Birçok vakada kurban, daha önce zulmeden kişidir, karısını döven adam ise taciz edilen kadın olmuştur. Bunlar yüksek ruhsal seviyelerde danışana gösterilebilir ve ruh için çok şifalandırıcı olan bir huzur ve sakinlik deneyimlenebilir.

AFFEDEBİLMEK

Bir başka kişiyi veya kendimizi affetme eylemi son derece güçlüdür. Gerçek affediş şartsız olmalı ve suçlama veya suçluluk kalıntısı içermemelidir. Şu olağanüstü gerçek hikaye affetmenin gücünü özetler:

John ikinci dünya savaşı sırasında Japonların savaş esiriydi. Başka bir esir tarafından bir haritayı saklaması istenmişti, fakat maalesef harita bulunmuştu. Üç tam gün boyunca onun kaçış planını öğrenmek isteyen bir Japon subayı tarafından işkence görmüştü. Sorulara cevap veremez haldeydi ve sonunda yerde yığılı halde ölmeye bırakıldı. Arkadaşları onun iyileşmesine yardım ettiler, şaşırtıcı bir şekilde savaşta hayatta kaldı ve sonrasında serbest bırakıldı.

İngiltere' ye geri döndüğünde Japonlara ve yaptıklarına karşı nefret doluydu. Bir işte uzun süre sebat edemediğini fark etti, karısıyla ilişkisi zarar gördü ve sonunda karısı onu terk etti. İçmeye başladı ve sokaklarda serseri hayatı sürmeye başladı. Bir gün şans eseri kamptan tutsak arkadaşlarından birisiyle karşılaştı ve "Savaş esirlerinin toplantısı" olduğunu duydu. Yardım alarak toplantıya katılabildi. Bilmediği şey ise bazı Japon askerlerinin de davet edildiğiydi ve ona korkunç şekilde işkence eden Japon subayıyla yüz yüze geldi. Subay onu hemen tanıdı ve doğrudan yanına geldi. Eğer onu kendisi sorgulamasaydı bunu bir başkasının yapacağını ve emre itaatsizlik sebebiyle kendisinin vurulacağını anlattı. Suçunun acısını o günden beri her gün hissediyordu ve affedilmek için ona yalvardı. John birden kendini Japon subaya sarılırken buldu, sonunda onu affedebilmişti. Bundan sonra John hayatının değiştiğini fark etti. Bir işe girdi, yeni bir ilişkisi oldu ve Japonlara duyduğu nefret sona erdi.

Geçmiş hayatlarda affediş genellikle ruhsal boyuttaki yüzleşmeden sonra diğerlerinin davranışlarının sebebi, esas niyetleri anlaşıldıktan sonra gerçekleşir. Eğer affediş çok hızlı oluşursa, gerçek olup olmadığına çok dikkat edilmelidir. Toplumsal aşağılanma kişiyi güçsüz bırakır, topluluğun karşısına çıkabilmek ve daha önce söyleyemediklerini söylemek ise çok güçlendirir. Her ne kadar danışan affettiğini söylese de, önemli olaylardaki ve dönüm noktalarındaki geçmiş yaşam karakterleriyle karşılaşmak yine de çok yararlıdır.

Bazen danışan kurban olduğunda zulüm edenler pişmanlık emaresi göstermezler. Bu durum affetme sürecini zorlaştırır, böyle zamanlarda iki yararlı tavsiye şunlardır:

Telepatik olarak onlara (zulüm edenlere) **yaralarını (acılarını) hissettir... Şimdi neler oluyor?**

Onlara (zulüm edenlere) **küçük bir parça sevgi enerjisi gönder... Şimdi neler oluyor?**

Başka bir seçenek de zulüm edenlere, kendi sevdiklerine aynı şeyler yapılsaydı nasıl hissedeceklerini sormak olabilir.

Affedebilmenin genel kuralı, diğer geçmiş yaşam karakterlerinden, danışanın onlarla yaşadığı diğer hayatlardan ve ruhsal rehberlerden bilgi almaktır.

Diyalog sırasında kendiliğinden oluşan affedişi fark etmek, çok anlamlı bir tamamlanmadır. Örnek soru aşağıdaki gibidir :

Başka bilgiye ihtiyacın var mı?... Yoksa onları bırakabiliyor musun?

Kendiliğinden gelen affetme bitmemiş işlerin sonlandığına işaret eder. Sıklıkla 'Şimdi anlıyorum' veya 'Şimdi onları bırakabiliyorum' cümleleri, affetmenin gerçekleştiğini gösterir.

BİTMEMİŞ İŞLER İÇİN ENERJİ ALANI TARAMASI

Enerji taraması nasıl regresyon seansı öncesinde bitmemiş işlerin tespit edilmesi için kullanılıyorsa, aynı şekilde seans sonrasında da kalan herhangi bir tamamlanmamış konu olup olmadığını kontrol etmek için de kullanılır. Buna örnek, Maggie olarak adlandıracağım danışanımın, alkolik kocasıyla süregelen istismar ilişkisi vakası olabilir. Ona yardım etmenin kendi görevi olduğunu düşündüğü halde, ondan ayrılmak için bir sebep arıyordu:

> Genç bir kadının hasta yatağında olduğu geçmiş hayatına geçiş yaptı. Evin dışından bir ses geliyordu, kadın dışarıya çıkmaya cesaret ettiğinde, orada kızıl saçlı ve atlı bir adamla karşılaştı. Adam onu bağırarak ve elinde kılıcını sallayarak karşıladı. Ölüm korkusuyla kaçmaya çalışırken, adam onu yakalayıp yere yatırdı ve saçlarından tutarak sürükledi. Sonrasında genç kadın üzerinde tepinen atın ayaklarını hissetti ve yüzü çamurun içindeyken orada ölüverdi.

Ruhsal Boyutta Dönüştürme

Bu geçmiş yaşam gözden geçirilince, annesinin o doğarken öldüğü ve babası tarafından kasten yerel kasaba halkından uzakta yetiştirildiği anlaşıldı. Babası hastalandığında ona bakmıştı. Babası öldükten sonra ise evin içinde tek başına yaşamaktan başka dünyasal hiçbir bilgisi olmadığı için gidebileceği hiçbir yer yoktu. Kızıl saçlı adamla karşılaşana kadar babasından ona kalan parayla hayatta kalmıştı.

Ruhsal boyutta genç kadın babasının ruhuyla bir araya geldi ve babasının onun psişik yetenekleri sebebiyle özel ve kasabalılardan farklı olduğunu düşündüğünü anladı. Babası kasabalıların bunu fark ederlerse onu anlamayacaklarını ve ona zarar verebileceklerini düşünmüştü. Genç kadın artık babasını göndermeye hazırdı.

Sonra neden öldürüldüğünü anlamak için kızıl saçlı adamla karşılaştı. Görüşmede adamın olay sırasında sarhoş olduğunu ve onun duru görü yeteneği sebebiyle şeytan olduğunu düşündüğünü anladı. Karşılaşmaları sırasında anlaşıldı ki o anda her şey adamın kontrolünden çıkmıştı ve şimdi adam yaptıklarından dolayı çok pişmandı. Anlaşıldığı kadarıyla bu yeni bilgi yeterli olmuştu.

Maggie'nin bedeni bu geçmiş yaşamdan kalan herhangi bir tamamlanmamış konu kontrolü için tarandı. Baş bölgesinde, sezgisel olarak tacizci kocası olduğunu anladığı kızıl saçlı adama karşı bir gerginlik ve öfke olduğunu fark etti. Öldürülmeden hemen önceki ana geçiş yaptı ve o andaki öfkesini ifade etmesi için cesaretlendirildiğinde " *bu yaptığın için senden nefret ediyorum*" diye bağırdı. Enerji hareket etti ve Maggie'nin bedeninde yapılan bir diğer tarama tüm gerginliğin serbest bırakıldığını teyit etti. Bu noktada genç kadın, kızıl saçlı adam için üzgün hissettiğini ve onu affetmeye hazır olduğunu söyledi.

EBEDİ RUHU ŞİFALANDIRMAK

Maggie şimdiki hayatına bu geçmiş hayattan taşıdığı pek çok kalıplaşmış davranış fark etti. En derin olanı kızıl saçlı adamla, şimdiki istismar eden kocası konusundaydı. Geçmişte onun için çok zor olan, kocasıyla olan ilişkisini bitirme adımını atarak özgürlüğüne kavuştu.

Maggie'nin geçmiş yaşamı, enerji alanı taraması kullanarak geçmiş hayattan taşınan dondurulmuş enerji kalıntılarının nasıl hızlıca tespit edilebildiğini gösteren bir örnektir. Bu tarama tarzı aynı enerji alanı tarama köprüsü gibidir. Danışanın enerji alanını terapist eliyle bedenin üzerinden 10-15 cm uzaktan başın üstünden ayaklarının altına kadar taramadan geçirir. İşlem öncesinde geçmiş hayattan gelen bastırılmış enerji kalıntılarını tespit etmek üzere tarama yapmaya niyet etmek önemlidir. Eğer danışan bedeninin her hangi bir yerinde, bir duygu veya bir rahatsızlık bildirirse, olayın başladığı ana geçiş yapmak için bunlar köprü olarak kullanılabilir. Donmuş kalıntı enerji böylece serbest bırakılıp dönüştürülür.

O duyguya (veya bedensel duyarlılığa) yoğunlaş... üçe kadar saydığımda olay başlamadan hemen önceki ana geçiş yap... 1...2...3 şimdi neler oluyor?

Hiç boşaltılmamış bir duygu yoğunluğu veya hala dönüştürülmeye ihtiyaç duyan bir bedensel hafıza olabilir. Bir başka olasılık ise bir geçmiş yaşam kompleksiyle bağlantılı bir şimdiki hayat anısı olabilir. Bunlar keşfedilip dönüştürülmelidir, bununla ilgili teknikler diğer bölümlerde anlatılmaktadır.

ÖZET

Geçmiş yaşam ve ölüm deneyimlerinin gerçekleştiği haliyle göz önüne serilmesine izin verilmektedir, zira gerçeği anlamanın çok şifalandırıcı bir değeri vardır. Danışan özellikle komplekslerin başlangıcı olan dönüm noktası veya üzeri örtülmek istenen önemli olaylardaki tüm karakterlerle bir araya gelmesi için cesaretlendirilir. Her istediklerini söylemelerine izin verilir ve cevaplar sezgisel olarak alınır. Bu diğer kişilerin hareketlerinin sebeplerini, yeni bakış açısını ve anlayışı bilinçli farkındalığa getirir.

Affedebilmenin genel kuralı, geçmiş yaşam karakterlerinden daha fazla bilgi almak, onlarla paylaşılmış diğer hayatları keşfetmek ve ruhsal rehberlerden bilgi almaktır. Bir yüzleşme sonucunda kendiliğinden gerçekleşen diğerlerini ve kendini affetme çok güçlüdür ve bitirilmemiş işlerin tamamlanmasını sağlayabilir. Bazen danışan basitçe bittiğini söyleyebilir veya diğerlerinin gitmesine izin verebilir. Bir enerji alanı taraması atlanan herhangi bir nokta kalıp kalmadığını teyit edecektir.

ptype
EBEDİ RUHU ŞİFALANDIRMAK

7

HAYATLAR ARASI RUHSAL REGRESYON

Alışkanlıklarını bir süreliğine terket
Ve duyularının ve bedeninin dışarıya doğru genişlemesine izin ver.
Gizli akışa kapılıp eve geri dönerken bin diğer suretindeki kendini selamla
Mohammad Hafiz, 14.yy İranlı alim

GİRİŞ

Bir geçmiş yaşam regresyon çalışmasında ruhsal boyut *ebedi şimdiki anda* deneyimlenir. Bu farkındalık boyutunda danışanlar diğer geçmiş yaşam karakterlerinin ruhlarıyla ve ruhsal rehberleriyle kolayca sezgisel iletişim kurarlar. Burada verdiğim örnek vakalarla bu görüşmeler sırasında nasıl etkileşimli ve anlayış sağlayan konuşmaların gerçekleşebileceğini anlattım. Michael Newton ruhsal boyutta danışanın ruh hafızasını çağırdığı farklı bir yaklaşımda bulunur. *Hayatlar arası hayat Ruhsal Regresyon için Hipnoterapi*[1] kitabında bu tekniklerini anlatmaktadır. Ayrıca kurduğu Michael Newton Enstitüsü[2] nün çalışmaları ve yukarıda bahsettiğim yöntem bu bölümün temelini oluşturmaktadır. Yöntemi basitleştirdiğini düşündüğüm bazı değişiklikler ekledim ve uyarladım. Bazen Ruhsal veya hayatlar arası regresyon çalışması olarak adlandırılan bu çalışma, kişilerin kendi ruhlarının bir sonraki hayatlarına nasıl hazırlandıklarını deneyimleme olanağı sağlar. Danışanlar ruhlarının çok boyutlu ruhsal faaliyetlerini deneyimleyebilir ve derin bir seviyede "ben kimim?" "neden buradayım?" sorularını cevaplandırabilirler.

Ölümden sonra kişinin ruh enerjisi ruhsal boyuta değerlendirme yapmak ve ruh grubuyla buluşmak için geri döner. Onlar beraber çalışmak için bir araya gelmiş ve anlamlı bir görev için genelde birbirleriyle bağlantılı olarak bedenlenen diğer ruhlardır. Ruhsal boyutta gerçekleşen önemli bir an ise "bilge varlıklar" ile bir araya gelinen zamandır. Onlar, artık fiziksel olarak bedenlenmeye ihtiyaç olmayan bir deneyim ve bilgelik seviyesindeki ruhlardır. Ruhun gösterdiği gelişmeyi değerlendirip, geçmiş yaşamlarından bazı kareleri gösterebilirler ve bir sonraki hayatta neler yapması beklendiğini anlayana kadar durumu tartışabililer. Bu görüşme sevgi, şefkat ve ruhun katılımıyla gerçekleşir ve bir sonraki fiziksel bedenlenmenin amacının belirlenmesine öncülük eder. Hedefler daha önceki karmik deneyimlerde çözümlenemeyen kalıplara istinaden belirlenir ve yeni alınacak dersler rehberler, yaşlılar ve ruh arasında kararlaştırılır. Bazen danışanlar "yaşlıların" arkasında veya üzerinde olan yoğun bir ruhsal varlık'tan bahsederler. Çoğunlukla bu enerji onlar için keşedilemeyecek kadar güçlü ve zariftir, ancak "yaşlılar" ın bu tanrısal kaynağa uyumlanmak için daha yüksek bir enerji titreşim seviyesinde çalıştıkları düşünülmektedir.

HAZIRLIK

Ruhsal Regresyon çalışması için hazırlığın önemli bir parçası da derin hipnozun sorunsuz gerçekleşebileceğinden emin olmaktır. Toplumun yüzde yetmişi sadece orta düzeyde hipnoza açıktır ve yüzde 15 ise hipnoza cevap vermez. Ben bir kendi kendine hipnoz CD'si veriyorum ki, hipnozu sıklıkla deneyimleyen danışan benim sesime ve metne alışsın. Kişi ne kadar sıklıkla trans deneyimini yaşarsa o kadar derine gidebilir. Hayatlar arası regresyon sırasında derin hipnoza girememe hayal kırıklığını yaşamaktansa bu sorunu önceden çözmek çok daha iyidir.

Daha önce bir geçmiş yaşam veya hipnoz deneyimi olmayanlar için Ruhsal regresyon çalışması öncesinde ayrı bir geçmiş yaşam regresyon çalışması yapılabilir. Bu özellikle analitik zihinli danışanların geçmiş yaşamdan gelen sezgisel bilgi akışına alışmaları için yararlı olur. Ayrı bir regresyon seansı aynı zamanda dondurulmuş duyguların temizlenmesine yardımcı olur, ki aksi halde hayatlar arası hayat seansının akışı etkilenebilir.

Hazırlık aynı zamanda danışanın kendi seansı için ruhsal hedefleri konusunda düşünmesini de içerir. Genel olarak insanlar şimdiki hayat amaçlarını anlamak isterler, karmik ve ruhsal gelişimlerini veya sadece ruhsal yolculuklarını anlamak isterler. Ben her zaman hayatlarındaki önemli kişilerin isimlerini içeren bir liste hazırlamalarını isterim. Genel olarak bu liste hayatlarında pozitif veya negatif etkisi olan sekiz kişiye kadar olabilir, bunun yanında onlarla olan ilişkisini ve onları tanımlayan 3 vasfı belirtmelerini isterim. Buna örnek ; anne – seven, kontrolcü ve ayrı. Çoğunlukla bu kişilerin ruhları regresyon seansı sırasında çıkacaktır ve bu liste terapistin kim olduklarını anlamasına yardımcı olur.

Aynı zamanda danışanın deneyiminin daha önce konu hakkında okuduklarından farklı olabileceğini özellikle belirtirim. Her ruh eşsiz ve tektir ve bilinçli zihnin sakladığı anılarını farklı yollarla yorumlar, bu sebeple hiçbir seans diğerine benzemez. Bazı seanslarda büyük detaylar vardır, bazıları ise öyle değildir, bazılarında görsel deneyim vardır, bazılarındaysa yoktur. Danışana evrene açık olmasını ve bu deneyimi ne şekilde yaşaması uygunsa öyle olmasına izin vermesini tavsiye ederim. Ruhun bilinçaltı anılarına bir kere dokunuldu mu her zaman gerçek ortaya çıkar.

Bunun yanısıra hipnozda neler olacağını da anlatırım. Öncelikle gevşemelerine yardımcı olurum ve sonrasında daha derin gevşeme seviyesine ulaşmaları için çeşitli görsel canlandırmalar kullanırım. Bunları danışanla görüşmek ve geçişe yardımcı olacak bazı tercihleri olup olmadığını sormak, onlara hipnozu derinleştirme sırasında eşlik edecek bir kontrol unsuru sağlar.

Seanslar üç ile dört saat arasında sürebilir, bu sebeple danışanın rahat ve eğimli bir koltukta veya terapist kanepesinde uzanır durumda olması önemlidir. Derin trans sırasında herhangi bir baskıyı yok etmek için fiziksel pozisyonunu değiştirmek mümkün olmadığından bedenin rahat olması önemlidir. Ayrıca kan dolaşımı yavaşladığında bedenin üzerinde bir örtü olması da üşümeye engel olacaktır.

Seans sonrasında danışanın gerilimden uzak olacağı ve seans üzerinde düşünecek bir zamanı kendisine ayırmasına ihtiyaç vardır. Seanslar aynı zamanda terapist için de yoğun geçer, zira sezgisel olarak danışanıyla ve farklı ruhsal yardımcılarla bağlantıda olacaktır. Terapistin enerjisini tükenmişlik hissetmemesi için günde sadece bir HAR seansı yapmasını tavsiye ediyorum. Şahsen kendim böyle bir seanstan sonra enerjimi yenilemek ve kendimi topraklamak ihtiyacıyla bir yürüyüşe çıkarım veya bahçede çalışırım.

Regresyondan gelen bilgilerin kaydedilmesi gerekir, zira bir çok danışan seanslarını dinlerken her seferinde yeni içgörüler kazanır. Ayrıca seanslar çok kişiye özel olduğu için regresyon seansı sırasında eşlerin veya arkadaşların orada bulunmasından kaçınılmasını tavsiye ederim. Zira seans sırasında ortaya çıkan karmik kalıpların bir parçası olabilirler. Kontrendikasyon, yani regresyonun kullanılmasının sakıncalı olacağı durumlara da dikkat edilmesi gerekir, özellikle danışan ilaç, eğlence amaçlı uyuşturucu veya duygudurumunu etkileyici ilaçlar kullanıyorsa çalışma yapılmamalıdır. Ruhsal regresyonun amacı komplekslerin serbest bırakılması veya temizlemesi değildir.

HİPNOZUN DERİNLEŞTİRMESİ

Bir hayatlar arası ruhsal regresyon çalışması için, danışanın derin hipnozda olması gerekir. Ek III'te bir hipnoz metni önerilmektedir. Kişinin ruhsal hafızasına ve özgürce detaylı bilgilere ulaşabilmesi için derin seviyelere inmesi 45 dakikaya kadar sürebilecek bir transa geçiş ve derinleşme süresine ihtiyaç olabilir. Derinlik testi tam olarak doğru sayılamaz. *LeCron-Bordeaux* ve *Arons* skalaları değerli çalışmalardır, ancak tüm durumlarda veya tüm danışanlara uygulanamazlar. Derin hipnozda, kan akışı yavaşlar ve bu, cildin özellikle de yüzün daha solgun hale gelmesiyle farkedilir. Nefes çok yüzeysel hale gelir, danışanın beden hareketleri durur ve sorulara cevap verme süresi ve fiziksel sinyal verme süresi çok gecikmeye başlar. Alt dudak aşağı düşmeye başlar ve yüz kaslarında düzleşme oluşabilir. Sıklıkla boğazında istem dışı yutkunma oluşur.

Ben parmak hareketi testiyle trans derinliğini ölçmeyi tercih ederim. Transın derinliği parmak testine verilen geç cevap ve aynı zamanda yavaş ve sarsak parmak hareketiyle de anlaşılabilir. Aynı zamanda derin trans sırasında verilen komut harfiyen takip edilip farkedilene kadar parmak kalkmaya devam edecektir:

'Trans derinliğini gösteren bir skala düşün ... 10 tamamen uyanık olduğunu gösteriyor.. ve 1 ulaşabileceğin en derin gevşeme seviyesini ... ve şimdi 10'dan 1'e kadar sayacağım senin trans seviyeni gösteren sayıda elinde herhangi bir parmağının kalkmasına izin ver ... 10...9...8...7' v.b. Elinde bir parmak kalkana kadar bekledikten sonra. 'Güzel.'

Gelen geribildirime göre, daha çok derinleştirecek merdiven veya 'sayıları düşürme' vb. teknikler kullanılabilir. Bazen hafif trans seviyeleri için danışan tamamen uyanık bir seviyeye getirilip ne deneyimlediği tespit edilir ve alternatif trans yaklaşımları kullanılır. Parmak testine cevap verilmemesi bazen danışanın çok derin bir transta olması ve sinyalin farkedilemeyecek kadar küçük bir hareket olması sebebiyle olabilir.

Michael Newton'ın derin transa katkısı yaş regresyonu ile olmuştur. Bu merdiven derinleştirme metodunun bir çeşitlemesidir. Danışanın bir merdivenden çocukluğuna ve her basamakta daha derinlere indiğini hayal etmesi istenir. Bu transın derinleşmesine yardımcı olur ve son bir trans değerlendirmesi yapmaya olanak sağlar. Değerlendirme sesin özellikleriyle ve bilinç seviyesinin ötesindeki hafızaya ulaşılması ile yapılır. Trans göstergelerinden bazıları, cevap verme süresinin uzaması, kısık bir ses, sorulara tam olarak, kelimesi kelimesine cevap verilmesidir. Danışan sorulara yeniden o genç kişiymiş gibi cevap vermelidir ve geçmişteki detayları zorlanmadan hatırlamalıdır. Tabii ki sadece tarafsız ve hoş hatıralar keşfedilmelidir. Eğer herhangi bir yaştayken bir travma veya duygusal problem yaşandıysa bu tekniği uygularken ilgili yaştan kaçınmalıdır.

Danışanın deneyimi en derin transa geçiş anında bir cümle ile çapalanabilir. Regresyonun herhangi bir anında derinleşme için bu cümle kullanılabilir. Farklı çapa seçenekleri, içsel gözünde özel bir yere gitmek, parmak şıklatması veya danışanın koluna

Hayatlar Arası Ruhsal Regresyon

veya alın kısmına bir dokunuş olabilir. Danışan konuştuğunda genel olarak trans seviyesinde hafifleme olur o zamanlarda çapa kullanılabilir. Buna ek olarak danışandan geçmiş yaşamın veya ruhsal regresyonun görüntüsüne odaklanması istenebilir. Bir süre boyunca konuşmadan içsel dünyaya odaklanmak deneyimi derinleştirir:

'Gördüğün veya deneyimlediğin tüm ayrıntıların farkında ol. Yeniden konuşmanı istediğimde bana bunlarla ilgili herşeyi anlatabilirsin.'

Çapalama ve görselleştirmeyi bazen tüm geçmiş hayat boyunca ve ruhsal boyutta tekrar etmek gerekebilir. Oysa başlarken doğru trans seviyesine ulaşmak için yeterince zaman ayrılırsa danışan konuşurken trans derinliğini koruyacaktır.

Derin hipnoz kullanılması regresyona giriş yapmaya engel olabilecek ani negatif duyguların azalmasını kolaylaştırır. Ruhsal regresyon sırasında İspanyol engizisyonu zamanında bir mahkumun geçmiş yaşamına geçiş yapan bir danışanımı hatırlıyorum. İtiraf etmesi için işkence gördüğü sırada tırnaklarının teker teker söküldüğünü çok da rahatsızlık duymadan anlatabilmişti:

'Çevrende başından ayağına kadar sana ışık ve güç veren kuvvetli bir altın ışık kalkanı olduğunu hayal etmeni istiyorum. Geçmişten gelen herhangi bir acı verici duygu bu koruyucu ışık kalkanına çarparak geri gidecek.'

Bazen danışanın tuvalete gitmesi gerekebilir. Transın en derin anlarında bile bunu dile getirebilirler. Tamamen trans dışına çıkartmak yerine danışanı az bir yardımla tuvalete kadar yürüyebileceği bir seviyeye getirilebilir:

'Tuvalete gidebileceğin daha hafif bir trans seviyesine geleceksin. Ben sana eşlik edeceğim ve geri dönüp tekrar uzandığında derhal derin trans seviyesine inebilecek ve kaldığın yerden ruhsal anılarını keşfetmeye devam edebileceksin. Üçten bire kadar sayacağım, bire geldiğimde tuvalete yürüyebileceksin ...'

Geri dönüşünde danışan tekrar derin transa geçişi ve regresyona kaldığı noktadan kolayca devam edecektir.

RUHSAL BOYUTA GİRİŞ

Hayatlar arası regresyona giriş noktası geçmiş yaşamdaki ölüm anıdır. Bunu anlatmak için vereceğim örnek vakadaki danışanımın adı Oscar'dır. Oscar çelik zırh giyen büyük ve güçlü bir demirci olduğu bir geçmiş hayata geçiş yaptı. İstilacı Romalılara karşı diğer köylülerle birlikte savaşırken sonunda kendini yakalanmış ve elleri arkadan bağlı bir şekilde buluyor. Bulunduğu yerden elleri arkadan bağlı ve başı öne doğru eğdirilmiş olan başka bir arkadaşının sırtını görebiliyor. Onun kafasının kesilişini ve bedenin büyük bir ateşe atılışını seyrediyor. Demirci aynı acımasız ölüme gönderilirken celladına bakmaktan kaçınıyor:

> *Ancak bıçağın çıkardığı sesi duyabiliyorum.* [duraksama] *Başka hiçbirşeyi duyamıyorum artık. Hiçbirşey göremiyorum.*
> Kalbinin atması durdu mu, kontrol et. Bedenle birlikte kalıyor musun? Yoksa devam ediyor musun?
> *Kalıyorum. Ah, şimdi tüm savaş alanını görebiliyorum, atları ve insanları ve kaderleriyle buluşmayı bekleyen yakalanmış askerlerden oluşan uzun bir sıra var.*

Hayatlar Arası Ruhsal Regresyon

Bu savaş alanında kalmak üzere bir çekim hissediyor musun yoksa şimdi devam edebilir misin?
Benim için kalan hiçbirşey yok.
Seninle birlikte herhangi bir duygu veya his taşıyor musun?
Hala benimle birlikte. Yenilmiş olmak çok yazık Daha pek çok savaşa katılabilirdim. Bu hiç adil değil.
Kalıyor musun yoksa devam ediyor musun?
Devam ediyorum.
Birşey seni çekiyor mu yoksa kendi başına mı yapıyorsun?
[duraksama] ikisinden de biraz.
Gittiğin yöne mi bakıyorsun yoksa geriye dünyaya doğru mu bakıyorsun?
Bulutlara doğru gidiyorum. Çok Hızlı.
Her ne fark ediyorsan söyle?
Sadece parlak bir ışık, çok büyük. Etrafımı çevreliyor. Bir çeşit beyaz ve sarı ışık karışımı.
Bu ışığın ne olduğunu hatırlıyor musun?
Hayır. [duraksama] Sank eve geri dönmüş gibi hissediyorum.
Daha sonra ne oluyor?
[uzun duraksama] Bana doğru yaklaşan bir şekil var.
O şekle bak ve tarif et. Bir enerji gibi mi yoksa insan gibi mi?
Tanımlaması zor. Beyazımsı altın sarısı gibi. Sanki belli belirsiz kolları ve bacakları var gibi. Yavaşça beni selamlamaya geldi. Etraftaki ışık kadar parlak değil.
Seninle buluşmaya gelen enerjiyi tanıyor musun?
Bir kadın görüntüsünü aldı [şaşkın bir sesle] O benim rehberim.
Rehberinin adı nedir?
Z ile başlıyor ... Z.
Telaffuz etmeye çalış ?
Zenestra.

EBEDİ RUHU ŞİFALANDIRMAK

Rehberin gelmeden önce ilk hissettiğin enerji nasıldı?
Sadece aydınlık bir ışıktı. Zenestra beni kucakladı, rahatlama, özlem hepsini bir bakışla toparladı.
O hayatı gözden geçiriyor musunuz?
Daha değil, ama tüm ziyan ve yararsızlık duyguları gitti. Artık öyle hissetmiyorum. Normale dönmüş gibi hissediyorum.
Bir çeşit şifa almış gibi misin?
Evet.

Oscar'ın ruhsal regresyonunun devamında demirci olduğu geçmiş hayatının ölüm anı ve ruhsal boyuta geçişi keşfedildi. Hayatlar arası regresyona normal geçiş noktası danışanın bir önceki geçmiş yaşamıdır. Bazen, her nasılsa yüksek benlik geçiş için daha uygun olan başka bir geçmiş hayatı seçer. Oscar vakasında Romalılar zamanındaki bir hayata geçiş yaptı. Geçmiş yaşam öyküsünü makul bir hızda keşfedip ölüm anına gelmeye çalışırım, zira geçmiş yaşam normalde ruhsal boyutta rehberle birlikte baştansona gözden geçirilecektir. Bu aynı zamanda ruhun hayatlar arası hatıralarıyla çalışmak için daha fazla zaman sağlayacaktır. Derin hipnoz sebebiyle ani katarsis olması ihtimal dışıdır, ancak eğer geçmiş yaşamın ölüm anında katarsis oluşursa ruhsal boyuta geçişi etkileme riskini azaltmak için danışan hızlıca ölüm anına getirilebilir.

Bazı danışanlar dünyayı terkederken geriye baktıklarını hatırlarken diğerleri ileriye doğru bakarlar. Oscar savaş alanını izlediğini ve hala ona yapılan haksızlık duygu ve düşünceleriyle kaldığını farketti. Bazı danışanların yeniden bir ruh olmak için deneyimledikleri zorluğa veya ani bir ölüm sonrasında kafa karışıklığına dair hatıraları vardır. Dolayısıyla yönlendirici sorular, onlara yolculuğun bu zor kısmında biraz daha hızlı kılavuzluk etmek için için daha yararlı olur :

Bedenden çıktığın ana git. Kendi isteğinle mi bırakıyorsun yoksa bir çekim hissediyor musun?

Bedeni terkettiğinde geride kalana mı yoksa önüne mi bakıyorsun?

Ruhsal boyutta enerji temizliğinden sonra ruhsal hatıralar daha netleşir, açık uçlu sorular rutin olarak sorulabilir. Sorunun cevabı yavaş gelebilir; karşılık beklerken en iyisi sabırlı olup birinci sorunun cevabını almadan bir sonraki soruyu sormamaktır.
Tüm danışanlar, bazı anlarda ışık gördüğünü ifade eder. Bunlar Ruhsal Boyuta geçişe yardım eden, karşılayan ruhlardır. Bu noktada çok detay toplamaya gerek yok. Daha büyük tek olan ışık genellikle ruhsal rehberdir:

Yakınlaştıkça tek bir ışık mı yoksa belli bir mesafedeki fazla sayıda ışık mı görüyorsun?

Herhangi bir ışık sana yaklaşıyor mu yoksa sen mi ona doğru gidiyorsun?

Eğer geçmiş hayattaki ölüm travmatik şekilde gerçekleşmişse, danışanlar enerji temizliği yapılan bir Alana gittiklerini söylerler. Bazen Kristal bir duvara gittiklerini ve enerjilerinin dengelendiğini söyleyebilirler. Oscar, kendisini çevreleyen enerjinin ve geçmiş hayatla ilgili negatif düşüncelerin ve negatif enerjinin yokolduğunun açıkca farkındaydı. Buna gençleştirme enerjisi denir, amacı; düşük negatif enerji yoğunluğunu azaltmak veya ruhsal boyutta diğer ruhlarla karşılaşmadan önce yeni enerji almaktır. Travmatik hatıralar yokolmazlar, sadece onlardaki yoğun enerji uzaklaştırılır. Bu süreçte ruhsal enerji titreşimi artar ve böylece kendi gerçek titreşim seviyelerindeki diğer ruhlarla buluşabilirler:

EBEDİ RUHU ŞİFALANDIRMAK

Gitmeye yönlendirildiğin mekanı tanımlayabiliyor musun?
Enerji eklendiğini veya senden enerji çıktığını farkediyor musun?

Şifalanmayı hissetmek bilinçli zihinde derin bir etki yaratır ve farkettim ki bazı zamanlar kendilerini tamamlanmış hissettiklerini söylemeleri birkaç dakikayı alabilir. Bazı terapistler bittiği anda başka bir ana geçmelerini söyleyebilir hikayenin devamını getirebilmek için. Benim tercihim; deneyimi tam olarak hissetmesine izin vermek yönündedir. Bazen ruhsal enerjilerinin renk değiştirdiğini veya ışıktan pekçok ruhun kendilerini çevrelediğini ve değişik renkte şifa enerjileri taşıdıklarını ifade ederler. Bazen sezgisel olarak ellerimi danışanın enerji alanına yönlendirir ve enerji temizliğinde kanal olurum. Bu da danışanın; durumu şimdiki bedeninde de hissetmesine izin verir ve devamında danışanın transının derinleşmesini sağlar:

Enerji alanının rengine bak ve bu Alana girdikten sonraki değişiklikleri tarif et.

Trans derinliği sağlanmış şekilde devam edilir. Danışan, siyahlıktan bahsederse, terapist daha yönlendirici olabilir, görünmeyen bir elin kendisini güzel ruhsal bir dünyaya doğru yönlendirdiğini imgelemesini isteyebilir. Alternatif olarak; ruhsal rehberinin bulunduğu Alana gitmesi de istenebilir ve ruhsal boyuta direk geçiş sağlanır. Danışan geçmiş hayattaki ölümünden sonrasını hatırlamakta zorluk çekiyorsa trans derinliğinin yeterli olmadığına bir gösterge olabilir bu.
Nadiren de olsa Ruhsal Rehber ruhsal hatıralara ulaşmayı engelleyebilir. Genellikle kişinin, bilginin kullanılabileceği seviyedeki yaşam düzeyine henüz gelmediği anlamına gelir. Belki

hayatında önemli bir karar verme aşamasındadır ve Rehber, özgür iradeye mani olmak istemiyor ve unutkanlık blokajı o anda gerekiyor olabilir. Bunların tümü danışanı transtan çıkarıp olanları değerlendirme aşamasında konuşulabilir. Bunların eksiklik olmadığına ve herşeyin bir sebebi olduğuna vurgu yapmak lazım. Alternatif olarak; öngörüşmede danışanla geçmiş hayat keşfinin sonra yapılacağına karar verilmişse öyle de gerçekleştirilebilir.

RUHSAL REHBERLE GEÇMİŞ HAYAT DEĞERLENDİRMESİ

Normalde, geçmiş hayat değerlendirmesi, enerji temizliğinden sonra kısa sürer, tek olarak veya diğer ruhların ışığıyla veya Ruhsal Rehberle birlikte gerçekleştirilir. Heather olarak adlandıracağım bir danışanın vaka çalışmasında değerlendirme tamamıyla Ruhsal Rehberle birlikte yapılıyor. Heather, 50 yaşlarında, bekar, Viktorian öğretmen kadın olduğu ve zengin bir ailede mürebbiyye olarak çalıştığı geçmiş hayatına gitti. Çocuklardan oluşan büyük bir ailede öğretmenlik yapıyor ve huzur içinde, böyle sevgi dolu bir aileyle yaşadığı için mutlu olarak ölüyor. Herkes yatağının çevresinde toplandı, Heather'ın nefes alışı zorlaştı ve sessizce öldü.

Yukarı doğru çıkıyorum.
Yukarıya mı aşağıya mı bakıyorsun?
Aşağıya bakıyorum, Mary ve Charles'ı ve de benimle ilgilenen doktoru görüyorum yukarı doğru çıkarken. Sanırım ağlıyorlar.
Onlardan ayrılıp yolculuğuna devam edebiliyor musun?
Evet.
Herhangi bir ışık görüyor musun?

EBEDİ RUHU ŞİFALANDIRMAK

İlerisi daha aydınlık oluyor. Evet, bayağı aydınlık.
Ona doğru mu gidiyorsun?
Evet.
Işığa ulaştığında neler olduğunu anlat !
[Uzun bir duraksama]
Sanki Işıktaymışım gibi hissediyorum.
Nasıl birşey olduğunu tanımlar mısın?
Güvenli hissettirtiyor... [Uzun bir duraksama] *Bir varlık hissediyorum. İsimlendirmesi zor.*
Varlık bir akraba, rehber veya öğretmen olabilir mi?
Sadece bir varlık hissediyorum. Tanımlayamıyorum.
Bu varlığın kim olduğunu biliyor musun?
Sanırım bir rehber.
Neler oluyor?
Sanki bir yere gidiyormuşuz gibi hissediyorum. Birlikte ilerliyoruz.
Sonra neler oluyor?
Bir tünelde ilerliyorum. Çok mükemmel hissediyorum. Alınıyorum. Şu an oradayım ve burası kalabalık. Çok fazla enerji formu var. Gruplar halindeler.
Kaç değişik grup var orada ?
Yirmi veya daha fazla, çok geniş bir alan burası.
Tüm enerji formlarını say.
Şey. 693 demek istiyorum. (duraksama). Şuanda daha küçük bir odadayım. Rehberimle birlikteyim.
Başka kimse var mı?
Hayır.
Rehberin enerji formunda mı yoksa insan bedeninde mi?
Enerji formunda.
Enerji hangi renkte ?
Sarılar ve sarı- eflatun.
Fiziksel herhangi bir obje var mı odada ?

Hayatlar Arası Ruhsal Regresyon

Sıra var. Ben sırada oturuyorum, O ayakta duruyor. Hayır, şimdi O da oturuyor veya daha aşağıda görünüyor.
Rehberin geçmiş hayatını mı değerlendiriyor?
Evet, bunu yapıyoruz.
O hayatın hangi noktasından başladınız?
Ölüm anından başlıyoruz. Adeta birlikte aynı sahneyi görüyormuşcasına telepatik olarak yapıyoruz.
Sonra neler oluyor?
Farklı noktalarda duruyoruz.
Ne tartışılıyor?
Ailemi terkettiğim an. Öldüler ve ben kaçarak orayı terkettim. Rehberim kaçmak zorunda olmadığımı söylüyor. Kalsaydım iyi olacağını söylüyor.
Bunu anlıyor musun yoksa daha fazla bilgiye ihtiyacın var mı?
Anlıyorum. Çok genç olduğumu ve kimsem olmadığı için kaçtığımı anlıyorum. Sanırım Rehberim hayatımın geri kalanı konusunda mutlu. Konuşma şeklimi beğendi. Sevgi dolu konuştuğumu ve bunun benim için iyi olduğunu söyledi.
Kaçışınla ilgili öğreti ne olabilir?
(Duraksama). Ebeveynlerim bir kazada öldü ama bu benim hatam değildi. Kaçtım, çünkü diğerlerinin bunun benim hatam olduğunu düşünmesini istemedim. Rehberim bunu biliyor. Daha sonra hayatımı insanları mutlu etmeye adadım.
Rehberine sor; ebeveynlerin öldüğünde neler olması planlanmış.
Kendi ayaklarımın üzerinde durmayı öğrenmem için böyle olmuş. Böylece, bağımsızlığı da öğrenebilecektim.
Yani, kalıp kalmaman sorun olmayacaktı.

Hayır. Dersi yine de öğrendim. Güzel bir yaşantım oldu, çok şey öğrendim ve bağımsızdım, ama o aileye yine de ihtiyacım vardı.
Rehberinle başka birşey oluyor mu?
Onunlayken kendimi iyi hissediyorum.

Hayatlar Arası Regresyon terapisinde danışanlar ruhun ölümsüz olduğunu, farklı renklerde algılanabilen titreşen girdap şeklinde bir enerjiye sahip olduğunu; genç ruhlar için daha grimsi, daha deneyimli ruhlar içinse sarıdan turuncuya ve yeşillerden mora kadar değişen renkler olarak algılandığını ifade ederler. Ruhlar, düşüncelerini enerjiye yönlendirme yoluyla kendilerini insan veya yarı insan şeklinde de gösterebilirler. Benzer şekilde sahne kendi normal enerji formunda olabilir veya rahatlatıcı his veren bir insan formunda veya bahçe ve tapınak formunda da olabilir. Heather'ın Ruhsal Rehberiyle değerlendirmesinde bir masada oturuluyordu.

Tüm ruhsal regresyonlar bir yere kadar birbirinden farklı olacaktır. Tıpkı geçmiş hayatların keşfi gibi onların keşif süreçlerinde benzerlikler vardır ve normal olarak en iyisi ruhsal hatıraların ölümden bir sonraki hayattaki doğuma kadarki deneyimlendiği sırayla takibine izin vermektir:

Daha sonra neler oluyor ?

Devam etmeden once, burada belirleyici başka olay oluyor mu?

Bu sorular için bu kitapta değişik öneriler sunulurken, danışanın söylediklerini takip ettikçe birçok başka soru da kendiliğinden gelecektir. Dikkatle dinlemek gerekli. Eğer danışan enerji gördüğünü söylüyorsa, 'Bu yardımcılar kim?' demek yerine 'Enerjiyi tarif et' veya 'Bu enerjiyi tanıyor musun?' diye sorulmalıdır. En iyisi soruların açık uçlu ve açık ifadelere sahip olmasıdır. Ruhsal hatıralarla ilgili nokta; çoğunlukla görsel içeriğin fazla olmasıdır. Bu durumu anlatacak bir örnek; günlük hayatında renk körü olan, maviden moru, kırmızıdan kahverengiyi ayırt edemeyen bir danışan, ruhsal hatıralarında görebildiğini ve renkleri birbirinden ayırt edebildiğini keşfetmesine çok şaşırdı. Çoğunlukla danışanlar, hakkında konuştukları şeylerle ilgili söylediklerinden çok daha fazla şey deneyimler, bu yüzdendir ki sorunun cevaplanması için uzun zaman tanımak en iyi yoldur.

Heather, Ruhsal Rehberi tarafından karşılandı ve geçmiş hayat değerlendirmesi yapılana kadar, pekçok diğer ruhun tutulduğu bir bekleme alanına götürüldü. Bazen ruh doğrudan değerlendirmeye girer, daha deneyimli ruhlar ise doğrudan kütüphaneye gider ve o geçmiş hayatı bir kitap gibi gözden geçirirler. Çoğunlukla bunu daha sonra tekbaşına yapacağı daha ileri bir değerlendirme takip eder. Barış dolu ve tamamlanmış gibi görünen Heather'ın geçmiş hayatı bile bir değerlendirme gerektirdi. Çünkü bu değerlendirme bir sonraki bedenlenmesi öncesinde yeralan pekçok ruhsal aktivitenin temelini oluşturacak.

Daha önce ruhsal rehberiyle iletişime geçmemiş danışanlar, bu deneyimin hayatlarının sonuna kadar kendileriyle birlikte kalacağını düşünürler.

Seni karşılayanın kim olduğuyla ilgili bir fikrin var mı?

Hether'ın da tespit ettiği gibi bu; kelimelerden öte çok derin bir deneyimdi. Rehberler ki bazen öğretmen olarak da çağrılırlar, o ruhla çok yakın bir ilişki içindedirler. Onlar, o hayat için neler planlandığını bilirler ve sezgisel yardım sağlayıp fiziksel bedenlenme sırasında kılavuzluk ederler. Bazen gelen ruhu daha da rahatlatmak için kendilerini insan formunda gösterirler.

EBEDİ RUHU ŞİFALANDIRMAK

Rehberin kendini fiziksel mi yoksa enerjetik formda mı gösteriyor?

Yüz özelliklerini veya enerjiyi daha detaylı tanımlar mısın?

Ruhsal isimler sabittir ve özel anlamlara sahiptir. Oscar'ın rehberi başlarda söylemekte zorlandığı Zenestra'ydı. Bu nadir bir durum olmayıp, danışanın bunu söylemesi için terapist tarafından cesaretlendirilmesi gerekir.

Geçmiş yaşam sıklıkla ruhsal rehberle değerlendirilir. İletişim telapatik olup bazı ruhlar bir film veya video seyreder gibi olduğunu da ifade ederler. Bazı vakalarda ruhlar; duyguları daha detaylı hatırlamalarına izin verecek şekilde tekrar o hayata adım atmak gibi olduğunu söylerler. Geçmiş hayat değerlendirmesi danışanın karmik öğretisini bilinçli farkındalığına getirmesi açısından bir fırsat olmaktadır:

Ruhsal Rehberin geçmiş hayatını seninle değerlendiriyor mu?

Amacına ulaşmayı başardın mı?

Ne gibi problemlerin oldu?

Danışan Ruhsal Rehberiyle derin bir spiritüel buluşma yaşarken konuşmayı kesebilir ve deneyimin içinde derinleşebilir. Bilginin kaydedildiğinden emin olmak üzere neler olduğunu anlatması için danışanı cesaretlendirmek gerekir.

Bazen danışanın kişiliği soruları cevaplandırmaya çalışacaktır; Hz. İsa veya Melek gibi dini ikonlar gördüğünü ifade edebilir. Bu genellikle transın yeterince derin olmadığı durumlarda gerçekleşir. Işık ruhlar kendileri farklı formlarda gösterebilir, ama danışanlar ruhsal deneyimini kendi dini inançlarına dayandırmakta aceleci davranabilirler. Bir kişinin iç dünyasına saygı göstermek önemlidir böylece onları kısa süre için de olsa deneyimde kalmaları ve hızlı bir yargıya varmak yerine neler deneyimlediğini anlatması için cesaretlendiririm.

Bu noktada transı daha da derinleştirmek gerekiyorsa, terapist 'ebedi şimdi' formunda danışan üstünden ruhsal rehberle doğrudan görüşme yapabilir:

Ruhsal Rehberinin doğrudan benimle konuşmasını isteyeceğim.

Danışan, Ruhsal Rehberden bilgiyi kanal gibi aktarırsa bilinçli zihin bağlantısız kalır. Ek olarak, danışanın ölümsüz ruhunun adı sorulabilir ve sonra bazı sorular ruhsal isme hitaben sorulabilir. Bu da bilinçli zihni dışarıda tutarken deneyimi de derinleştirecektir.

RUH GRUPLARIYLA KARŞILAŞMA

Heather'ın hayatlar arası regresyonu, geçmiş hayat değerlendirmesinden sonra ruh gruplarıyla karşılaşmasıyla devam etti. Bunlar, pekçok enkarnasyonda ve hatta şimdiki hayatta da birlikte olduğu ruhlardı. Onların insan olarak isimleri değişmişti:

Bundan sonraya nereye geçiyorsun?
Grubumdan kişilerle birlikteyim.
Grubum?
Annem orada. Onu tekrardan görmek güzel.
Kendilerini insan formunda mı gösteriyorlar?
Hayır. Ama ben onların kim olduğunu biliyorum.

EBEDİ RUHU ŞİFALANDIRMAK

Renklerini tarif edebilir misin?
Soluk sarı gibi, bazıları; pembemsi sarı.
Kaç taneler?
Sanırım 20 kadar, diğerleri kenarda duruyor.
Birlikte olduğun grupla birlikte kal. Kimleri tanıyorsun?
Greg [şimdiki hayayttaki oğlu]. *Kendilerini daha fazla insan haline getiriyorlar. John* [arkadaşı] *burada. Babam. Grant* [eski eşi]. *Ebeveynlerim. Kayınvalidem-pederim. Bob* [gençliğindeki erkek arkadaşı]. *Ve Stuart* [diğer oğlu].
Peki Janet? Lesa? Carla? [öngörüşmede listelenen diğer kişiler].
Evet. Carla'yı görüyorum.
Enerji renkleriniz nasıl?
Pembemsi bir renk.
Grubunuzunkine benzer mi yoksa faklı mı renginiz?
Benzer.
Kaç yaşamdır bu grupla biraraya gelmiş olabilirsin?
Çok uzun zaman 46 demek geliyor içimden.
Ortak tema ne olabilir?
Barış (huzur).
En son deneyimlediğin geçmiş hayatta barış(huzur))la ilgili yapman gereken birşey mi vardı?
Evet, çünkü bağımsızlık bana büyük bir huzur getirdi. Huzurluydum.
Ruh grubundan geçmiş hayatında yeralan kimse farkediyor musun?
Bob, Charles'tı. Annem ise Mary idi.
Ruh grubundan ayrılmadan önce önemli birşey oluyor mu?
Hayır.
Biraradà olmuş olabileceğin başka ruh grupları var mı?
Var. Onlar sarı renkte, bizim gruptan renkleri hafifçe farklı.

Hayatlar Arası Ruhsal Regresyon

Oraya geç. Bu gruptan kimleri tanıyorsun?
Ian [kocası]. *Ruby* [eski kocasının yeni eşi].
Bu ruh grubunun amacı nedir?
Zorlayıcı figürler gibi görünüyorlar .
Ruby'yi bul. O'na ne söylemek istersin?
[gülerek]. *İyi iş çıkardı.*
Onunla sadece bu hayatında mı biraraya geldin?
Kısa bir süredir burada.
Bu hayatta seni nasıl zorladı?
Bana birşey hatırlatıyor gibi?
Sana ne hatırlatıyor olabilir?
Beni bir şekilde dengeye getirmek için buradaymış.
Onunla ruhsal formda karşılaşmak nasıl birşey?
O benim zıttım. Daha çok sanki birbirimize gülüyormuşuz gibi. Yaptığı işte iyi.
Ondan yapmasını istediğin birşey olabilir mi kontrol et.
Evet. Ben Grant'i terkettiğimde, çocukları O'ndan uzaklaştırdım ve Ruby de benim çocuklarım Stuart ve Greg'i benden aldı. Greg'le çok uzun süredir birlikte.
[şaşırmış bir sesle] *Bu fikirle gelen Greg'ti.*

Regresyon ruh grubuyla karşılaşma aşamasına geldiğinde, danışan genellikle bir ışık grubunun yaklaşmakta olduğunu ifade eder. Bu oldukça derin bir deneyimdir ve çoğu danışan, 'tekrar yuvada' olduğunu söyler.

Ruhların, farklı enerji renkleri vardır, yoğun olmayan ve dönerek hareket eden. Danışana renge yakında bakması söylenirse renkleri çok daha iyi ayırt edecektir. Bazen danışandan yavaş hareket etmesi bile istenebilir böylelikle farklı renkler tanımlanabilir. Bu gereklidir, çünkü farklı renkler, ruhun deneyimlerini ve gelişimini temsil etmektedir. Renklerin neyi ifade ettiğini bilmek, danışanın hangi tip ruh grubuyla karşılaştığını anlamayı sağlayacaktır. Benzer renklere sahip ruhlar, birincil ruh grubuna aittir. Genellikle bu ruhlar, bu grup tipiyle pekçok hayatta birlikte çalışmışlardır ve tekrar biraraya gelmeleri spiritüel açıdan yoğun yaşanır. Renkteki farklılaşmalar not edilmelidir çünkü bir gruptaki tüm ruhlar eşit derecede gelişim göstermez. Hızlı gelişim gösterenler birincil ruh gruplarıyla daha az zaman harcayıp diğer ruh gruplarıyla daha fazla zaman geçirirler. Orjinal ruh grubuyla beraberken renk tonları daha koyu veya farklı tonlar şeklinde görünebilir:

Hepsine tek tek odaklan ve renklerini tarif et.

Senin renginle aynı mı?

Onlara katıldığında neler deneyimliyorsun?

Bazen farklı gruplardaki ruhlar; özel karmik içerikler için biraraya gelip çalışırlar. Bu grupları farkedilebilir kılan; üyelerinin farklı ruhsal enerji renklerine sahip olmalarıdır. Heather'ın vakasında Heather bunun kendisini zorlayanlardan oluşan bir ruh grubu olduğunu ifade etti. Danışanın karakter listesini özellikle de bu hayatta negatif deneyimler yaşadığı karakterleri bilmek önemli, çünkü; bu ruhların çoğu bu karşılaşmalar esnasında tanınabilir. Heather; bu hayatında tekrarlayan anlaşmazlıklar yaşadığı Ruby'yi tanıdı. Heather bu hayatında yaşadığı bir çok çatışmaya sebep olan fikrin oğlu Greg'e ait olduğunu hatırlayınca yeni içgörüler kazandı. Bu ruhsal seviyede yaptıkları bir anlaşmaya dayanıyordu. Bu hayattaki kilit olayların daha önceden planlandığını keşfetmek; bilinçli zihin üzerinde muazzam etkilere sahip:

Ruh grubundakilere tek tek odaklan ve şimdiki hayatından tanıdıklarının isimlerini söyle.

Hayatlar Arası Ruhsal Regresyon

YAŞLI BİLGE VARLIKLARI ZİYARET

Oscar'ın Romalılar tarafından idam edildiği demirci olduğu HAR çalışmasına dönecek olursak. Ruhsal Rehberi Zenestra'yla birlikte Yaşlı Bilge Varlıklar'la karşılaştığı andan başlıyor:

Şimdiki hayat enkarnasyonunu planlayan ışık varlıklarla karşılaştığın ana git.
Yay şeklindeki bir masanın önünde duruyorum.
Odaya bak ve enerji mi yoksa fiziksel formda mı söyle.
Sadece beyaz bir oda.
Yukarı bak ve ne gördüğünü söyle.
Dalgalar gibi parlayan mor enerji.
Bu enerjinin ne olduğunu hissedebiliyor musun?
Tamamıyla güçlü ve bilge. Onun okyanusunda sadece bir damlayım.
Bu enerjiyle irtibat kurabiliyor musun veya diğerleri bu enerjiyle irtibat kurabiliyor mu?
[Duraksama] Sanırım diğerleri. Onunla irtibat kuruyorum ama düşünsel boyutta değil.
Odada senden başka kim var?
Zenestra.
Senin yanında mı yoksa arkanda mı?
Arkamda yanımda süzülüyor.
Önünde kaç tane ışık varlık var?
Altı.
Kendilerini nasıl gösteriyorlar, enerji mi insan formunda mı?
İnsan formunda.
Onları tanımlamaya öncelikle en göze çarpandan başla.
Tepesinde kabarık siyah saçı olan zenci bir adam. Sonra, parlak mavi gözleri ve açık renk saçları olan daha olgun

EBEDİ RUHU ŞİFALANDIRMAK

bir kadın. Öğretmene benzeyen, iyimser gülümsemeli başka bir kadın. Saçları yukarıda toplanmış. Ondan sonra da saçı olmayan yaşlıca bir adam.

Peki diğerleri?

Son olarak Ortadoğulu, büyük çalı gibi kaşları, kısa siyah saçı ve başında bir çeşit peçe olan yaşlıca bir kadın, yüzünde çok sayıda çizgi var.

Bunlardan hangisi seninle iletişime geçiyor?

Öğretmene benzeyen.

Yakından bak, etrafta herhangi bir dekoratif süs eşyası var mı?

Saçına birşey takmış. Topuz yapmak için kadınların kullandığı birşey.

İğne gibi mi?

Evet, büyük altın bir iğne gibi.

Altın iğnenin belirleyici özelliği nedir?

Sol anahtarı, nota gibi.

Bu sana ne ifade ediyor?

Hayatımın tutkusu müzik. Bu hep böyleydi. Benim en yakın hayat yoldaşım olmuştur. Ruhsal durumumu hem tamamlar hem de uyumlu hale getirir.

Aranızdaki nasıl bir diyalog geçiyor?

Varlıklar bana, neden korktuğumu soruyorlar.

Bu hayatı mı yoksa diğer hayatları mı kastediyorlar?

Bu hayatı.

Senin cevabın ne?

Başaramayacağım.

Onların cevabı nedir?

Neyi başarmak istiyorsun?

Sen ne söylüyorsun onlara?

İnsanlara yararı dokunacak ve beni hatırlatacak birşeyler bırakmak ardımda.

Ne karşılık veriyorlar?

Hayatlar Arası Ruhsal Regresyon

Zaten gerçekleştirmedin mi?
Bu hayatı gözden geçirmelerini ve o noktada ayrıntıları vermelerini iste. Neler söylüyorlar?
Sana annen tarafından sevgi, sıcaklık, koruma verildi. Sen de bu sevgiyi, sıcaklığı ve korumayı herkese verdin. Senin mutluluğunun temelinde yatan şey, diğer insanlara verdiğin mutluluk ve diğer insanlara mutluluk vermek, olduğun veya olmak istediğin kişiye üstün geldi. Kendini başkalarının gözlerinde görmeye ve hatta senden beklenmediği halde insanların gözlerine bakarak bazı şeyler yapmaya başladın. Böylece; kimliğin ve ihtiyaçlarını harcamana rağmen bu yola girdin, bu kariyere başladın. Şuanda bir ayrımdasın; diğerlerini mutlu ederken aynı zamanda kendini de mutlu etmek arasında. Şimdi bu ikisi arasındaki boşluğa bir köprü kurmak durumundasın. Köprü kurulabilir ve sen bu köprüyü kurabilirsin. Yani cesur ol ve öğrenmeye devam et.
Şimdi anlıyor musun?
Anlıyorum.
Korku gidebilir mi?
Evet.

Hayatlar arasında bir ruhun deneyiminin en önemli bölümü, fiziksel reenkarnasyona ihtiyaç duymayan bir deneyim ve bilgelik seviyesindeki ışık varlıklarla karşılaşmaktır. Ruhun önceki gelişimini gözden geçirirler, ruh bir sonraki hayat için öngörülenleri anlayıncaya kadar geçmiş hayatlarının bazı kısımlarını tekrar gösterir ve durumu tartışırlar. Genellikle danışan bu karşılaşmayı, hayatlar arasında en az bir kez deneyimler. İsimlerinin bazıları : 'Yaşlı Bilge Varlıklar', 'Daha yüksek olanlar', 'Ustalar', veya 'Bilge Varlıklar' şeklindedir. Bazen danışan, onları isimlendirmeden önemli bir karşılaşması olacağını ifade ederler. Yazarlar, onları 'Yaşlı Bilge Varlıklar' veya 'Karma Komitesi' olarak adlandırmaktadır. Danışan özel bir isim kullanırsa, o isim kullanılabilir. Eğer herhangi bir isim verilmezse, spiritüel regresyon sırasında onlara hitap etmenin en güvenli yolu; 'Sonraki reenkarnasyonu planlayan ışık varlıklar' olarak kullanıyorum. Bir sonraki metinde, hepsine hitaben 'Yaşlı Bilge Varlıklar' ifadesi kullanılacaktır.

Genellikle danışan, ruhsal rehberinin kendilerine katıldığını ve hep beraber devam ettiklerini ifade eder ki bu da Yaşlı Bilge Varlıklar'la karşılaşacağının önemli bir göstergesidir. Bu karşılaşma, ruhsal regresyonun herhangi bir noktasında gerçekleşebilir, ama genellikle ruh gruplarıyla biraraya geldikten sonra meydana gelir. Danışandan herhangi bir anda o noktaya atlaması istenilebilir. Bu, özellikle Oscar'ın regresyonunda gerekliydi çünkü Romalı geçmiş hayatını takip eden ruhsal anılarını terketme ve öncelikli olarak bu hayata enkarnasyon anılarına geçiş yapma eğilimindeydi.

Şimdiki hayat enkarnasyonunu planlayan bilge ışık varlıkların olduğu yere geç.

Bu anda karşılaşılan ışık varlıkların tarifi ve nerelerde olduklarını sormak yararlıdır. Danışan, seans kayıtlarını daha sonra tekrar dinleyeceği zaman, diyalog başlamadan önce sahne oluşur ve deneyimin derinliğini arttırır:

Hareket güzergahını tarif et. Vardığında neler gördüğünü ve neler olduğunu anlat.

İçinde bulunduğun çevreyi tarif et.

Yaşlı Bilge Varlıklar'ın sayısı ve görünüşleri önemlidir. Genellikle bir görüntüleri vardır; broş, madalyon benzeri danışan için sembolik anlam taşıyan bir süs eşyası takarlar. Bu çok derin anlam taşır. Öyle ki bir danışan, görmüş olduğu broşun mesajını hatırlatacak elyapımı bir broş yaptırdı.

Detaylı soru sormak için yeterli vakit ayrılmalıdır. Oscar'ın karşılaşmasında Yaşlı Bilge Varlıklar'dan biri; hislerini dengelemesinde müziğin önemini hatırlatacak, sol anahtarı şeklinde altın bir iğne takıyordu. Sorulabilecek sorular şöyle olabilir:

Yakından bak. Enerji mi yoksa fiziksel formdalar mı?

Hepsinin tek tek yüzünü tariff et.

Nasıl giyindiklerini, dikkatini çeken süs eşyaları olup olmadığını (amblem gibi) tarif et.

O madalyon (veya amblem)in senin için önemi nedir?

Bu toplantıda sana neler iletiliyor?

Bu tip bir gözden geçirme; ruhsal boyuta geçiş yaptıktan sonra ruhsal rehberle yapılan başlangıç değerlendirmesinden daha detaylıdır ve danışanın bir sonraki hayatının temellerini oluşturur. Bazen ruhun kendisinden neler beklendiğini anlaması için, önceki yaşamları seri halde gözden geçirilebilir.

Oscar'ın Yaşlı Bilge Varlıklar'la görüşmesi esnasında sorulan sorular; şimdiki hayatındaki korkularına yöneldi. Bu konuya 'Sonsuz Şimdi' ile çalışmak diyoruz ki buna sonraki bölümlerde değinilecek. Hiçbirşey saklanamaz ve ruh kesinlikle bilir. Dikkatinizi çekmek isterim ki Oscar'a tavsiye verirken, şefkatli oluşları ve bu görüşmeden gelen sevgi çok güçlendirici idi.

EBEDİ RUHU ŞİFALANDIRMAK

ŞİMDİKİ HAYAT İÇİN BEDEN SEÇİMİ

Heather'ın ruhsal regresyonuna dönecek olursak. Şimdiki hayatı için hazırlıkların yapıldığı noktadan başlarsak:

Şimdiki hayat için beden seçimi yaptığın yere git.
Bazı ekranlar ve sesler var gibi. Büyük ekranlar. Rehberim orada benimle.
Kaç beden içinden seçim yapıyorsun?
Üç.
İçinde bulunduğun bedenden farklı olan diğer iki tanesinden bahset.
Bir tanesi uzun bir adam.
Ne tarz bir hayatı olacak onun?
Oh hayır. Onu istemiyorum.
O bedenle ilgili terslik nedir?
O kadar uzun boylu olmayı sevmedim. Herzaman eğilmek durumunda kalacaktım, ama bu bir soylu olacaktı.
İkinci beden nasıl?
Çok sıradan görünüyorum.
Bir kadın mı yoksa erkek mi?
Bir kadın. Aslında çok sade ve biraz da basit. Bunun neden bir seçenek olduğunu da anlayamıyorum. Hayır, bu hayatı istemiyorum.
O hayattaki aile çevresi nasıldı?
Birbirine çok bağlı bir aileydi.
Başlamak için kuvvetli bir temel oluşturmaz mıydı böyle bir hayat?
Evet. O ailede çok fazla sevgi var. Materyalist olmayan basit bir aile.
Şuanda içinde olduğun beden üçüncüsü müydü?

Evet.

Neden bunu seçtin?

Çünkü ebeveynlerim olacak kişiler kendileri gibi olacak ve benim planımı tamamlayacak hayatlarda olacaklar, çünkü babam bir öğretmen, annem de bir hemşire olacak. Bana güçlü bir platform sağlayacak sevgi dolu bir çocukluk sunacaklarını biliyorum.

Zeka veya hissiyatla ilgili bir seçim imkanın var mı?

Çok zeki olmaya ihtiyaç duymadım.

Bu senin seçimin miydi?

Evet.

Çok zeki olsan ne olacaktı ki?

Çok meşgul ve materyalist olacaktım.

Peki ya hisler?

Seviyeli ve dengeli olmayı seçtim.

Bu senin mi yoksa rehberinin mi seçimiydi?

Benimdi.

Rehberin seçimini onaylıyor mu?

Evet.

Bu hayat için beden seçiminde kilo problemiyle ilgili herhangi bir bilgi var mıydı? [Aşırı kilolu olmak öngörüşmede tartışılmıştı].

Evet.

Yani reankarne olmadan önce bu problemi biliyordun?

Evet, seçtiğim ebeveynlerin kilo sorunu var. Diğerlerinin yanında bu daha az endişelendiriyor beni.

Burası ruhun bir sonraki hayat için beden deneyimleyebileceği ve bazen bu seçimlerde seçme şansının olduğu yer. Bazı danışanlar; Önlerinde duran bedenler gördüklerini veya video veya bir ekranda izliyormuş gibi tarif ederler. Nasıl tarif ederlerse etsinler, bu telepatik deneyim kendileri ve orjinleri hakkında kendilerine çok daha büyük bir anlayış kazandırmaktadır. Ruhsal regresyon sırasında bir noktada, ruh bu alanı ziyaret etmek üzere ayrılır. Bu genelde, Yaşlı Bilge Varlıklar'la görüşme sırasında gerçekleşir veya danışana doğrudan oraya gitmesi söylenebilir:

Bu hayat için beden seçimini yaptığın yere git.

Bu süreçte ruhun seçim seviyesi; deneyimine bağlıdır. Özellikle de bu hayat için kendi bedeninin ve ailesinin neden seçildiğini anlamak fiziki problemi olan veya ailesiyle ilgili sıkıntılar yaşayan danışanlar için önemlidir.

Kaç beden tercih hakkın var?

Sence her beden sana ne sunuyor olabilir?

Her bedenle birlikte hayat, aile ve çevre de seçebiliyor musun?

Eğer beden seçme hakkın varsa neden bir tanesini seçip diğerlerini reddediyorsun?

REENKARNASYON İÇİN AYRILIŞ

Anne olarak isimlendireceğim bir danışandan kısa bir alıntı yapacağım. Anne 30 yaşlarında Danimarkalı bir bayandı, özellikle nasıl reankarne olduğunu da kapsayacak şekilde ruhsal regresyon almak istemişti. Şimdiki hayat planının yapıldığı andan itibaren seans şöyle devam etti:

Bundan sonra nereye gideceksin?
Şimdi gidip bir sonraki hayatımı planlamalıyım. Rehberim beni görüp seçebileceğim bir sinemaya götürüyor.

Planladığın şimdiki hayatın mı?
Evet, o. Aynı konu üzerinde çalışmamız gerektiğine karar verdik. Biliyorum ki hayat da bu konuda olacak.
Konunun ne olduğunu bana hatırlatır mısın.
Ruhumu dengeye sokabilecek hale gelmeliyim.
Planlama süreci nasıl işliyor?
Sanırım iki hayat arasında seçim yapabileceğim.
Birinci bedene bak ve onunla ilgili anlat.
Bir kız.
Nasıl bir bedeni var?
Normal bir beden.
Ne tarz bir hayatı olacak?
Tekbaşına. Ruh grubumdan katılacak çok kimse yok, fakat iyi bir eğitim alacağım.
Nasıl iyi bir eğitim alacaksın?
Hukuk fakültesine gideceğim ve kariyer yapacağım. Bazı anlarda ruhumun da eşlik etmesine izin vereceğim.
Bu hayatla ilgili neyi kabullenmiyorsun?
Çok kontrollü ve akla dayalı bir hayat. Duyguları farketmek güç.
Bu ne anlama geliyor?
Ruh için bu akılcı beyinle yol almak çok zor olacak. Etraftan hiçbir destek olmayacak çünkü hepsi entellektüel olacak.
Zor bir hayat mı olacak?
Evet. Ruhsal enerjimle birlikte yol alabileceğimden emin değilim.
Çok mu fazla ruhsal enerji alman gerekiyor?
Evet.
Ne kadar olduğunu tartıştınız mı?
En az yüzde 70.
Daha önce hiç bu oranda ruhsal enerji almış mıydın aşağıya?
Hayır.

EBEDİ RUHU ŞİFALANDIRMAK

Peki bu kadar çok ruhsal enerjiyi aşağıya götürmenin riski ne olabilir?
Spiritüel dünyada yuvadaki işimi yapmaya devam edemeyebilirim.
Öyleyse reankarne olmuş olsan da spiritüel dünyada da çalışabiliyorsun.
Evet.
Diğer bedene geç. Bu hayat için seçtiğin beden. Onunla ilgili ilk izlenimin ne oldu?
Bazı zayıflıklar.
Zayıf olan nedir?
Rüzgara kapılıp gidecek naif bir kişilik.
Başka izlenimin var mı?
Hoş bir beden, normal ölçülerde ve normal zekada.
Aile çevren birlikte mi geldi yoksa kendi başına mı üstesinden gelmek zorunda kalacaksın?
Ruh grubu üyelerinden pekçoğunun orada benimle birlikte olacağını biliyordum.
Bu bedenle birlikte pekçok grup üyesinin birlikte oluşunun faydası ne olabilir?
Birbirimize yardım edebiliriz.
Ruhsal rehberinle, bu bedenle ne kadar enerjinin aşağı getirilmesine ihtiyaç duyduğunu konuşmuş muydun?
Evet. Yüzde 35'ni kullanbiliyorum.
Bu senin için herhangi bir risk oluşturuyor mu?
Evet. Geliş sebebimi gerçekleştiremeyebilirim.
Grup üyelerinin yardımı işte bu yüzden önemliydi.
Hangi beden en çok spiritüel gelişim imkanı sunuyor?
İçinde bulunduğum. Bu bedenin gittiği Danimarka daha açık görüşlü ve doğa ve savaş açısından hiçbir tehdit yok. Korunaklı bir hayat var, böylece amacıma odaklanabilirim.
[Bu noktada ruhsal regresyonun sonraki bir bölümüne geçiyorum].

Şimdiki hayatına başlamak üzere hazırlık yaptığın ana geçmeni istiyorum. Tekbaşına mısın yoksa ruhsal rehberin yanında mı?
Ruhsal rehberime veda ediyorum [iç çekerek] ve ben devam ediyorum.
Nereye gidiyorsun?
Tüm renklerin olduğu bir odaya gidiyorum. Çok rahat ve uyum içinde. Sanırım tekrar şifalanacağım.
Bu şifalanma sana nasıl yardımcı olacak? Ne olacak?
Doğum zor olacağı için. Minik bebeğin bedenine girebilmem için daha fazla yardıma ihtiyacım olacak.
Biraz fazladan enerji alıyor musun?
Evet. Başa çıkabilmesi için anneye de yardım edecek.
Zamanın geldiğini ve bebekle birleşmen gerektiğini ne zaman anlıyorsun?
Diğerlerinden işaret alıyorum.
Odada seninle olan başka enerji formları var mı?
Evet. Ne zaman gidileceğini, bebeğin ne zaman hazır olduğunu onlar biliyorlar.
O ana geç ve neler oluyor anlat.
Bir ışık tüneline giriyorum. Çok uzaktayım, küçük çocuğun bedeninini hissediyorum. Çabalayacağım ve gireceğim.
Hangi parçan önce giriyor?
Baş. Başa girmeye çalışıyorum.
Yaklaşık kaç aylık bebek?
Sanırım altı aylık.
Neler olmaya başlıyor girince?
Birbirimizi deniyor ve kaynaşıyoruz. Çok yumuşak bir karşılaşma.
Biraraya geldiğin diğer bebeklerle karşılaştırırsan bu nasıl?
Rahat ilerliyor. Bu bebek çok yardımcı.
Normalinde altı aylıkken mi kaynaşırsın yoksa daha erken veya geç mi?

EBEDİ RUHU ŞİFALANDIRMAK

Sanırım bazen daha erken kaynaşırım.
Daha önce en erken hangi bebekle kaynaştın?
Üç aylıkken. Bebekle kaynaşmak için çok fazla hazırlık yapmam gerekti o zaman.
Üç aylıktan küçük bebekle kaynaşma sırasında sıkıntı mı oluyor?
Evet. Bebek o kadar gelişmiş olmuyor. Daha tamamlanmamış oluyor, hala bazı şeyler meydana gelebilir.
En geç kaynaşman kaç aylık bebekle oldu şimdiye kadar?
Yedi aylık.
Yedi aylıktan sonra neler olur?
Kaynaşmak daha zordur. Daha fazla zorlaman gerekir.
Daha fazla zorlarsan problem olur mu?
Bu şekilde olmasını sevmiyorum. Daha naif olmayı tercih ediyorum.
Kuvvet uygulayacak olursan, bu bebekte fiziksel probleme yol açıyor mu?
Olabilir, ama planda olmayan hiçbir riski almak istemem.

Tüm insanların kendilerine ait biricik, benzersiz, ikiye ayrılabilen ruhu vardır. Ruhsal enerjinin bir kısmı bir sonraki reenkarnasyona taşınabilir. Kalan diğer bölüm; ruhsal boyutta kalır. Reenkarnasyon için alına miktar; hayat şeklini de etkileyecektir. Ne kadar az enerji alınırsa ruhun fiziksel hayatı üstündeki etkisi de o kadar az olacaktır ve o hayatın karmik amacını gerçekleştirmesi de o kadar zorlaşacaktır. Ruhsal boyutta kalan ruhsal enerji, gelecek hayatlar için öğrenmeye veya ruhsal gruplarla çalışmaya devam etmek gibi spiritüel aktiviteleri devam ettirir. Aktivitenin seviyesi; kalan yüzde oranına bağlıdır; kalan ne kadar fazlaysa aktivite de o kadar büyük olacaktır. Böylece hem ruhsal boyutta hem de insan enkarnasyonunda işlem gören çok boyutlu bir gerçeklik oluşur.

Ruhsal boyutu terkedip şimdiki hayatına reenkarne olmak üzere nereye geçiyorsun?

Ruhsal enerjinin yüzde kaçını yanına alıyorsun?

Reenkarne olurken bu seviyede enerji almanın sebebi ne olabilir?

Bölünme mutlak değildir çünkü ruh bedenlenmiş olan kısımla; sezgi adı verilen enerjetik bir bağlantı kurar ve böylece tıpkı bir hologram gibi bütün oluşu muhafaza eder. Ruhla rehberi arasında yeni hayata taşınacak enerjinin seviyesi planlanabilir, ama bu genellikle Yaşlı Bilge Varlıklar tarafından değerlendirilir ve netleştirilir, çünkü onların planlanmış olan hayatın daha geniş etkilenimleriyle ilgili bilgiye ulaşma yetkileri vardır. Bir hayattaki ölümden sonra ruhsal enerjiler, enerji yenilenmesi periyodunda veya daha sonraki bir noktada tekrardan biraraya gelebilir. Bazen 'enerji duşu' veya sadece genişlemek ve tekrardan bütün hissetmek şeklinde tanımlanabilir.

Ruhsal enerjinin fiziki bir bedenle kaynaşması , bedenin en çok şekillenebileceği devrede yani gebe kalmadan sonraki dördüncü ay civarında gerçekleşir. Ruhsal enerjiye eklenti, geçmiş hayatlardan çözümlenmemiş herhangi bir sübtil beden hafızası olabilir. Çözüme kavuşmamış, bebeğe aktarılacak geçmiş hayat hatıralarının yüzdesi yeni hayatın planlanma sürecinin bir parçasıdır. Yüzde ne kadar büyükse, hayat da o kadar zor olacaktır. Bebeğin biyolojik olarak aktarılan karakteristikleriyle birleşim, yeni hayattaki kişiliğinin temelini oluşturacaktır:

Geçmiş hayatından hangi duyguları veya fiziksel hatıraları alıyor olacaksın?

EBEDİ RUHU ŞİFALANDIRMAK

Yüzde kaçını beraberinde getiriyor olacaksın?

Reenkarnasyona bu seviyede aktarımının sebebi ne olabilir?

Ruhsal enerjiyle bebek bedeninin birleşimi sırasında ruh tarafından hafızaya bir hatırlama blokajı konur. Bu da kişiyi bilinçli zihninde henüz sindiremeyeceği travmatik geçmiş hayatlar dolayısıyla bunalmaktan alıkoyar. Bu aynı zamanda yeni hayatta eski karmik problemlere yeni çözümler bulmak için bir fırsat sunacaktır. Hatıraların blokajı adım adım gerçekleşerek erken çocukluk evresinde tamamlanır:

Ruhsal enerjinin, ana karnındaki bebeğin fiziksel bedeniyle birleştiği ana git ve deneyimini bana anlat.

Ruhsal enerjinle bebeğin fiziki halinin rahimde birleştiği ana git ve deneyimini anlat.

Bu hayatta karşılaşman gereken ve senin için belirleyici nitelikte olan insanları nasıl hatırlayacaksın?

Şu da keşfedildi, ruhsal boyutta danışan fizik bedenini, hayat şartlarını ve o hayatın zorluklarını seçmek konularına dahil olduğunda, bu kendisine yeni içgörüler kazandırıyor. Bir danışanın ifadeleri:

'Geçmiş hayat deneyimlerimden farklı bir alana doğru gittiğime ve farklı katmanları kucakladığıma dair kesin bir hissim vardı. O anda edindiğim kavrayış ve içgörüler benim için kelimelerin çok ötesinde. Bu, çok büyük birşeye dair bir ipucu verilmesi gibiydi ve içine daldığım bu idrak durumunun benim üzerimdeki etkisi muazzamdı.'

DİĞER SPİRİTÜEL AKTİVİTELER

Daha fazla reenkarnasyon deneyimi yaşadıkça, ruhlar; kendi ruh gruplarıyla birlikte çalışma odaklarından giderek daha fazla uzaklaşırlar. Ruhsal boyutta farklı özelleşme alanlarında çalışmaya başlayabilirler ve bir sonraki hayatın planlama süreciyle daha fazla ilgileniyor olabilirler. Bir danışan; ruhsal grupta ruhla fizik bedenin kaynaşmasını araştırırken hatırladı; birçok geçmiş hayatta değişik tipte bedenler kullanarak farklı seviyede enerjileri deneyimlemişti. Başka bir danışan; enerjiyle çalışmayı öğrenmesi için başka bir gezegen sistemine gittiğini hatırladı. Bazen ruhlar; ıssız bir alana çalışmak ve düşünmek üzere giderler veya başka ruhlara öğretmekle meşgul olabilir; kendileri öğrenmek için okullara gidebilirler.

Melez Ruh, Michael Newton tarafından spesifik bir ruh sınıfına verilmiş olan isimdir. Önceki gezegenleri yokolan veya modern hayattaki insan koşullarının kompleks yapısının getirdiği fiziksel ve zihinsel açıdan zorlayıcı sınavları sebebiyle dünyaya gelmiş olan olgun ruhlardır. Ruhsal enerji olarak, bazıları psikolojik sorunlara yolaçan adaptasyon sıkıntısı yaşasa da, bebek bedeniyle diğer ruhlar gibi kaynaşabilir. Söylemeye gerek yok; Yaşlı Bilge Varlıklar'la yapılan değerlendirme süreci, ruh grubu görüşmesi ve beden seçimi bu bölümün başında anlatılan paternleri takip etmeyebilir. Bunlarla ilgili olarak daha fazla bilgiyi bilerek vermiyorum çünkü bu durumlar nadiren gelişiyor ve geliştiğinde de önyargı geliştirmeden hikayenin akmasına fırsat tanıyacak şekilde sorgulayan araştırmacı rolünü üstlenmek en doğru yaklaşım olacaktır.

'EBEDİ ŞİMDİ' DE ÇALIŞMAK

Terapist regresyonu herhangi bir anda Yaşlı Bilge Varlıklar'la görüşme anına yönlendirebilir ve 'ebedi şimdi' adı verilen interaktif bir diyaloğa giriş yapabilirler. Bu da danışanın yararına olacak soruların sorulabilmesini sağlar. Bu danışan kayıtları dinlerken bazı şeyleri netleştirebilsin diye, ruhsal hatıraları keşfettikten sonraya da bırakılabilir:

Yaşlı Bilge Varlıklar'la (veya danışan tarafından adlandırılan şekliyle) **görüşmeye geç.**

Hipnoz ve ruhsal regresyon sırasında oluşan bilincin farklılaşmış halinde güçlü bir sezgisel akış vardır ve bu, danışanın öğrenmeye ihtiyaç duyduğu tüm bilgileri almak için bir fırsattır:

Şimdiki hayat amacının ne olduğunu teyit etmelerini iste.

Bu hayattaki gelişimini nasıl yorumluyorlar?

Bu hayatta sana yardımcı olacak herhangi bir tavsiyede bulunuyorlar mı?

Danışana, spiritüel gelecekle ilgili olarak da soru sorulabilir. Bununla birlikte, bazı noktalarda, Yaşlı Bilge Varlık'lar, danışanın yeterince bilgisi olduğunu veya özgür iradesini etkileyeceğini düşünürlerse, bilgi akışı durabilir:

Gelecekteki spiritüel aktivitelerinle ilgili birşeyler anlatıyorlar mı?

Danışanın hedeflerinden biri, rehberiyle arasındaki iletişimi geliştirmeye yönelikse bu, sonsuz şimdi'de yapılabilir. Terapist regresyonu ruhsal rehberle görüşmeye yönlendirebilir ve temel iletişime kılavuzluk edebilir. Bu, danışanın daha sonraki meditasyon çalışmasına temel oluşturabilir:

Ruhsal rehberine iletişimini geliştirebilecek tavsiyesi var mı diye sorabilirsin.

Spiritüel bir regresyonu sonlandırmadan önce herşey gözden geçirilmiş mi, diye, danışanla birlikte bakılması gerekir:

Ruhsal boyuttan ayrılmadan önce ışık varlıklara sormak istediğin son bir soru var mı?

TAM BİR SPİRİTÜEL REGRESYON

Clare olarak adlandıracağım danışan 32 yaşında bir hukuk danışmanıydı. Altı ay önce hayatında büyük bir değişiklk gerçekleştirmiş ve holistik terapistlik eğitimi almaya başlamış. Çok sayıda geçmiş hayat deneyimlemiş ve şimdi kendi karmik gelişimini ve spiritüel anlamda doğru yolda olup olmadığını öğrenmek istiyordu. Hayatında belirleyici olan; kocası, aile bireyleri, eski erkek arkadaşı ve kayınvalidesini de içeren 8 kişilik bir liste getirdi. Seansının büyük bir kısmının anlatımı aşağıda verilecektir.

Hızlıca derin transa girdi ve ardından Rusya'da bir paralı asker olarak çalıştığı bir geçmiş yaşamına geçiş yaptı. Bu asker bazı önemli Rus soylularına eskortluk ederken, Moğollar tarafından pusuya düşürülmüştü. Bu sırada çıkan çatışmada da öldürülmüştü:

EBEDİ RUHU ŞİFALANDIRMAK

Güzel bir ışık.
Işık mı sana geliyor yoksa sen mi ışığa gidiyorsun?
Birbirimize doğru yaklaşıyoruz.
Birbirinize yaklaştıkça neler oluyor?
İnsan formunda olmamasına rağmen beni kucaklayan kolları varmış gibi hissediyorum. Sanki yayılıyor. Sevgi hissine doğru yönlendiriliyorum.
Zayıf bir çekiş mi yoksa kuvvetli mi?
Kalbimin beni yönlendirdiğini ve bir elin arkamdan bana yol gösterdiğini hissediyorum.
Farkettiğin başka birşey var mı?
Dünyadan uzaklaşıyorum, güzel bir ışık yerden yükseliyor. Çok uzaklardayım şu an. Sadece renkler var.
Seni karşılayan enerji formunun rengini nasıl algılıyorsun?
Renklerin karışımı, maviler, morlar, yeşiller.
Bu enerjinin kim olduğunun farkına varabiliyor musun?
Öğretmenim.
O geçmiş hayatında sana nezaret eden öğretmenin mi?
Bana mesajlar gönderiyor. İmalı sözler.
Sana ne iletiyor?
Çok mutlu görünüyor. İyi geçmiş gibi görünüyor.
O hayattan ne öğrenmen gerekiyormuş, kendisiyle görüşebilirsin.
Görev, onur, saygı, ekip çalışmasıyla ilgili.
Bu görüşme sırasında neler farkediyorsun?
Bir masada oturuyoruz. Şu anda farklı görünüyor.
Nasıl görünüyor?
Çok genç, benden biraz daha olgun. Güçlü bir erkek.
Özel bir kıyafetle mi gösteriyor kendisini?
Oduncu gibi giyimi var, oldukça rahat.
Neden bu formda görünüyor olabilir?

Onunlayken kendimi rahat hisstettiğim bir tarz. Bu şekilde çok daha kolay konuşuyorum. Kendisini enerji formunda gösterdiği zamanki gibi üstesinden gelmesi zormuş gibi görünmüyor.
Geçmiş hayatı nasıl değerlendiriyor seninle?
Kısmen telepatik kısmen de konuşarak. Bizim için önemli olanlar hakknda konuşuyoruz. Ama başka şeyleri telepatik olarak iletiyor. Herşeyin yolunda olduğunu bilmemi istiyor.
Geçmiş hayatın hangi bölümünden başlıyor?
Ölümden geriye doğru gidiyor.
Şimdi rehberinle değerlendirirken o geçmiş hayatı nasıl geçirdiğini düşünüyorsun?
Çok mutluyum. İki hatalı karar almışım; ama doğru sonuca ulaşmışım. Öldürülmüş olmaktan dolayı mutlu değilim.
Öldürülmüş olmanla ilgili rehberinle görüşmende neler oluyor?
Seçtiğim hayatın bir parçası olduğunu söylüyor. Bir orduda olup da öldülmemeyi nasıl düşünebildiğimi soruyor.
Bununla ilgili sen ne söylüyorsun?
O hayatta bu işi onursal nedenlerle yapmışım ama şimdi kötü hissediyorum.
Kötü hissediyor olmanla ilgili ne söylüyor rehberin?
Herşeyin yolunda olduğunu söylüyor. Bunun bir pişmanlık göstergesi olduğunu herkesin kendi seçimini yaptığını söylüyor. Son savaşta bize saldıran adamların bize yaptıklarından dolayı çok büyük onur duyduklarını gösteriyor bana. Benim gibi onlar da savaşmayı seçmişler. Hepimiz riskleri biliyorduk.
Şimdi anlıyor musun?
İnsan formundan henüz çıkmışken biraz zor. Fiziki ölümümle ilgili küçük bir işaret var. Rehberim normal

EBEDİ RUHU ŞİFALANDIRMAK

olduğunu ve yokolacağını söylüyor. Sorgu ve entegrasyon olarak adlandırdığı bölümü henüz bitirmedim.
Sonraki bölüme geç ve neler olduğunu anlat bana.
Diğerleri de burada.
Nerede oduğunu ve seninle birlikte olanları tarif et.
Tarifi zor. Büyük bir kubbe gibi. Enerjiden yapılmış gibi, heryerde.
Kubbeden başka neler farkediyorsun?
Çok fazla insan var.
Ne yapıyorlar?
Yüzüyorlar. Sert bir zemin gibi değil. Dalgalar var.
Diğerleri enerji formunda mı yoksa insan mı?
Enerji formunda.
Onlar o formdayken kendini rahat hissediyor musun?
Evet.
Enerji formlarının nasıl olduğunu tarif et.
Titreşimli, ışıldayan, yarısaydam.
Onlardan gelen özel bir renk var mı?
Farklı renklerdeler. İletişim halindeyken renkleri değişiyor.
Bu kubbede kaç taneler? Onları say.
[Uzun Duraklama]. *Altmışyedi.*
Sana göre hangi pozisyondalar?
Üç küme gibi. Bazıları solumda yarımdaire gibi, bazısı arkamda, sağımda ve bir küme de biraz daha yüksekte seyrediyor.
Bu alanda sen ne yapıyorsun?
Arkadaşlarımı görmek istiyorum. Hepsi benim geleceğimi biliyor gibiler.
Neler deneyimliyorsun?
Kocaman bir kucaklaşma gibi. Tekrar onlarla birlikte olmaktan dolayı mutluyum.
Bu kümenin kaç üyesi orada?
Yirmialtı hepsi.

Bu ruhsal grupta birlikte öğrenmeye çalıştığınız birşey var mı?
Yardımlaşmayla ilgili.
Kaç hayattır onlarla birliktesin?
Elliüç.
Bu gruptaki renkleri tarif et.
Yarısaydam gümüş, benim enerjimle aynı renkte..
Bu gruptan hiç geçmiş hayatlarından tanıdığın kimse var mı?
Evet, iki tanesi orduda arkadaşımdı. Pekçoğu aynı zamanda fakat farklı yerlerde reenkarne olmuş.
Çarpıştığın ordudan kimse var mı?
Evet. Beş tane. [hafif gülme]. *Onlara Barbar dememizi komik buluyorlar. Onlar da bize barbar diyorlarmış.*
Peki şimdi ne düşünüyorsun ordudaki arkadaşlarınla ve çarpıştığın kişilerle ilgili olarak?
Sebeplerimize karşı dürüst olmakla ilgiliydi. Grubun parçası olmak zor olmasına ragmen dostluğu ve şefkati, pekçok sevgi hareketlerini yaymaya ve arkadaşlarla ailelere yardım etmeye çalışıyorduk.
Yol arkadaşlarınla ilgili bilmen gereken başka birşey var mı?
Hayır.
Ruh gruplarından kaçı bu hayatında reenkarne şimdi?
Yedi.
Onları tanıyor musun?
Evet. Birlikte çalışacağız.
Çalışmanızın neyle ilgili olacağını sor.
Mümkün oldukça çok insana onlara bir şekilde dokunarak, sevgi ve ışık yaymak. Tarif etmek zor. Hem kendimiz hem de diğerleri için her fırsata açık olmak, anlamaya, şifaya açık olmak.
Bu gruptan bilmen gereken başka birşey var mı?

EBEDİ RUHU ŞİFALANDIRMAK

Hayır. Onlarla birlikte olmak güzel.
Diğer ruhsal gruba katıldığın noktaya geç. Onlarla neler yapıyorsun?
Canlı bir grup. Hepimiz birbirimiz için zorlayıcı tipleriz.
Kaçınız bu ruh grubunda?
Yirmibir.
Bu grubun renklerine bak. Hepsinin rengi aynı mı yoksa farklı enerji renkleri mi?
Farklı renkler.
Bu grbun amacı ne?
Bu benim öğrenme grubum.
Bu grubun şu anda öğrenmekte olduğu özel bir konu var mı?
Birkaç tane. Hepimiz şu anda tolerans gösterme konusunda çalışıyoruz.
Daha önce hangi konularda çalıştınız?
Gerçeklik, sevgi, pişmanlık, mutluluk. Bunlar temel olanlar.
Bu gruptan şimdiki hayatında birlikte çalıştığın kimse var mı?
Sekiz enerjiyi tanıyorum fakat sadece dördünü tespit edebiliyorum.
Tespit edebildiğin dördüyle çalışalım. Birini seç; onlara ne söylüyorsun, onlar sana ne söylüyor?
Geçmişte yaşadığımız problemlere gülüyoruz sadece. Şimdi o kadar önemsizler ki.
Bu daha önce planlanan birşey mi?
Evet.
Diğerlerini de bir bir öne çıkar ve bu yaşam sürecindeki problemlerle ilgili konuş onlarla.
Çok zor bir görüşme. Benimle konuşamıyorlar.
Birlikte çalışmayı planladığın herhangi bir anıyı hatırlayabiliyorlar mı?

Hepimiz rehberlerimizle biraraya geldik ve öğrenmeye ihtiyaç duyduklarımızı söyledik. İki kişinin birlikte çalışabileceği ortak konu olsaydı kolay olurdu. Daha fazlamıza ihtiyaç olsaydı da konuşurduk. Bazen gruptan buna uygun kimse olmadı, bunun üzerine bir gönüllü yardım amaçlı rol yaptı.
Birlikte çalışmayı onaylamadan önce hangi bedenlerde olacağınızı öğrenmeye ihtiyaç duydunuz mu?
Nasıl bir formda olmaya ihtiyaç duyduğuna dair bir fikrin oluyor. En kolay örnek; bir tacizci olacaksan ve güç kullanacaksan güçlü bir bedenin oluyor. Kurban olacaksan daha zayıf bir bedenin oluyor.
Bu hayat için bir beden seçtiğin Alana git ve gördüklerini ve neler olduğunu anlat.
Enerjiden oluşan bir oda. Bir bölümünde görüntüler var.
Hangi bedenleri seçeceğinizi nasıl anlıyorsunuz?
Beden formunda gibi, böylece farklı seçeneklerin oluyor: kısa, şişman, zayıf gibi. Tür seçimi yaptıktan sonra detaylandırabiliyorsun.
Bu hayatta kaç özel seçim sunuldu sana?
Üç. Kolay incinebilecek, sevgisiz bir aileden bir adam olabilirdim. Tacizkar bir aileden gelen oldukça geniş bir kız olabilirdim. Şu an sahip olduğum aile ve beden üçüncü seçeneğimdi.
Şimdiki aileni ve bedeni seçmene ne sebep oldu?
Bu hayat için güçlü bir temel istedim. Zor kısımların üstesinden gelmeme destek olacağını hissettim.
Zor kısımlar toleransla mı ilgiliydi?
Bazılara bana karşı toleransla bazıları da başkalarına karşı toleransla ilgiliydi.
Diğer bedenlerde olsan toleransla çalışabilecek miydin?
Diğer bedenlerde başarısız olurdum diye düşündüm.
Beyin ve hislerinle ilgili seçimlerin de oldu mu?

EBEDİ RUHU ŞİFALANDIRMAK

Evet.
Onları seçerken neler yaptın?
Zekayla ilgili seçimim olmadı. Rehberim buna karar verdi. Hislerle ilgili iki seçeneğim oldu. Ya kendimi ve diğer insanların durumlarını anlamaya ilişkin tamamıyla açık olacaktım ya da çok katı olacaktım.
Kimin kararı gerçekleşti sonuçta.
Rehberimle anlaştık. Katı olmak kolay olacaktı. Tüm duygulanımları deneyimlemek istedim. Rehberim anlayış gösterdi.
Başka alınmış kararlar var mı, örneğin ebeveynler?
Seçilen karakterle birlikte ebeveyn tipi de belirlendi. Hakiki Ebeveynler seçildi benim için.
Son kararı vermeden önce deneme dönemin oldu mu?
Evet, yapmalıydım. Nasıl tarif edeceğimi bilemiyorum. Duyguları deneyimledim. Meditasyon gibiydi. Bazıları hiç o kadar hoş değildi.
Bu hayatta bu beden, akıl, duyglar ve bu aileye neden sahip olduğunu anlayabiliyor musun?
Evet.
Kararını verdikten sonra, Ruh grubuna dönüp bunu bildirdin mi?
Birşekilde biliyor gibiydiler.
Ruh grubunda hiç canlandırma yaptın mı?
Bu sefer değil. Diğer hayatlarda yaptım.
Reenkarnasyona girmeden önce canlandırma yapmanın amacı neydi?
Böylelikle, gerçekten ne yapman gerketiğine dair enerjinin iz bırakması sağlanır. Enkarne olduğunda bunu hatırlamazsın. Bu sanki bir karar vermek durumunda olduğunuzda sizi harekete geçiren bir kuvvetin izi gibidir. O size, başka bir yola değil de belli bir yola gitmeye doğru iten bir duyguyu ortaya çıkarır.

Ayrılmadan önce ruh grubuna toleransa ilişkin söyleme ihtiyacında olduğun birşey var mı?
Hoşçakalın, görüşmek üzere.
Üçüncü gruba katıldığın ana geç. Grupta neler yaptığınızı anlat.
Bu grupta çok mütevazi hissediyorum kendimi. Bu gruptakiler diğer iki gruptakilerin müfettişleri gibi.
Öğretmeninden farklılar mı?
Hayır. Öğretmenim onların bir parçası.
Şu anda aralarında bedenlenmiş olan var mı?
Sadece bir tane tespit edebiliyorum.
Onunla herhangi bir çalışman olacak mı?
Evet.
Tanıyor musun?
Evet. [Şaşkın sesle].*Taşımakta olduğum bebe*k.
Ortaya çıkarman gereken herhangi birşey, onlara sorun var mı? Görüşmelerin bir özetini yapar mısın.
Henüz başladı. Aktif olarak yapmam gereken birşey olup olmadığını sormaya çalışıyorum.
Öğretmenine sana söylemesi için izin verilmişse, yakın gelecekte ne yapıyor olacağını sorabilirsin.
Tam olarak anlatamazlar. Fırsatları takip etmem lazım. Ancak bana sunulduğu zaman hissediyor olacağım.
Bilgilendirmeleri ve yardımları için hepsine teşekkür et. Bu hayattaki enkarnasyonunu planlayan ışık varlıkların olduğu yere git ve bulundukları yeri tarif et .
Diğer bir kubbe.
Kaç tane enerji şekli var burada?
Yedi.
Spiritüel mi insan formunda mı görünüyorlar?
Enerji formundalar.
Bu enerji formlarının etrafında farkettiklerini tanımla.

EBEDİ RUHU ŞİFALANDIRMAK

Enerjilerinin çekim gücü beni oyalıyor. Kubbe diğerlerinden farklı bir görüntüye sahip olmamakla beraber farklıymış gibi hissettiriyor.
Kubbedeki enerjiye odaklan ve enerjiyi tanımla.
Kaynaktan geliyor. Yaklaşamayacağım kadar güçlü. Karşı konulamaz bir enerji. Direk kalbinle bağlantı kuruyor.
Diğer kubbelerden farklı olarak, bu enerji formlarının etrafında neler dikkatini çekiyor?
Zemin mermer gibi. Başka zamanlarda masa olurdu, ama şimdi yok. Yüksek arkalıklı büyük sandayeler de yok.
Enerjiler hangi renkte?
Çok saf, gözalıcı ışık.
Öğretmenin seninle birlikte mi?
Evet.
Bu karşılaşmada neler oluyor?
Öğretmenim benim avukatım gibi.
Ne söylüyor?
Onlara hepimizin yapmakta olduğu özellikle de benim yapmakta olduğum işi hatırlatıyor.
Senin işine özel neler söylüyor öğretmenin?
Yaptığımı söylüyor... işitmek zor... bu araştırmadaki enerji ortağıma iyi yardım ettiğimi söylüyor. Hareketlerimin onu eğlendirdiğini, tolerans üzerine çalışmaya devam etmeye ihtiyacım olduğunu söylüyor.
Kaç geçmiş hayatında tolerans üstünde çalışmış olabilirsin?
Bazı seviyelerde üç.
Bilge ışık varlıklara o hayatları tekrar gözden geçirtmelerini böylece hepsinde neler olduğunu daha iyi anlayabileceğini söyleyebilir misin?
Bir bilgi akışı alıyorum. Şiddetli melekler olarak adlandırılabilecek bazı varlıklardan tolerans görüyorum. Birinci hayatımda tolere edilmedim. Neden varolduğumu insanlara gösteremedim. Nasıl göründüğümün ardındakini

göremediler. Sırf ben söyledim diye insanların bakış açılarını ve fikirlerini değiştirmesini beklememeyi öğrendim. İnsanların benim hakkımda ne düşündüğünü önemsememeyi de öğrendim. Bir sonraki hayatta hoşgörüsü olmayan bir rol oynamayı seçtim, böylece zıttını da deneyimleyebilecektim.
O hayatta nasıl biriydin?
Korkunçtum. Rengi, şekli değişik, engelli olan hiçkimseyi kabul etmeyen bir kadındım. Öyle ki, hayatları önemsenmemiş veya benim tarzımdan farklı hayatları olanlara da yukarıdan baktım.
Üçüncü nasıldı?
Bu hayat.
Işık varlıklara, diğer iki hayatın ve bu hayatınla ilgili neler söylediklerini sorar mısın.
İşin çoğunu bitirmişim. Farkında olmam gereken daha ufak dengelemeler kalmış.
Daha ufak şeyler derken neyi kastediyorlar?
Çoğunlukla toleransla ilgili büyük konuları düşünmüşüm, insanların rengi veya kültürü gibi. Şuanda herkesin bakış açısına ve fikirlerine karşı toleranslı olmaya ihtiyaç duyduğumu öğreniyorum. Kaba olduklarını düşünmek yerine, insanların neden o bakış açılarına sahip olduklarını anlamaya çalışıyorum. Kişinin söyleyecek çok veya az şeyi varsa buna sebep birşeyler olmuştur.
Işık ruhların sana yardımcı olacak herhangi bir tavsiyeleri var mı?
Farkındalığımı canlı tutmamı, durumları anlamamı ve onlardan ders çıkarmamı.
Bunu anlıyor musun?
Evet, anlıyorum.
Sana söyleyecekleri başka birşey var mı?
Tatmin olmuş gibiler.

EBEDİ RUHU ŞİFALANDIRMAK

Işık varlıklara senin sorma ihtiyacında olduğun birşey var mı?
Daha fazla güvene ihiyacım var.
Sana bu konuda yardımcı olacak bir geçmiş hayatını gösterebilirler mi, sor onlara.
Güçlü olduğum bir geçmiş hayatımı gösteriyorlar. Herşeyi yapabilirmişim gibi hissettim.
Bu gücü şu anda da hissediyor musun?
Göğsümde hissediyorum.
Ne zaman gücünü hatırlamaya ihtiyaç duyarsan bu duyguyu ve o geçmiş hayatı hatırla.
Tasdik ettiklerini ifade eder tarzda başlarını sallıyorlar. Telepatik olarak tatmin oldukları ve sadece devam etmemi istedikleri hissini bana veriyorlar.
İçlerinden herhangi biri yakın gelecekte yapacağın spiritüel işlerle ilgili detaylı birşeyler anlatıyor mu?
İlgilendiğim, eğitimin aldığım ve bu hayatımda geliştirmekte olduğum işlerle ilgili olarak gerçekten çok mutlular. Daha fazlasını almaya ve becerilerime daha fazla güvenmeye ihtiyacım olduğunu söylüyorlar. Yanlış anlamalardan çekinmememi, niyetler iyi oldukça sorun olmayacağını söylüyorlar.
Herhangi spesifik bilgi veriyorlar mı?
Karşılaşma imkanımın olmadığını düşündüğüm biriyle tanışma fırsatım olacakmış.
Daha fazlasını anlatmaya izinleri var mı?
Psişik gelişimle ilgili birşey.
Bu kişi hangi yolla yardımcı olacak?
İlham ve sadece o insanın enerjisinde bulunarak uyumlanma ve titreşimlerimde yükselme olacakmış.
Bilgi yeterli mi?
Evet. Muhtemelen söylemeleri gerekenden çok daha fazlasını söylediler.

Hayatlar Arası Ruhsal Regresyon

Işık varlıklara soracağın son sorular var mı?
Hayır.
Bilgelikleri ve içgörüleri için onlara teşekkür edelim ve onları gönderelim.

Clare bebeğini doğurmak, söylenen ruhsal öğretmeniyle tanışmak üzere gitti ve şimdi kendi ruhsal grup üyelerinden bazılarıyla spiritüel çalışma yapmakla meşgul. Clare'in hayatlar arası ruhsal regresyonuyla ilgili yazdıkları şöyle:

Kelimelerin tam hakkını veremeyeceğini hissediyor olsam da hislerimi kağıda dökerek ifade etme yolu bulmam gerekseydi; spiritüel regresyonun çok engin bir deneyim olduğunu söylerdim. Hayatımda görevler olarak algıladığım pekçokşeyi bağlamlandırdı ve hayatıma büyük resimden bakmamı sağladı.

Seçim yapma sürecini ve de yeryüzünde çoğunu gerçekleştirdiğimiz enkarnasyonumuzu garantiye alma prosedürlerini görmem için hayatlar arası sürece kısa bir bakış atma gibi muhteşem bir fırsat verdi. Yargı olmaksızın sevgi ve anlayışın olduğu bir ortamda karma gruplarımla yüzyüze oturma, Yaşlı Bilge Varlıklar'la görüşme ve rehberimle iletişim kanallarını açmam için ruhsal gruplarımı kısaca gözden geçirdim. Büyüleyici, muhteşemdi. Evrenin gücüne, yeryüzüne gelirken yaptığımız her seçimde etkin olan sürece büyük bir saygı kazandırdı. Kendime ve yaptığım seçimlerime saygım yenilendi; arkadaşlarıma aileme ve hayatımda bana meydan okuyanlara, bu yolculuktaki kızkardeşlerime ve erkek kardeşlerime daha derin bir sevgi hissetmemi sağladı.

Benim için en büyüleyici yanı; bu çalışmanın sadece bana değil spiritüel regresyon sırasında taşımakta olduğum bebeğime de dokunabilmiş olduğunu hissetmemdi. Daha doğmamış olmasına rağmen birbirimize karşı bir anlayış geliştirdik. Zamanımı, gebeliğin işleyişiyle ilgili endişelenmekle geçirmiyorum; doğumdan korkmuyorum. Birbirimizin ruhlarını gördük, birlikte çalışmaya hazırız. Bu gebeliğin her anının tadını çıkarmak konusunda kendimi ne kadar özgür hissettiğimi tarif edemem.

Yazdıkça bu çalışmanın farkettiğimden çok daha derin seviyelere dokunduğunu görüyorum. Tekrardan bağlantıda olduğumu hissettim. Nerede olduğumu, neden geldiğimi, yaptığım seçimlerin o an için ideal olduğunu ve sevildiğimi biliyorum.

ÖZET

Bir HAR regresyonu; karmaşayı çözmeye odaklanmaz. Bu Regresyon terapisinin terapötik amacıdır. Bununla birlikte danışana, ruhlarının evrimi ve bu hayattaki amaçlarıyla ilgili sezgisel bir içgörü kazandırır. Daha da ileri giderek; Yaşlı Bilge Varlık'lardan, bu hayattaki gelişimlerini değerlendirme ve onlardan spiritüel klavuzluk alma şansına sahip olurlar. Mükemmel anlayış ve büyük resmi görmeye bağlı olarak şimdiki hayatlarını değiştirme ve sonuçta ruhsal şifalanma sürecini başlatma ve kargaşalarını çözme fırsatı bulurlar. Bazı danışanlar, bir geçmiş hayat regresyonu sırasında kendiliğinden bazı ruhsal anılarını hatırlasalar da; detayların derinine geçip sezgisel köprüler kurmak için derin hipnoz gereklidir. Bununla birlikte bir geçmiş hayat regresyonu sırasında ortaya çıkan sezgisel köprü, ruhsal rehberle interaktif diyalog kurmaya da yardımcı olacaktır. Bu da spiritüel regresyonun, regresyon terapisine entegrasyon yolunu açacaktır.

Hayatlar arası ruhsal regresyondaki ruhsal hatıraların yönlendirilmesi için gerekli kilit soruların pekçoğu Bölüm 3'te yeralıyor. Deneyimlerle ve sezgilerle danışanın cevaplarına doğal olarak eklenen pekçok soru olacaktır. Yönlendirmenin en basit yolları: ''Sonra neler oluyor?'', ''Ayrılmadan önce başka belirleyici olay oluyor mu?'' şeklinde sorular sormaktır. Danışanın ne söylediğini dinlemek çok önemlidir, böylece söyledikleri cevaben kullanılabilir. Danışan enerji gördüğünü söylüyorsa; ''Bu enerjiyi tanıyor musun?'', ''Enerjiyi tarif et'' gibi sorular ''Yardımcı olan kim?'' diye yönlendirici sormaktan daha fazla tercih edilir. Derin hipnozdaki danışan sorulara cevap vermekte yavaş olabilir bu yüzden ikinci soruya geçmeden önce cevabı tam olarak alabilmek için yeterli uzunlukta zaman vermek gerekebilir.

Hayatlar arası ruhsal regresyonu hızlandırmak için terapist danışanı; ruhsal rehberle, ruhsal gruplarla, Yaşlı Bilge Varlık'larla karşılaştırma veya beden seçimi yapılan Alana geçmesi benzeri yönlendirmeler yapabilir. Normalde ruhsal hatıraların doğal olarak gelmesine izin vermek en iyisidir; çünkü kütüphane ziyareti, veya özel aktiviteler gibi ilginç kısımlar atlanabilir. Bununla birlikte; eğer geçmiş hayat en sonuncu yaşanan değilse şimdiki hayat planlamasına geçmesi için yönlendirici ifade kullanılabilir. Yaşlı Bilge Varlık'lar ve Ruhsal Rehberle yapılan Sonsuz Şimdi'deki interaktif soru-cevap bölümünün; danışanın tüm ihtiyaçlarının karşılandığından emin olmak için en sona saklanması en iyisidir.

Bir ruhsal regresyon sırasında blokajlar meydana gelebilir. En sık da derin transa geçme sıkıntısı yaşayan danışanlarda görülür. Seans öncesi kendi kendine hipnoz cd'leri kullanılarak, hipnozla geçmiş hayat regresyonunu deneyimlettirerek bu durum azaltılabilir. Ruhsal boyuta girişte veya spiritüel regresyon sırasında da ruhsal rehber tarafından blokaj uygulanabilir. Bu çok sık olmamakla birlikte mutlaka bir sebebi vardır. Normalde sebebi şudur; danışan şimdiki hayatında karmasından bazı konular üzerinde çalışıyordur ve ruhsal anıları hatırlaması için uygun zaman değildir.

Bazen analitik danışanlar; regresyon sonrasında deneyimin gerçek olup olmadığını merak edebilir. Karşılaşmalar sırasındaki duygusal yoğunluk, regresyonun bazı bölümlerinin okuduklarından farklı olması, birbirine geçen görsel detayların seviyesi böyle düşünmelerine sebep olabilir. Derin hipnozda danışan, sorulara eksiksiz cevap verir. Bilinç parazit yapmadığı müddetçe ruhsal hatıralar ortaya çıkar. En önemlisi; danışanlar, gelen bilgilerde şimdiki hayatlarıyla bağlantılı sezgisel bir gerçeklik olduğunu ifade ederler.

8

BEDEN HAFIZASI İLE ÇALIŞMAK

Acının çaresi kendisinin içindedir. İyi ve kötü içiçedir. Eğer ikisi de sende yoksa, bizden biri değilsindir.
Celaleddini Rumi 13.yy Sufi.

Bedenle çalışan insanlar, derin ve yoğun bir masaj sırasında vücudun duyarlı ve gergin noktalarına dokunulduğunda, genellikle geçmiş yaşama ait imgelerin ortaya çıktığını belirtilmiştir. Sanki enerji alanlarındaki anılara beden aracılığıyla ulaşmış gibidirler. Örneğin bir danışan, yoğun bir göğüs masajı sırasında, başkalarının kendi vücuduna iğneler batırdığı imgesini gördüğünü bildirmişti. Hikaye biraz daha şekillendiğinde bu kişinin bir veba salgını sonrasında henüz canlıyken başka kişilerle beraber bir çukura yuvarlandığı ortaya çıkmıştır.

Beden anıları travmatik bir olaydan ya da bir dönemin birikiminden sonra ortaya çıkabilirler. Şiddet eğilimli ebeveynler tarafında dövülme korkusu yaşamış çocuklar korkudan sinmeyi, başlarını diğer bir tarafa çevirmeyi ve ellerini havada kendilerine siper etmeyi öğrenebilirler. Eğer bu durum devam ederse, şiddet korkusu sayesinde kaslar bilinçaltında bu duruşu kullanmayı 'öğrenir'. Böyle büyüyen bir çocuk öyle tetikte yaşar ki korkusunu kronik bir şekilde yükseltilmiş omuzlar, sağa sola çevirilen bir baş ve sürekli gergin ve rahatsız bir mideyle, vücuduna hapseder. Böyle bir süreç sonrasında da deformasyona uğramış bir vücuda yol açabilir. Bu durum çözüme kavuşturulmazsa donmuş beden anılarıyla sonuçlanır. Wilhelm Reich bunu beden zırhı olarak adlandırmış ve kafa, çene, boyun, omuz, göğüs kafesi, pelvis, bacaklar, kollar, eller ve ayaklarda görülen bu istemsiz kas tutulmalarını bilinçaltının katı kalıpları olarak tanımlamıştır.

Bu bölümde kullanılan tekniklerin çoğu Roger Woolger'ın çalışmalarından uyarlanmıştır. Roger Woolger regresyon terapisinde, geçmiş yaşam beden farkındalığının kullanımının öncülerindendir. Kendisi metodunu *Deep Memory Processes*[3] diye adlandırır ve bu metot tüm kitap ve makalelerinde[4] yer almaktadır. *Sensorimotor Psychotherapy*'de Pat Ogden ve Dr. Kekuni Minton[5] ve alkışlarla takdir görmüş kitabı *Body Psychotherapy* kitabında Tree Staunton gibi beden hafızasının önemi vurgulanmıştır. Birinci ek bölümünde bu konu daha detaylı bir şekilde ele alınmıştır.

BEDENİN DİLİ

Batı dünyasında duyguların bastırılarak belli edilmemesi bir kültür haline gelmiştir. Duyguların bastırılması gibi bir durum gerçekleşirken, bu duygulara eşlik eden bedensel duyarlıklar da bloke edilmiş olur. Bunun sonucu olarak da birçok insan bedensel duyarlıklarını tarif etmeyi zor birşey olarak algılayacaklardır. Kendinize birkaç dakika ayırın ve bedeninizde tecrübe edebildiğiniz duyumsamaları tarif edebilecek olabildiğince çok sayıda sözcük düşünün. Ortalama bir insanın listesindeki kelime sayısı en fazla altıdır. Duyarlılıklara ait kelime dağarcığına ait sözcüklerin listesi:

Acı, gerilim, donma, titreme, sallanma, yapış yapışlık, bulanıklık, çarpıntı, kızarmak, gerginlik, tiksinti, ağır, donuk, düz, kaşıntılı, sıkı, batan, terli, yoğun, kısıtlayıcı, asabi, basınç, dönen, nefes nefese, bunaltıcı,keskin, sıkışmuş, duygusuz, titrek, nemli, aşırı heyecanlı, damarlı, sersem, seğirme, yapışkan, daralma ve karıncalanma.

Duyumsama ile ilgili sözcüklerin çok sayıda olması, özellikle fiziksel köprü kullanılıyorsa kişiye beden durumu ile ilgili daha derin farkındalık verir. Terapist danışana doğrudan sorular sorarak semptomların yerini tanımlaması için yüreklendirmelidir: Örneğin;

Duyarlılık hafif mi sert mi ?

Zonklama mı sabit mi ?

Yüzeye yakın mı derinde mi?

Danışandan o andaki duyarlığını tanımlaması istendiğinde genellikle onu duyumsamaktan çok, panik veya korku gibi aslında duyguyu ifade eden kelimelerle tanımlamaktadırlar. Böyle olduğunda onu bedeninin neresinde tuttuğu sorulabilir. Panik bedende hızlı kalp atışı, titreme ve sığ olarak alınan nefes şeklinde hissedilebilir. Öfke çenede gerginlik veya sağa sola vurmak gibi deneyimlenebilir. Umutsuzluk, omurgaya doğru çöküş ve omuzların ve başın gömülmesi olarak deneyimlenebilir.

BEDEN HAFIZASININ KEŞFEDİLMESİ

Sam'in problemi Miami'ye oğlunu görmeye gittiğinde başladı. Bir gece yüksek dozda uyuşturucu almış üç kişi bulundukları kulübeye girerek para istemişler. Sam elleri bağlı ve boynuna dayalı bir bıçak ile ölüm korkusu yaşamıştı. Tekmelendi ve oğlu ve karısının dayak

EBEDİ RUHU ŞİFALANDIRMAK

yediklerine şahit oldu. Saldırganları daha fazla kışkırtmamak için cesur davranarak bağırmadı. Sam'in kabusları ve panik atakları 18 aydır devam etmekteydi ve değişik terapilere katılmasına rağmen semptomlardan kurtulamamıştı:

Kendisinden saldırıya uğradığı andaki duruş pozisyonunu göstermesi istendi. Elleri öne doğru geldiğinde anılar canlandığı için ağlamaya başladı ve böylece hızlıca yaşadıkları üzerinden gidildi. Sam durumunu anlatmaya başladı ve şunları söyledi, 'Ellerimdeki ipten kurtulmak istiyor ve onlara bağırmak istiyordum ama yapamıyordum.' Tekrar aynı pozisyonu alması istendi ve burulmuş bir havlu çok sıkı olamayacak şekilde bileklerine dolandı. O an yeniden canlandırıldı. Bu anın içine girdikçe Sam havluyu zorla açmaya çalıştı, haykırarak ve küfrederek patladı. Bittiğinde yüzünde bir gülümseme vardı. Bu seansdan sonra panik atakları ve kabusları sona erdi.

Sam'in kompleksi korku duygusunu takiben ölüm düşüncesi ile başladı ve bunu, ellerinin olay anındaki duruşunu içeren beden hafızasının oluşumu ve haykırmak istediği halde haykıramama hali takip etti. Onun kompleksinin dönüşümü beden anıları üzerinde çalışılmasıyla başladı. Bu dönüşümü keşfetmek için şu adımlar kullanılabilir. Bu, kompleksin başladığı ana gidilmesiyle başlar. Sam'in vakasında bu an kendisine saldırının başladığı ana gidilmesidir:

... dan hemen önceki ana git!

Beden anılarıyla çalışırken danışanın sözle ifade etmesinden çok yaşadığı şeyi göstermesi için yüreklendirmek gerekir.

Beden, neler olduğunu bana göster !

Beden, daha sonra ne oluyor göster!

Beden anılarıyla çalışmak sıklıkla derindeki katarsisi açığa çıkarır. Bir katarsis açığa çıkması durumunda danışanın o anda çok sıkılıp boğulmaması için özellikle dikkat edilmesi gerekir. Deneyimli bir terapist duruma göre, katarsisin tümünü bir kerede mi, yoksa birden fazla seanslar içinde azar azar mı çıkarması gerektiğini bilir. 'Beden bunun sonuna git!' cümlesinin normal ses tonundan daha yüksek bir tonda terarlanması katarsis çıkışını kontrol etmenin bir yoludur:

Beden bunun sonuna git!

Beden hafızası ile çalışılırken danışanın bedenine odaklanılır. Bunun basit bir sebebi vardır, çünkü böylece bir kompleksten kaynaklanan donmuş beden enerjisi en etkin bir şekilde çıkartılıp dönüştürülebilir. Kompleksin duygusal ve düşünsel bileşenleri üzerindeki terapi çalışmaları daha sonra yapılabilir.

GEÇMİŞ YAŞAM BEDEN ANILARINI DÖNÜŞTÜRMEK

Sıklıkla, bu hayatta nedeni açıklanamayan fiziksel semptomlar geçmiş hayattan kaynaklanan şiddetli bir ölüm şeklinden gelir. Asılma, savaş deneyimi, vahşi hayvanlarca yenmek, işkence, öldürülmek, kayaların altında kalmak, deprem, kalabalık bir insan topluluğu tarafından dövülmek gibi durumlar karşılaşılabilecek ölüm sahnelerinden bazılarıdır. Ian Stevenson yaptığı araştırmalara dayanarak, böylesi olaylara dayanan donmuş fiziksel hafıza bilgileri çok güçlü olup, şimdiki hayatta görülebilen açıklanamayan gerginlik, ağrı ve bedende tekrar eden bazı kalıpların çoğunlukla bu deneyimlerle ilişkili olduğunu ifade eder.

Adını Sally olarak anacağım bir danışanın vaka çalışması bu duruma bir örnek olabilir. Sally kırklı yaşlarda ve hatırlayabildiği kadarıyla çok uzun zamandan beri omurgasının üst kısmında ve kollarındaki açıklanamayan kronik ağrılardan şikayetçiydi. Kendisi ayrıca yalnız olduğuna dair rahatsız edici düşünceler yaşıyordu. Bir regresyon terapi seansında, geniş bir ailesi olan bir çiftçinin eşi olduğu hayata gitmişti. Çocuklar büyüdükçe evden birer birer ayrılmışlar, kocası da başka bir yerde iş bulmak için evden ayrılmak zorunda kalmıştı. Kendisi de az miktarda bir para veya yiyecek ve kendisinin 'bebek' olarak andığı 2 yaşındaki çocuğu ile yalnız kalmıştı. O hayatta yaşadığı yalnızlık onu intihara götürmüştü. O geçmiş yaşamındaki kompleks çözümlenince, kendi şirketinde ilk defa gerçekten mutlu olduğunu deneyimledi. İkinci seansta da açıklanamayan ağrısı üzerine çalışıldı:

Sally'nin omurgası üzerindeki ağrıya odaklanması istendi ve beden duruşunu buna göre değiştirmesi yönünde cesaretlendirildi.

Elleri havada dik olarak oturdu ve 10 yaşında bir kız çocuğu olduğu ve kendisini cezalandırmak için omurgasının üst kısmına kızgın bir ocak demirinin değdirilmek üzere olduğu bir an üzerinden geçmiş hayata geçiş yaptı. Sally hafifçe hıçkıra hıçkıra ağladı ve bu sırada bedeni de sarsılmaya başladı. Genç kız, soğuk ve karanlık bir zemine düştüğü ve dehşet içinde olduğu ölüm anı üzerinden hızla geçirildi. Sally son nefesini alırken, iç çekti ve ardından solunumu yavaşladı.

Bu geçmiş hayatın belirleyici olayları bir daha gözden geçirildi. Londra'da ailesi ile birlikte, onlar veba hastalığına yakalanana kadar mutlu bir şekilde yaşıyordu. Kendisinin de hastalığa yakalanmasını önlemek için, sonrasında komşuların kendisine bakacağı söylenerek evden uzaklaştırıldı. Ne yazık

Beden Hafızası İle Çalışmak

ki komşuları onun da veba hastalığı taşıyabileceğinden şüphelendiler ve ondan uzak durdular. Sokaklarda dolaşmak dışında gidebileceği hiç bir yer yoktu. Hayatta kalmak için yiyecek çalıyor ve soğuk kapı eşiklerinde uyuyordu. Büyük bir evin mutfak penceresi kenarına soğuması için bırakılmış iki büyük parçadan oluşan böreğin kokusunu aldığını hatırladı. Açlıktan gözü dönmüş bir durumda iki parça böreğin bir parçasını almaya karar verdi. Fakat oradan kaçıp gideceğine orada oturup onu yedi. Evden bir hizmetçi onu yakaladı ve onu cezalandırılması gereken aşağılık bir sokak çocuğu olarak değerlendirdi. İki adam onu kollarından tutu ve sonunda karanlık bir bodruma attılar. Daha sonraki bir anda, kollarını havaya kaldırıp bir kirişe bağladılar ve sadece ayakları yerden kesilecek şekilde havaya kaldırdılar. Yıpranmış giysileri yırtılarak çıkarıldı ve o anda bir başka adamın bir ocak demirini kızgın hale gelene kadar ısıtmakta olduğunu farketti. Süratle ölüm anına götürüldü.

'Omurga'sına ve 'eller'ine bu geçmiş hayatla ilgili olarak neleri değiştirmek istedikleri soruldu. Sally ellerinin serbest kalmasını ve ocak demirini iterek defetmek istediğini söyledi. Genç kızın ölüm anına gitmesi ve o andaki beden pozisyonuna geçmesi istendi. Sally dik olarak oturdu ve kollarını yukarıya doğru kaldırdı. O sırada burulmuş bir havlu ellerini tutmak için destek olarak kullanıldı. Ocak demiri ile ilgili psikodramayı yaratabilmek için de ilgili yere el ile baskı uygulandı. Sally omurgasındaki ağrıyı ve yanan etinin kokusunu tarif etti. Ellerini kurtarması ve ocak demirini - omurgasına terapist tarafından uygulanan sabit baskıyı - iterek defetmesi yönünde cesaretlendirildi. Bunu yaptıktan sonra rahatlamayla birlikte iç çekti ve omurgasındaki ağrı ve gerginliğin tümüyle gittiğini söyledi.

EBEDİ RUHU ŞİFALANDIRMAK

Bu vaka çalışmasında giriş anı şiddetli bir ölüm anının tam ortasından oldu ve bu sürecin üzerinden hızlıca geçildi. Sonrasında tüm geçmiş yaşam gözden geçirilerek incelendi. Kompleksin oluştuğu andaki beden hafızası bilindiğinden geçiş için fiziksel köprü kullanıldı. Alternatif bir yaklaşım olarak beden hafızasının içeriği dönüştürülmeleri öncesinde keşfedilebilirdi. Dönüştürme aşaması, bedeninin etkilenen bölümleri olan elleri ve omurgası ile konuşulmasıyla başladı. Bu geçmiş yaşamındaki ölüm anına geri götürüldü ve ellerini bağlayan iplerden kurtulma ve kızgın ocak demirini iterek defetme gibi fiziksel deneyimler yaşamasına izin verildi. Bu yapılanlar, geçmiş yaşamdan gelen donmuş beden hafızasını hızlıca dönüştürdü ve Sally'nin omurgasında ve sırtında var olan 'açıklanamayan ağrı' o anda gitti ve bir daha ona rahatsızlık vermedi.

Şiddetli geçmiş yaşam ölümü durumunda, danışan hızlıca ölüm anına götürülmelidir. Bunu yapmak için daha yüksek bir ses ve sıkça tekrar gerekir:

Ölüm anına geç...beden bunun sonuna git...

İşkenceye uğramış birinin uzun ve ağrılı bir deneyimi olabilir ve ölüm, bu geçmiş hayatın sona erdiğini işaret eder. Ölüm deneyiminin süresini azaltmak yukarıdaki bu cümleyi tekrar etmek gerekebilir. Eğer şiddetli bir ölüm durumu tam olarak hatırlanmıyorsa, danışan hiç bir zaman ortaya çıkmamış bir çığlığı veya bedeninde daha önceden hiç hissetmediği bir yaralanmanın farkında olmayabilir. Belki bir mücadele veya hayatta kalma çabası sebebiyle ölüme karşı bir direnç varsa, şiddetli bir ölümle ilgili detayların hatırlanması ve bunların çözümlenmesi önemlidir. Çünkü bunlar danışanın şimdiki hayatında tekrar eden kompleksin kaynağı olabilir.

Ruhsal alemde yapılan dönüştürmeyle uyumlu olarak, değişikliği nasıl deneyimleyeceği konusundaki kararı danışana bırakmak en doğrusudur. Bir beden hafızası dönüştürülürken travma yeniden deneyimlenir ve bilinçli olarak her bir parça ile ilgili yeni bir anlayışa varılmış olur. Beden bölümleriyle konuşmak, dönüştürmenin değişik yönlerine odaklanmaya ve bir veya birden fazla psikodramanın gerekli olup olmadığını anlamamıza yardımcı olur. Örneğin; sıkılmış yumruklar, uyuşmuş bacaklar,sıkışmış eller, gibi beden bölümleri sözkonusu olabilir.

Eller (veya kol, bacak vs.), daha önce hiç yapamadığın neyi yapmak isterdin?

Bir danışan, anlattığı şiddet dolu bir hikayenin ortasında kendisi kurban durumunda iken, danışanda bir kapanma kompleksi tespit edilebilir. Böyle bir durumda danışanın bedeni veya bacaklarının katılaştığı gözlenebilir. Bu durum aynı zamanda, bedenin bazı bölümlerinin uyuşması, bedendeki içsel duyarlıklarla ilgili bir hissizlik ve kas tepkilerinde bir yavaşlama olarak da ortaya çıkabilir. Çünkü bu durum bir yaşamsal enerji kaybını da içermektedir ve bu nedenle de donmuş beden hafızasının dönüştürülmesinde ilgili beden bölümleri için ekstra enerji gerekir. Ben kişisel olarak, şaman güç hayvanlarının kullanılmasını etkili buluyorum. Enerji ihtiyacında olan danışanlarımdan, bir spiritüel hayvan seçmelerini istediğimde onlar çoğunlukla bir aslan, ayı, kaplan veya benzeri hayvanları seçerler. Enerjinin ne olduğu veya nereden geldiği gerçeği, onun donmuş beden hafızasının dönüştürülmesi için bir metafor sağlayabiliyor olmasından daha az önemlidir:

Hayvan krallığına git ve ihtiyacın olan enerjiye sahip bir hayvan seç ... O hayvanın enerjisini içine al ve o enerjinin gücünü (yumruklarında, bacaklarında v.s.) **hisset ...**

Sally vakasında dönüştürme aşaması, genç kızın kızgın ocak demirini hissetmesinin tam öncesinde başladı:

(Travmadan) **az önceki ana git ...**

Bir havlu veya bir yastık gibi desteklerin kullanılması bu aşamada yardımcı olur ve bu tip şeylerin kullanılmasında yaratıcı olmak da gerekecektir. Sally'nin vakasında, ocak demirinin etkisini yaratmak için terapist elini düz tutarak baskı uyguladı ve böylece danışan ocak demirini iterek defetmeyi deneyimleyebildi:

Beden (eller vb.) bana hep yapmayı istediğin şeyi göster.

Duygular, ve özellikle korku duygusu beden hafızasına muazzam miktarda enerji gömülmesini sağlayan bir süper yükleyici gibi çalışır. Bir blokaj çözüldüğünde daha önceden akış olmayan yerlere doğru doğal bir enerji akışı olacaktır.

Danışan bunu çoğunlukla bir iç çekme, bir ısınma hissi, titreme veya bedeninin ilgili yerinde yeni bir farkındalık olarak ifade edebilir.

ŞİMDİKİ YAŞAM BEDEN ANILARINI DÖNÜŞTÜRME

Direnç gösterme veya kaçış imkansız hale geldiğinde insanın kendini savunma sistemi dağılır ve ezilir. Savaş durumları, işkence, cinsel taciz ve çocukluk dönemi dayakları bunun örnekleridir. Bazen bu durum travma sonrası stres olarak adlandırılır. Bu anılar; kontrol edilemeyen beden kasılmaları, saldırganlık, aşırı derecede tetikte olma hali ve kontrolsüz öfke nöbetleri gibi belirtilerle ortaya çıkan hiperaktif kompleksler olabilir. Bunlar alternatif olarak;

boyuneğme, çaresizlik, sınır koyamama, bloke edilmiş duygular, uyuşukluk, tekrarlayan kurban rolü gibi belirtiler ile ortaya çıkan kendini kapatma kompleksleri de olabilir. Her iki kompleks de panik atak, kabuslar, bedende ağrılar ve geçmiş olayları tekrar görme gibi durumları da içerir.

Jo adıyla anacağım 30 yaşında bekar bir kadın danışanıma, travma sonrası stress sorunu yaşadığı teşhisi konmuştu. Mide spazmları, diş gıcırdatma, nefes almada zorluk ve sürekli kendisini tutup engellemeye çabaladığı bedeninde görülen sallanmalar gibi semptomları vardı. Kendi kelimeleri ile durumunu söyle anlatmaktaydı *'Sanki midem ve bedenimin diğer kısımları bana ait değiller ve sanki benden ayrı yaşayan şeyler.'* Aynı zamanda uyumada zorluk, gece panik atakla uyanma halleri de vardı. Tüm bu belirtiler, savaş sanatları üzerine eğitim aldığı dönemde yaşadığı bir olayı takiben 10 yıldan beri kendisine rahatsızlık veriyordu. İyi gözetimin olmadığı bir eğitim seansı sırasında, erkek rakibi öfkeye kapılarak onu nefes almasını da engelleyecek şekilde göğüs ve midesi arasında bir yere bacaklarıyla bastırarak yakalamış. Olayların detaylarını hatırlamamasına rağmen, bilincini kaybedene kadar çaresizlik içinde kurtulmak için çabaladığını ve o sırada hiçbir şey söyleyemediğini hatırladı. Kendine geldiğinde göğsünde bir acı olduğunu anımsıyordu. Ertesi gün kaburga kemiklerinde kırıklar olduğunu, aynı zamanda ellerinde ve ayaklarında da his kaybı olduğunu farketti. Diğer belirtiler de kısa bir süre sonra ortaya çıkmaya başlamıştı. Yıllar boyu denediği çeşitli geleneksel ve tamamlayıcı terapiler kendisine hiçbir rahatlama sağlamamıştı:

Jo'dan olay sırasında bedenine ne olduğunu göstermesi istendi. O anda baskın bir şekilde ortaya çıkan yoğun beden sallanması, kasılmalar, panik ve bağırma gibi nedenlerle başlangıçta bedensel duyarlıklarının farkına varmakta zorlandı. Öncelikle ortaya çıkan hareketlerinin onları yönlendirmeden olduğu gibi ortaya çıkmasına izin vermesi ve bunun çok fazla olduğunu hissederse de istediği anda durdurabileceği yönünde cesaretlendirildi. Travmatik bir olayın ortaya çıkarılması sırasında, bunun çözülmeye ve yumuşamaya başlamadan önce oldukça yoğun olabileceğinden bunun önemli olduğunu bilmesi sağlandı. Kendisine, onun karın bölgesine bastırarak onu yakalayan rakibinin bacaklarının verdiği hissi, bir yastıkla karın bölgesine uygulanacak basınç olarak deneyimlemeye razı olup olmadığı soruldu. Jo Kabul etti ve elleriyle yastığı tutması ve deneyimi kendisine her ne zaman çok fazla gelirse o anda yastığı iterek atması yönünde cesaretlendirildi. Böylece tüm kontrolün kendisinde olduğu vurgulandı. Başlangıçta, karın bölgesine yastık bastırıldığında sırtı kasıldı ve titredi ve derhal yastığı iterek uzaklaştırdı. Olayın içine doğru yavaş da olsa ilerlemesi sağlandı ve bu sırada karnındaki duyarlıklara odaklanması istendi. Her regresyonla birlikte yastığı itip uzaklaştırmadan önce onu daha uzun bir süre boyunca tutabilir hale geldi.

Jo'dan boğazı ve zor nefes alıp vermesi ile ilgili olarak çalışma yapması istendi. Yastık midesinin üstüne bastırılırken yavaş ve derin nefes alıp vermesi istendi. Başta nefes almakta zorlandı ve yastığı iterken tıkanır gibi oldu. Cesaretlendirilerek yapılan birkaç tekrardan sonra nefesi yavaşladı ve derinleşti. Jo boğazında hala gerginlik hissttiğini söylediğinden daha sonraki regresyonlarda bu duygulara odaklanması istendi. Sonunda yastığın baskısını deneyimlerken düzgün nefes alıp vermeyi yapabildi.

40 dakika süren serbest bırakma ve beden anılarının dönüştürülmesi sonrasında Jo yorgun düşmüştü ve bu durumda bedenindeki yeni duyarlıkların keyfini çıkarmasına izin verildi. Huzurlu olduğunu ve bedeniyle daha çok bağlantılı olduğunu söyledi.

Beden Hafızası İle Çalışmak

Midesi ile ilgili olarak yapılan çalışmanın benzerinin onun diş gıcırdatma ve ayağının sallanması problemleri üzerinde de yapılması için üç seans daha gerekiyordu. Seanslardaki yoğunluk seviyeleri az miktarda artıyor fakat halen beden hafızasındaki kalıntı düzeyi aynı kalıyordu. Jo şimdi daha kolayca uyuduğunu, geçmiş olayları tekrar görme ve kasılma durumlarını da daha az yaşadığını söyledi

Beşinci seansta Jo, onunla iligli olarak düşünmeyi durduramadığı bir ilişkisine odaklanmak için bir seans yapmak istediğini söyledi. Bu ilişkisi savaş sanatları çalıştığı sırada yaşadığı olayın olduğu zamanla yaklaşık aynı zamanda bitmişti. Kalbindeki üzüntü ve hasretle, ortaçağ döneminde yaşayan bir adam olduğu bir geçmiş yaşamına geçti. Jo göğsünde ve alt bedeninde bir ezilme hissi olduğunu söyledi. Karanlık kuru bir kuyunun dibinde olduğunu farketti ve bu sırada tepesine birer birer insan bedenleri atılıyordu. Ortaçağ adamı hızlı bir şekilde öldü ve bedenini terkettiğinde Jo'nun nefes alıp vermesi kolaylaştı ve bedeni de rahatladı.

Bu geçmiş yaşam gözden geçirildi. Adam, siyah saçlı çekici genç bir kızla evlenmişti ve çocukları olmamasına rağmen beraberliklerinde mutluluk ve sevgi vardı. Bazı istilacılar ülkenin başka bir bölümünden gelmişlerdi ve kendisi basit bir çiftçi olmasına rağmen istilacılara karşı oluşturulan savunuculara katılmaya zorlandı. Sadece ahşap silahları bulunan savunucular ile istilacılar hiç de denk değildi ve doğal olarak kısa bir süre sonra kendisini hırpalanmış ve yakalanmış olarak buldu. İki asker tarafından tutulup kuyunun içine itildi.

Ortaçağ adamı geçmiş yaşamda öldükten sonra ruhsal alemde eşiyle buluştu ve ölümünden eşinin çok üzgün olduğunu anladı. Jo'ya sarılması için yastık verildi ve ikisinin deneyimlemiş oldukları o derin sevgiyi hatırladı. Ortaçağ adamından kuyunun içindeki ölüm anını tekrar deneyimlemesi ve o anda bedeninin neye ihtiyacı varsa ona göre istediği değişikliği yapması istendi. Karısıyla birlikte kalmak istedi. Jo, aralarındaki sevginin bir hatırlatıcısı olarak yastığı tutmaya devam etmesi yönünde cesaretlendirildi. Ortaçağ adamının, kuyunun içindeyken üzerine ilk insan bedenlerinin düşmeye başladığı ana gitmesi istendi. Jo'nun midesine basınç uygulandığında, yastığı tutmaya devam edebildi. Bu durum bazı reaksiyonlar tetiklenmeden, Jo midesi üzerinde ağırlık olması durumunu deneyimleyebilmişti ve bu ilk kez gerçekleşiyordu. Jo'nun bedeni üzerinde yapılan bir enerji alanı taraması tüm gerilimin temizlenmiş olduğunu gösterdi.

Bu seansları takiben, Jo uyku bozukluğu ile ilgili paternin, panik atak yaşamaksızın tamamen normale döndüğünü bildirdi. Jo artık bedenini bilinçli olarak kontrol atında tutmak zorunda değildi ve bedenini sanki bütünlenmiş olarak hissediyordu. Karanlık kuyunun içinde çektiği acı ile savaş sanatları eğitimi sırasında yaşadığı travmatik olay birbirine karışmıştı. Beden hafızasında her iki olaydan kalanların temizlemesi onun şimdiki hayatına yansıdı. Kendi ifadesiyle şunu söyledi; *'Önceden bir bitkiydim, şimdi ise ikinci bir hayatım var ve her anından dolu dolu keyif alıyorum.'*

Jo'nunki gibi bir hiperaktif enerjinin salıverilmesi kontrollü olmayı gerektirir, danışan bir taraftan sıkışmış olan tüm enerjiyi salıverebilir ve dönüştürebilir. Bu sırada neler olduğu sürekli kontrol edilmelidir. Bunun, danışana büyük bir hassasiyet göstererek ve onun tam rızası alınarak yapılması gereklidir. Şimdiki hayata dair donmuş beden anılarının keşfedilmesi ve dönüştürülmesinde uygulanan tekniklerle, geçmiş hayat ile çalışırken uygulanan teknikler aynıdır. Ancak, şimdiki hayat üzerinde çalışılırken enerji seviyesinin daha yüksek olacağı ve çoğunlukla daha fazla regresyon seansı gerektireceği dikkate alınmalıdır.

PSİKODRAMA

Bazen bir katarsis sıkışmış hale gelir ve beden terapi dönüştürmesi sırasında çözülmemiş olarak kalabilir. Psikodrama, dönüştürme aşaması öncesinde olayı dramatize ederek onun gerilimini arttırmak için uygulanan bir tekniktir. Örneğin, geçmiş yaşamında köle olan birinin dövüldüğü fakat kendisinin buna hiç karşılık vermediği bir durumda bir kompleks başlamış olabilir. Geçmiş yaşam hikayesinin keşfedilmesi sonrasında, danışan dövülme anının hemen önceki anına götürülebilir ve gerilim yaratarak o anda neler olduğuna dair bilgileri alabilmek için aşağıdaki gibi cümleler kullanılabilir. 'Sopayı elinde tutuyor ... Sana vurmak üzere ... Yumruklarının sıkılmaya başladığını farket ... O anda yapmak istediğin ama yapamadığın şeyleri hatırla ... Sopa her an senin üzerine inebilir ... Üçe kadar saydığımda ... Bir ... İki ... O anda bedenine neler olduğunu hatırlıyorsun ... Üç.'

Nefes ve ses donmuş duyguların şiddetini arttırarak ortaya çıkarmanın bir diğer yoludur. Eğer geçmiş yaşam karakteri sinirliyse ve 'ona vurmak istiyorum' diyorsa, terapist kendi ses seviyesini danışanın sesine göre ayarlayıp yükselterek, danışanın bu cümleyi tekrar tekrar söylemesi yönünde onu teşvik edebilir. Eğer danışan bağırıyorsa, terapist de bağırabilir. Bu, o anı dramatize eder ve duyguları yoğunlaştırır. Korkan bir kişi kısa nefesler alacaktır. Eğer o anda terapist de kısa ve hızlı nefesler alırsa, onun nefes alıp vermesinin sesi aynı zamanda danışan için bir model oluşturacak ve o yönde etki edecektir. Eğer bir geçmiş yaşam karakteri üzgün olduğunu söylüyor ve duyguları sıkışıp kalmış gibi görünüyorsa, terapist böyle bir durumda ona, 'Uzun ve derin nefesler almayı dene ve eğer üzgün olma durumunu ifade eden sesi çıkarsaydın neler olurdu bunun farkına var.' diyebilir.

DERİN BİR TRAVMA İLE AYRILMA VE PARÇALANMA

Zihnin bedenden ayrılması durumu, kişinin korkunç bir olay karşısında bedende sıkışıp kalmayıp fiziksel acı çekmeden hayatta kalmasına olanak sağlayan bir savunma mekanizmasıdır. Böyle bir durumda bilinç ayrılmış, bedeni terketmiş gibidir ve danışan olayı uzaktan izliyormuş gibi, bir duygu içeriği olmadan veya sanki bir rüya görüyormuş gibi anlatacaktır. Alice Givens *The Process of Healing* adlı kitabında, danışanların travmadan sakınmak için 'Bunu hissetmek istemiyorum' veya 'Bunlar gerçekten olmuyor' gibi düşüncelerle kendi kendilerini hipnotize edebildiklerini belirtmiştir.

Çok büyük korku ve şiddet durumlarında bu daha da ileri bir hale gelir. Herman, geçtiğimiz yüzyılda isteri üzerine yaptığı bir çalışmasında, danışanların hayatın içindeki ezici olaylarla ilgili anılarını entegre etme kapasitelerini kaybettiklerini belirtmiştir. Kendisinin, dikkatli ve araştırmacı tekniklerle yaptığı çalışmalar, travmatik anıların anormal bir halde, normal bilinçten ayrı ve bloke edilmiş bir şekilde korunduğunu göstermiştir. Freud, çözülmemiş travmayı bir saplantı olarak adlandırırken, modern psikodinamik teorisine katkıda bulunan Fairbairn de bunu parçalanma olarak adlandırdı. Bu durum, savaş alanlarında çarpışmalar sırasında yaşanan yaralanma, uzuvların kesilmesi, vahşet ve işkence gibi durumların da dahil olduğu yüksek seviyede duyguların hissedildiği zamanlarda ortaya çıkar. Sorgu sırasında işkenceye maruz kalmak veya çocukluk tacizi gibi belli bir zaman boyunca sürekli tekrar eden durumlarda çoklu parçalanma meydana gelir. Eğer bu hafıza parçası daha ilerki bir tarihte bilinçli farkındalık seviyesine çıkarsa, yaşanmış olayla ilişkili duygusal ve fiziksel semptomların bazı görünümleri tekrar yaratılır. Savaş sırasında çok şiddetli korku yaşamış ve hayatta kalmış kişiler için bu durum, - flashback - geçmiş olayları tekrar görme olarak adlandırılır. Duyulan bir ses bedenin titremesini ve yoğun korkuyu tetikleyebilir. Sözkonusu anı parçası açık ve net bir hikaye olarak tutlumaz, onda sadece anlık düşünceler, bazı duygu parçaları ve beden hafızaları bulunur. Eğer ölüm anında çözümlenmez ise bilincin bu bölünmüş parçası süptil beden tarafından bir anı olarak alınır.

Adını Rose olarak anacağım bir danışanın vaka çalışması bu durumu örnekler. Rose kırklı yaşlarında bir annedir. Halka açık bir atölye çalışmasında açıkladığı gibi kendisinin en önemli problemi, eşiyle seks yapma isteğinin olmamasıydı. Eşi cinsel birleşme isteğiyle ona yaklaştığında Rose donup kalıyordu. Yıllar içinde kendine zarar vermiş, halen hislerini uyuşturmak ve hissetmemek için sigara ve içki içiyordu. Uzun yıllar süren alışılagelmiş terapi yaklaşımı onu bu şikayetlerinden kurtaramamıştı. Rose çocukluğuna ait çok az şey hatırlamaktaydı. Ancak, altı ay kadar önce pelvis bölgesinin iç kısımlarında bir enfeksiyon yaşamış ve bu durum babasının onu cinsel olarak taciz ettiğine dair bir anı parçasını tetiklemişti. Bu da onun astımının başladığı zamana yakın bir zamana denk gelmekteydi. Ona çok acı veren bu problemini bir atölye çalışması ortamında diğer terapistlerle paylaşma cesaretini gösterdi:

> Rose, onbir yaşında olduğu ve babası evi terkederken kendisinin bir pencereden dışarıya baktığı ve *'Hepsi benim hatamdı'* diye düşündüğü bir şimdiki hayat anına regrese edildi. Babasının metresi ile konuşmalarının bulunduğu bir teyp kaseti bulmuştu. Bu konuşmaların içeriğini tam olarak anlayamamış ve onu annesine vermişti. Annesi de kocasıyla yüzleşmiş ve bu da babasının evi terketmesiyle sonuçlanmıştı. Rose, *'hepsi benim hatamdı'* sözcüklerini tekrarlarken hafifçe hıçkıra hıçkıra ağlamaya başladı ve o

anda beden duruşunu deneyime uygun olacak şekilde değiştirmesi yönünde cesaretlendirildi. O sırada Rose'un bedeninin alt kısmının katılaştığı görüldü ve kendisi de o bölgede uyuşma ve basınç hissettiğini söyledi. Bacaklarının büyük kaya parçaları altında sıkışmış olduğu görüntüler geldi ve kaçıp kurtulmak için mücadele ettiği anları içeren beden hafızasını keşfettikçe, çaresizlik içindeki inlemeler sonunda katartik bir boşalmaya döndü. Sezgisel olarak bunun bir geçmiş yaşam anı parçası olduğu algılanarak ona, zavallı bedeninin orada öldüğü ve artık onu bırakabileceği hatırlatıldı.

Rose'dan bu geçmiş hayatına dair belirleyici olayları hatırlaması istendi. Tüm hatırladığı bir savaş meydanında bir asker olduğu ve bir binadan düşen molozların altında sıkışıp kaldığıydı. Asker, bacaklarının üzerine düşen molozların baskısını ilk hissettiği ana geri götürüldü. Rose'un bacakları üzerine bir yastıkla bastırıldı ve asker, bir ayının gücünün de yardımıyla molozları iterek uzaklaştırması yönünde cesaretlendirildi. Rose, öksürmeye ve nefes almak için mücadele etmeye başladı. Ortaya çıkan daha fazla anı ile askerin düşen binanın tozları içinde bu tozu da ciğerlerine alacak şekilde nefes alamaya çabalıyor olduğu anlaşıldı. Asker tekrar ölüm anına götürüldü ve Rose daha çok katarsis çıkardı. Rose'un bedeni o anda gözle görülür şekilde rahatlamış ve nefes alıp vermesi de normale dönmüştü. Askerden, bu hayatla ilgili olayları özetlemesi istendi. Kendisi 2. Dünya Savaşı sırasında düşmanla ilgili keşif yapmak üzere gönderilmiş fakat bunu yapmaktan korktuğu için yapamamış ve bu nedenle komutanlarına yanlış bilgiler vermek durumunda kalarak birçok askerin toplu olarak ölümlerine sebep olmuştu. Top atışlarını ve kargaların cesetleri yediğini hatırladı. Gerçekleşen bu katliam onun hatasıydı. Terapist, verilen bilginin felakete sebep olmasının

Beden Hafızası İle Çalışmak

aynı zamanda Rose'un çocukluk anılarıyla da ilgili tekrar eden bir - patern - kalıp olduğunu not etti. Askerden tekrar bacaklarının üzerine düşen enkazın ağırlığını ve baskısını ilk hissettiği ana geri dönmesi istendi. Asker, Rose'un bacakları ve bedeninin alt kısmına sağlam bir baskı uygulayacak şekilde tutulan yastığı iterken aslında üzerindeki moloz yığınını itip uzaklaştırması yönünde cesaretlendirildi. Moloz yığını itilip uzaklaştırıldıktan sonra bedeninde neler hissettiğini deneyimlemesi istendi. Bacaklarını esnetti ve onları hissetti. Bu sırada nefes alışverişinin de daha kolay olduğunun farkına vardı. Bacaklarını hareket ettirmesi ve onların hareket ettiğini hissetmesi ve sonra da sırtüstü yatar pozisyondayken bacaklarının koşuyorcasına hareket ediyor olduğunu seçmesi yönünde cesaretlendirirldi. Ayakları hareket ederken, gözle görülür bir şekilde gevşemeye başladı ve koşarken kendini ne kadar güçlü hissettiğini ifade etti.

Küçük Rose'a onun da kaçmak isteyip istemediği soruldu. Rose'un sesi değişti, hafifçe hıçkırmaya başladı ve babasının kendisini ezen ağırlığını üzerinde hissetiği çocukluk anılarını hatırlamaya başladığında bacaklarının hareket etmesi durdu. Küçük Rose bedeninden ayrıldığının ve kendisini taciz eden babasına yukarıdan baktığının farkına vardı. Rose'un bedeninin alt kısmına bir yastık bastırılmıştı ve Küçük Rose üzerindeki yastığı yani babasını üstünden itip uzaklaştırması yönünde cesaretlendirildi. Yastığı, dirence karşı iterken gözleri yaşla doldu ve hıçkırırken zor nefes alabilir hale geldi. Nefes almak için mücadele ederken, babasının onu adeta boğan ağırlığını hatırladı. Başlangıçta itecek gücü yoktu, fakat geçmiş hayatında üzerinden kayaları itip uzaklaştıran askerin gücünü kendisi için getirmesi yönünde cesaretlendirildi. Küçük Rose babasını itip uzaklaştırıp, kendisini üzerindeki basınçtan kurtarınca, kollarına ve göğüs bölgesine doğru akan bir enerji akışı olduğunu deneyimledi. Küçük Rose'a bacaklarının ne yapmak istediği soruldu ve Rose'un bunu bacaklarını koşuyor gibi hareket ettirerek ifade etmesi sağlandı. Babasıyla yaşadığı olay sırasındaki hislerin bedeninin alt bölümüne tekrar geri geldiğini deneyimleyince Küçük Rose şaşırdı, çünkü o sırada jenital bölgesinde hissettiği zevki hatırladı.

Rose'a herkesin jenital organlarının otomatik olarak bu şekilde tepki verdiği hatırlatıldı ve jenital organlarına yönelik olarak söylemesi için, 'Keyif aldığın için seni suçlamıyorum, yaptığın çok doğal ve normaldi' şeklinde yardımcı bir düşünce formu kendisine verildi. Jenital bölgesiyle ilgili bu anı parçasını entegre ettiğinde Rose'nun yüzü daha da gevşedi.

Küçük Rose babasının ona, eğer annesine söylerse polisin gelip onu alıp götüreceğini söylediğini hatırladı. Annesini gözünde canlandırmasına ve ona hep söylemek istediği halde söyleyemediği şeyleri söylemesine izin verildi. Babasının ona yaptıklarını annesine anlatırken Rose'un gözlerinden yaşlar geldi. Kalan herhangi bir gerginliğin olup olmadığını anlamak için bedenini taraması istendi. Tarama sonunda bacaklarını hala gergin hissettiğini belirtti. Rose'dan derin derin nefes alırken koşu hareketini tekrar yapması ve bacaklarının bunu hissetmesi yönünde cesaretlendirildi. Şimdi bunu yapmaktan gerçekten keyif aldığını söylerken yüzüne bir gülümseme geldi.

Bu vakanın bize gösterdiği, eğer tüm vücudun katılımı sağlanabilirse, oldukça ağır travmalar üzerinde etkili bir şekilde çalışma yapılabilir. Danışan tamamen cesaretlendirilirse, fiziksel, duygusal rahatlama ve parçalanmış anıların entegrasyonu hızlı bir şekilde tamamlanabilir. Çocuklukta acı verici anıların olması halinde, şimdiki hayat travmaları üzerinde çalışmadan önce, donmuş anıların çözülmesi için geçmiş hayatlar, kullanılabilecek bir arka kapıdır. Bir gözlemciye acı verici görünebilecek bu deneyim Rose için gerçekten çok büyük bir ferahlamaydı. Çalışmaya katılan herkes, çalışma sonrasında Rose'un görünüşünden ve konuşmalarından bunu gözlemleyebildiler.

Bu çalişma sonrasında Rose kendine zarar vermeyi sonlandırabildi, sigara ve alkol içmekten vazgeçmeye karar verdi. Hala acı verici olduğu halde, bazı duygularıyla bağlantıya geçebildiğini farketti ve daha ileri regresyon çalışmaları sonunda da dört yıl boyunca babasının uyguladığı tacizle bağlantılı tüm hatıralarını serbest bırakıp rahatladı. Birkaç terapi çalışmasından sonra da seks hayatı düzeldi ve astımı geçti.

Daha karmaşık çoklu parçalanma durumlarında, her parça farklı bir travmatik olayla ilişkili olabilir. Böyle bir durumda her bir parça ve travmatik anının belirlenmesi ve üzerinde çalışılması gerekecektir. Şimdiki hayat veya geçmiş yaşam parçalanmaları üzerinde çalışırken takip edilecek strateji; parçalanmış anıyı danışanın bilinçli farkındalığına taşımak ve sonrasında dönüşüm sırasında danışanın diğer eylemleriyle bütünleştirmektir.

ÖZET

Bu tip bir çalışma kronik komplekslerin en şaşırtıcı seviyede iyileştirilmesine neden olur. Ancak, yüksek seviyede enerji çıkışları sözkonusu olduğu için, çalışmanın danışana karşı çok hassasiyet gösterilerek ve kendisinin tam rızasının alınarak yapılması gereklidir. Jo'nun travma sonrası stres vaka çalışmasında görüldüğü gibi, bedende kilitli olarak kalan donuk enerjinin çözülmesi ve dönüştürülmesi için birkaç seans gerekebilir. Terapist, enerji akışını, her nereye gidiyorsa takip etmelidir. Rose'un vaka çalışmasında görüldüğü gibi, enerjinin bir miktarı öncelikle çıkarılmadıkça

EBEDİ RUHU ŞİFALANDIRMAK

yüzleşmesi çok acı verici olan bir çocukluk travmasına giriş noktası bazen bir geçmiş yaşam olur. Çoğunlukla, şimdiki hayat deneyimleri geçmiş hayatın içindeki kompleksin kökenlerine bir köprü niteliğindedir. Danışanın travma anına geri gitmesinin ve onu bu kez bir başka şekilde tamamlamasını sağlanması ile donuk beden anılarının çözülmesi ve dönüştürülmesi ilk önceliktir. Bu vaka çalışmaları, yaratıcı destek unsurlarının da kullanılmasıyla travmadan etkilenmiş beden bölümlerinin bütünleşme bulmasının nasıl sağlandığını ve bunun fizik bedendeki anıları nasıl dönüştürebildiğini göstermektedir.

Kopma ve parçalanma genellikle şiddetli anılarla ortaya çıkar. Danışanın, olay gerçekleşmeden önceki bir noktada bedene yerleşmesi gerekmektedir. Beden hareketlerinin cesaretlendirilmesi danışanın kendi bedenine odaklanmasına yardımcı olur. Burada odak, 'bana anlat' tan ziyade 'bana göster' dir. Her bir beden hatıra parçasının, bu alanın içine bilinçli farkındalığın getirilmesi yoluyla bedenin tümüyle bütünleştirilmesi gerekmektedir.

9

DAVETSİZ ENERJİ

Her şeyin doğası aldatıcı ve gelip geçicidir.
Somut gerçekliğe sıkıca sarılanlar ne kadar acınasıdır.
Dikkatinizi kendi içinize yöneltin dostlarım.

Nyoshul Khenpo

Daha önceki bölümlerde, enkarnasyon öncesinde ruhların enerjilerini nasıl böldüklerini ve enkarne olan bölümünün nasıl dünyaya bağlı olabildiğini açıklamıştım. En sonunda bu ruhsal enerji ruhsal dünyaya dönecek ve ruhun geride kalan bölümüyle tekrar birleşecektir.

ARKA PLAN

Dünyaya bağlı kalmış bu ruhsal enerji, bu hayattaki insanlara eklenebilir mi? Süptil bedenimiz, bizi kendimize ait olmayan enerjilerden korumak üzere dizayn edilmiştir. Korumamız düşük olduğunda, günlük hayatımızda bu enerji olumsuz düşünceler ve duygular olarak birikebilir. Konu ruhsal enerji eklentileri olduğunda, bu alanda birçok çalışma yapan öncüler, *Spirit Releasement Therapy*[1] kitabının yazarı William Baldwin ve *Freeing the Captives*[2] adlı kitabın yazarı Louise Ireland-Frey dir. Bu kişiler, ruhsal alemlere giden normal yolu takip etmeyen ruhsal enerjinin çoğunlukla çözümlenmemiş travmatik anılara sahip olduğu düşüncesindedirler. Böyle bir ruhsal enerji, bir psişik rezonans formu olarak halen hayatta olan benzer problemler yaşayan insanlara çekilir. Bu, şiddet eğilimi, acı çekme gibi belirli bir arzu olabileceği gibi içki veya uyuşturucu bağımlılığı da olabilir. Ayrıca bu, öfke, depresyon veya suçluluk gibi belirli bir duygu olarak da saptanabilir. Bazen sadece arkadaşlık etmek isteyebilir ve ardından ev sahibinin şefkatine çekilmiş olabilir. Bu enerji, hayattaki travmalar, kazalar, ameliyatlar, fazla alkol veya madde tüketimi gibi durumlar sonrasında kişilerin zayıflayan enerji alanlarına kendisini ekleyebilir. Bunun bir örneği William Baldwin'in kitabı, *Spirit Releasement Therapy* adlı kitabından alınmıştır:

> Gerry kırklı yaşlarındaydı ve Amerika Birleşik Devletleri'nde bir şehrin itfaiye departmanında çalışıyordu. Boğulan bir kurbanın sudan çıkarıldığı göl kıyısındaki rıhtıma ilk ulaşan kişiydi. Suni teneffüs uyguladı ve bunun hiçbir işe yaramadığını görünce sinirlendi. Gery bundan sonra, normalde bu gibi durumlarda davrandığından farklı davrandı. Cesedin götürüldüğü hastaneye yürüdü ve cesedin taşındığı acil müdahale odasına girmeye çalıştı. Sadece cescde yakın bir yerde kalmak için güçlü bir mecburiyet hissediyordu. Hayatının diğer yönleri de kötüleşmişti. Boğulan çocuğun ruhunun ondan ayrılıp serbest bırakılmasına kadar da kendisine ne olduğu netlik kazanmadı. Öfkenin o şiddetli negatif duygusu onun normal enerji beden korumasında bir çatlak açmıştı.

Ruhsal eklenti ile ilgili bu görüş tartışmalıdır. Michael Newton, 30 yılı aşan araştırmalarında, bir ruhsal regresyon çalışması sırasında, dost veya başka türlü ayrı bir ruhun kendisine eklenmiş olduğunu söyleyen bir danışanının asla olmadığını belirtti. Bunun yerine

Davetsiz Enerji

danışanları, negatif düşünenlere çekilen, başka insanların kızgınlık, nefret ve korku gibi yoğun duygularından gelen negatif enerjinin çokluğundan bahsetmişlerdi. Dolores Cannon, *Between Death and Life*[3] adlı kitabında, sadece kişinin kendi enerji alanında bir dengesizlik var olması durumunda ruhsal eklentinin oluştuğunu gösteren bazı danışan raporlarından bahseder. Ancak, danışanlarından biri, tüm bu şüpheli ruhsal eklentilerin, kendisine çekmiş olduğu negatif enerjiler olduğunu belirtti.

Regresyon terapisi dünyasında, bu konunun öncüleri olan Hans Ten Dam ve Roger Wolger'ın her ikisi de ruhsal eklentilerle çalışırlar. İngiltere'den, *Spirit Release Foundation*[4] (Ruh Salıverme Kurumu) nun da kurucusu olan Alan Sanderson adlı emekli psikiyatrist, pek çok zihinsel sağlık probleminin ruhsal eklentilerle ilişkili olduğu görüşünü kabul eder. Diğer regresyon terapistleri, Michael Newton'ın görüşünü kabul ederler veya daha da ileri giderek bu alanın tümünün, bir danışanın çözümlenmemiş travmasından ortaya çıkan alt kişiliklerin canlı fantazilerle bağlantılı olmasının sonucu olduğunu ileri sürerler.

Ben bunu, danışanların bazan kendilerine çekmiş oldukları ruhsal eklentiler veya güçlü olumsuz düşünceler olarak ortaya çıkan iç dünyalarındaki deneyimleri olarak değerlendiriyorum. Ben tüm bunları, davetsiz enerji başlığı altında topluyorum. Buna böyle yaklaşırsak, temizlik işlemi hızlanır ve pekçok istenmeyen davranış ve duyguların belirtileri azalır veya yok olur. Regresyon terapisi öncesinde veya terapi sırasında davetsiz enerjiyle karşılaşılabilir ve bunun, danışanın kompleksi üzerinde çalışırken temizlenmesi gerekir. Kitabın bu bölümü, konunun tam kapsamlı olarak ele alındığı bir bölüm olarak tasarlanmamıştır fakat sıkça karşılaşılan davetsiz enerjilerin birçok formunda pratik olarak kullanılması için yeterlidir. Daha derin bilgi isteyenler için, daha önceden de bahsettiğim ve tekniklerini seçerek kullandığım ya da adapte ettiğim, William Baldwin veya Louise Ireland-Frey'in kitaplarını öneririm.

ORTAYA ÇIKARMA

Kinesiyoloji'ye aşina olanlar bir kas-testi tekniğini kullanabilirler. Enerji sisteminde gerginlik yaratan birşeyin var olması durumunda kaslar zayıflayacaktır. Kıvrılmış bir koldaki gibi bir kasa hafif bir baskı uygulanabilir ve danışandan bu baskıya direnç göstermesi istenebilir. Tek ihtiyaç duyulan, testin sözcüklerini söylemektir ve böylece eğer test sırasında söylenen ilgili şey kişinin enerji sistemini geriyorsa kol aşağı inecektir.

Kinesiyolojiye aşina olmayanlar da, daha önceki bölümlerde de incelenen enerji taraması tekniğini kullanabilirler. Bununla birlikte, bu kez niyet, danışana ait olmayan enerjileri aramaktır:

Sana ait olmayan herhangi bir enerjinin var olup olmadığını belirlemek üzere enerji alanını tarayacağım. Gözlerin kapalı. Ellerim bedeninin 15-20 santimetre üzerinde olacak şekilde ayaklarından başına kadar ilerledikçe ellerimin bulunduğu yerlere odaklanıyorsun. Bedeninin herhangi bir bölümünde bir hafiflik, ağırlık veya farklı herhangi bir şey hissedersen bana söyle.

Tarama devam ederken, danışan farklı bölümlere odaklanmaya cesaretlendirilebilir:

Ayakların cıvarında enerji taraması yapıyorum ... alt bacakların ... dizlerin ... (ve bedenin diğer bölümleri)

Taramanın iki üç kez tekrarlanması gerekebilir. Çünkü her bir tekrar, hem terapist hem de danışan için duyarlılığı artırır. Danışanın yüksek benliği ile bağlantılı olan istem dışı gerçekleşen parmak sinyallerini değerlendirmek de bir başka tekniktir. Bir enerji taraması veya hafif transı takip edecek şekilde, aşağıdaki adımlar kullanılabilir:

Davetsiz Enerji

Parmakların aracılığıyla yüksek benliğinle iletişim kurmak istiyorum. Bilinçli zihninin arka planda kalmasına izin ver.

Yükek benliğinin, sol elinde bir parmağını 'Evet'i' işaret etmek için kaldırmasını istiyorum. Bir parmağın kalkmasını bekleyin. Güzel.

Yüksek benliğinin, sol elinde bir başka parmağını 'Hayır'ı' işaret etmek için kaldırmasını istiyorum. Bir parmağın kalkmasını bekleyin. Güzel.

Normalde, cevap almada ve hafif parmak hareketinin gelmesinde bir gecikme olacaktır. Eğer bu olmazsa, bilinçli zihin sürece dahil olmuş olabilir ve bu durumda daha ileri seviyede bir trans derinleşmesine ihtiyaç duyulabilir.

Davetsiz enerjilerin var olup olmadığı ve sayıları, cevabı belirten ideo parmak sinyallerinin kullanılmasıyla tespit edilebilir. Ben, danışanı korku ve telaşa sürüklememek için, davetsiz enerjiyi 'sana ait olmayan enerji' olarak anmayı tercih ederim. Tespit için aşağıdaki sorular sorularak cevap gelmesi için beklenir ve böylelikle durum onaylanmış olur:

Yüksek benlik, (Danışan) a ait olmayan bir enerji var mı?

Yüksek benlik, (Danışan) a ait olmayan 2 (veya 3, 4) veya daha fazla enerji var mı?

Gelen cevaplardan, üzerinde çalışılması gereken davetsiz enerjilerin var olup olmadığı ve sayılarının ne olduğunu tespit etmek mümkündür. Bu tip çalışmalarda henüz yeni olan terapistler, davetsiz enerji tespitlerinden tam olarak emin olmak için her iki tekniği de kullanmayı tercih edebilirler. Bu yararlıdır çünkü, sıklıkla bir davetsiz enerji, danışanın istem dışı parmak sinyallerini bozucu yönde etki ederek yanlış cevap vermesine neden olabilir.

RUHSAL EKLENTİLERİNİN SALIVERİLMESİ

Bir defa enerji tespit edildiğinde, danışan aracılığıyla konuşmak üzere cesaretlendirilebilir. Adını Lena olarak anacağım danışanımın vaka çalışması bu duruma bir örnek niteliğindedir. Bana hayat hikayesini anlattığında üzülmemek mümkün değildi. Lena doğduğunda annesi tarafından terk edilmiş ve kendisi henüz altı yaşındayken ölen anneannesi tarafından büyütülmüştü. Onaltı yaşında hamile kaldığında erkek arkadaşı tarafından terkedilmiş ve bu durum kendisini kürtaj yapmaya zorlamıştı. Sonra, yirmili yaşlarında uzun süreli erkek arkadaşı da onu terketmişti. Aralıklarla depresyona girmiş ve iki kez de intihara teşebbüs etmişti. Halen profesyonel dansçı olarak çalışmaktaydı.

Lena, enerji alanı taranırken bacaklarında bir bölgenin daha ağır olduğunu ve sanki ona ait değilmiş gibi hissettiğini algıladı. Lena ilgili alana odaklandığında, o enerjinin kendisi aracılığıyla konuşması ve aklına gelen ilk şeyi söylemesi konusunda cesaretlendirildi. Lena, birdenbire *'Victoria'* dedi. Konuşma sırasında Victoria'nın beyaz kurdeleli kırmızı bir elbise giyen yedi yaşında bir kız çocuğu olduğu belirtildi. Erkek kardeşi tarafından, sallanan atından itilerek yere düşürülmüş ve düşerken çarpma sonucu başına aldığı darbe yüzünden ölmüştü. Hiçkimse onu önemsemediği için çok üzgündü. Lena, derin bir depresyon halinde, odasında hıçkırıklarla ağlarken Victoria'nın ruhu Lena'ya çekilmişti. Victoria hep bir dansçı olmak istemişti ve Lena ne zaman dans etse, o sırada kendi dans etme özlemini tatmin edebildiğini açıkladı. Lena başlangıçta Victoria'nın salıverilmesi konusunda isteksizdi, çünkü hayatının daha önceki döneminde kürtaj yapmamış olsaydı, kendisinin Victoria gibi küçük bir kızı olacaktı. Victoria ile ilgili daha çok soru sorulduğunda, hemen ortaya çıktı ki Victoria sevgi dolu bir çocuk bakıcısının ruhuyla buluşmak üzere Lena'yı terk etmeye razıydı. Victoria salıverildiğinde, Lena kendisini hafiflemiş hissettiğini söyledi. Ayrıca, depresyonunu takip eden son birkaç ay boyunca, defalarca birinin onunla birlikte olduğu hissine kapıldığını açıkladı. Yapılan bir enerji alanı taraması, Victoria'nın salıverilmesiyle, Lena'nın enerji blokajının kalktığını onaylandı. Seansın devamında Lena'nın şimdiki yaşamına ait problemlere odaklanıldı.

Victoria, dünyaya bağlı hale gelen bir ruhun tüm özelliklerini göstermiş ve Lena depresyon yaşadığı sırada onun zayıflamış olan enerji alanına eklenmişti. Kendisine şefkatli bir şekilde davranıldı ve ruhlar alemine geri dönmesi için yardım edildi.

Bazen, ruhsal eklentiler danışanın enerji alanına zayıf bir şekilde eklenmiş ve bir ruhsal rehberin de yardımıyla derhal yuvaya dönmeye hazır durumda olabilirler. Parmak sinyalleri ile bunun bir konrtolü yapılabilir.

Bu enerjiler iletişim kurulmadan gönderilebilir mi?

İletişim kurmak gerekli olduğunda b
en genellikle en güçlü olanından başlarım. Bu, tarama sırasında danışanın verdiği geri bildirimlerle veya parmak sinyalleriyle sağlanabilir. Böylece kontak sağlanabilir:

Bilinçli zihninin arka planda kalmasına izin ver. Göğsündeki (bacağındaki vb.) **enerjinin boğazına doğru ilerlemesine ve benimle konuşmasına izin vermeni istiyorum.**

Merhaba benim adım .... (terapistin adı), **senin adın ne?**

Bazan bir isim almak, biraz azimli olmayı gerektirir ve bu sırada yumuşak, nazik bir ses kullanmak eklenti enerji için daha az tehdit edici olacaktır. Bu bir kere elde edildiğinde, eklentinin kendisiyle ilgili daha çok şey ortaya çıkarmada genellikle bir gecikme olmaz. Bir çoğu, biriyle sohbet etmekten memnun olmuş gibi görünür. Eklenti enerjinin cinsiyeti ve yaşı gibi daha fazla bilgi elde edilmesiyle, eklenti enerjinin danışanla olan bağlantısını zayıflatabilecek faydalı bir diyalog kurulabilir. Eklentilerden bazıları, öldüklerini ve başka birinin bedeninde bulunduklarını anlamazlar. Erkek olan bir eklenti, kendisinin göğüsleri olan gencecik bir kızın bedeninde bulunduğunu keşfettiğinde oldukça şaşırmıştı. Olası sorular şunları içerebilir:

Öldüğünün farkında mısın?

Bu bedenin sana uygun olmayan bir beden olduğunun farkında mısın?

Tarihsel veya hayat hikayesine dair detaylar, eklenti enerjinin ruhsal aleme salıverilmesi için neyin gerekli olduğuna dair esas konulara ulaşmaktan daha önemsizdirler. Bu, eklenti enerjinin geçmiş hayatından sevdiği biri ile tekrar bir araya getirilmesi ile sağlanabilir. Bebekler için ise bu bir bebek bakıcısı olabilir. Bazıları güvenli bir yer veya sadece sigara içmek isteyebilir. Eklenti enerji her ne istiyorsa, bunun ışıkta deneyimlenebileceğine dair güven duymasını sağlayın:

Öldükten sonra ışığa giderken seni ne durdurdu?

Hayatında sevdiğin birileri var mıydı? Şimdi onlarla bir araya gelmek ister misin?

Işığa gitmek için ihtiyaç duyduğun şey nedir?

Eklenti enerjinin danışanın enerji alanına eklendiği sırada danışanın hayatında neler olduğunu ortaya çıkarmak da ayrıca önemlidir. Eğer duygusal veya travmatik bir zaman sözkonusu ise bu bir 'kanca' olabilir ve danışanın daha sonra regresyon terapisi sırasında bundan temizlenmesi gerekecektir.

Seni bu bedene çeken şey neydi?

Sen eklendiğinde ... (danışan)'ın hayatında neler oluyordu?

Ruhsal eklentinin ayrılmasından önce daha ileri bir diyalog ile eklentinin danışan üzerindeki etkilerini anlamak olanaklı hale gelebilir. Bu etkiler; enerji seviyesindeki düşüklük, belli bazı düşünceler, duygular veya davranışlarda değişiklikler olarak görülebilir.

Herhangi bir düşünceyi ... (danışan)'ın zihnine koydun mu?

Eklenti ayrılmaya hazır olduğunda, danışandan kendi ellerini de kullanarak onları iterek uzaklaştırmak için yardım etmesi istenebilir. Danışanlar bu sırada hissetiklerini; bir karıncalanma hissi, daha hafif hissetme veya bir şeyin kendilerinden ayrılıyor olmasına ilişkin bir farkındalık olarak tarif edebilirler. Bir danışanım hissettiği şeyi, 'Bir şey sanki ayağa kalktı ve benden ayrıldı' şeklinde tarif etti. Kalan eklentilerin gönderilmesiyle ilgili olarak, eklentiyle diyalog mu kurmak gerekiyor? Yoksa bir ruhsal rehber tarafından hemen gönderilebilir mi? gibi soruların cevabı istem dışı parmak sinyalleri ile alınabilir.

DAVETSİZ NEGATİF ENERJİNİN TEMİZLENMESİ

Hepimizin kafasında düşünceler vardır, ancak bunlar kendilerine ait bir hayatı olan bir hale geldiğinde, bu durum negatif enerjili ruhsal eklentiyi işaret ediyor olabilir. Bunu örneklemek için Joe diye adlandıracağım, Almanya'da yaşayan ve orada çalışan Nijerya'lı bir danışanımın çalışmasını kullanacağım. İki yıldan beri kafasının içinde onunla konuşan sesler duyuyormuş. Duyduğu bu seslerde ona, insanlara kötü şeyler yapması söyleniyordu. Bu 'emirlerle' mücadele etmeye çalışmak artık onun için bir işkenceye dönmüş durumdaydı ve bu iç sesler konuştuklarında içinde yoğun bir öfke ortaya çıkıyordu. Karısı korktuğu için onu terketmişti ve terapiye geldiğinde Joe çok bitkin ve çökmüş bir haldeydi. Joe yardım için doktora ve sonrasında bir psikiyatriste de görünmüştü ve o da kendisine halüsinasyonlarla başa çıkabilmesi için ilaç vermişti. İlaçların hiçbir faydası olmamıştı ve Joe gün geçtikçe daha da soyutlanmış bir hale gelmişti:

> Alışılagelmiş olan, danışan aracılığıyla negatif enerjiyle konuşma tekniği ile çalışmanın imkansız olduğu ortaya çıktı. Öncelikle Joe'nin İngilizce'si zayıf olduğu için dil engeli vardı ve ayrıca çok endişeliydi ve bu enerjinin kendisini nasıl etkilediği hakkında durmaksızın konuşmak istiyordu. Onu çabucak sakinleştiren basit bir gevşeme tekniği kullanıldı. Bu, onun enerji alanının taranması için de vakit sağladı. Davetsiz enerji çok güçlüydü ve Joe onun gitmesini

Davetsiz Enerji

istiyordu, fakat bu enerjinin kendi isteğiyle onu terketmeyeceğini düşünüyordu. Enerjinin farkına vardıkça Joe'nun endişesi daha da arttı. Bu nedenle terapist yüksek sesle, *'Bu enerjiyi alıp götürmeleri için ışık varlıkları çağırıyorum'* dedi. Işık varlıkların bu enerjiyi nasıl çıkartabileceği ana hatlarıyla anlatıldığında, Joe kendini daha güvende hissetmeye başladı. Ayrıca, bu negatif enerjiye neler olduğunu Joe'nun kendi gözünde canlandırması istendi. Joe, *'Enerji ışıkla kaplandı ve benden uzaklaştırıldı.'* dedi. Joe'nun üst benliği de, o anda enerjinin gittiğini ve Joe'nun enerji alanında başka bir davetsiz enerjinin kalmadığını onayladı. Süptil bedenine şifa enerjisi verildi ve seansın sonunda Joe inanılmaz derecede sakindi. Göğsünden sanki kocaman bir taş kaldırılmış gibi hissettiğini söyledi.

Joe'nun vakasında, kendisinin dil yetersizliği ve endişeli durumu yüzünden diyaloğa girilemedi. Lisanın iyi kullanılabildiği durumlarda bile bu tür davetsiz enerjiyle çalışılması çoğunlukla zordur. Hans Ten Dam bunu *'Musallat'* olarak adlandırır. Burada kullanılan tekniğe, yaratıcı görsel imgelem ya da negatif enerjinin salıverilmesi gibi her ne ad verilirse verilsin, adını koymak, seans sonrasında ayağa kalktığı anda, Joe'nun sesindeki pozitif değişimden ve olumsuz duygularının sona ermiş olmasından daha az önemlidir. Bir ay sonraki takip telefonunda, Joe kendisiyle tamamen barışık durumdaydı ve evliliğini de eşiyle tekrar biraraya gelecek şekilde düzeltmeye çalışıyordu.

Bir danışan; bazı travmalar, bir yakınının ölümü, düşük veya bir ameliyat sonrasında enerjisi seviyesinde düşüklük veya davranış değişikliği yaşayabilir. Başka bir ipucu da danışanın, 'Sanki benim başka bir parçam konuşuyor gibi.' demesidir. Davetsiz enerji terapi sırasında ortaya çıkabilir ve seans sırasında, omuzlardan başa, oradan da sırta doğru hareket ederek yer değiştiryormuş gibi bir his vererek kendisini gösterebilir.

Bazen negatif ruhsal eklentiler ışığa gitmekte isteksiz olabilirler ya da terapistle konuşmayı sürdürebilirler. Onlardan, içlerine minik bir sevgi kıvılcımı getirmeleri istenebilir. Genellikle, kendilerinin dönüşüp danışanı terketmeye hazır hale gelmelerine kadar, ışığın büyüklüğünün ve parlaklığının arttığını söyleyeceklerdir:

Kendi merkezinin içine bir saf sevgi kıvılcımı getir. Ne olmaya başladı?

Bu seanslar, önceden belirlenmiş herhangi bir yol izlemezler ve bu seansları icra ederken önseziye ve biraz da yaratıcılığa ihtiyaç vardır. Eklenti ışığa doğru salıverildiğinde işlem tamamlanmış demektir.

Joe'nun vakası, güçlü enerjilere sorulan sorulara vevap almanın nasıl zor olabileceğini gösteriyor. İletişim bazen parmak işaretleriyle sınırlı kalabilir veya kayıp ruhlarla çalışmakta uzman olan ışık varlıklar çalışmaya yardımcı olabilirler. Michael Newton onları, 'Kayıp Ruhların Kurtarıcısı' olarak adlandırır. Ruhlar aleminden olan bu kurtarıcılar, kayıp ruhların dünya düzleminden ruhlar alemine geçmesine yardımcı olurlar. Şahsen ben, salıverilmiş ruhsal eklentilerin ruhlar alemine gönderilmesinde yardımcı olması için her zaman bir rehber varlık davet ederim. Bu yolla, gönderilen enerjinin bir daha geri gelmeyeceğinden emin olmak mümkün olur:

Bu enerjiyi alıp, ışığa götürmesi için bir ışık varlık çağırıyorum.

Joe'nun vaka çalışmasıyla ilgili olarak, davetsiz enerjilerle çalışma konusunda uzman ve bunlarla ilgili vaka çalışmalarını da sunan, bir regresyon terapisti ve eğitimcisi olan Di Griffiths'e[6] teşekkür etmem gerekiyor.

Bazen davetsiz enerji negatif bir düşünce formu olarak da ortaya çıkabilir:

Hiç kendine ait bir insan bedenin oldu mu?

Eğer bu sorunun cevabı 'hayır' ise, negatif enerjiyle konuşma yine de devam edebilir. Bu, birçok hipnoterapistin kullandığı 'bölümler' diyaloğuna benzer. Eğer negatif enerji, danışana ilk defa eklendiği ana geri götürülebilirse, orada danışanın o andaki duygularına ve problemlerine çoğunlukla bir açıklama sağlanacaktır. Ben, bununla çalışmak için regresyon terapisi kullanmayı tercih ediyorum:

(Eklentinin) ... sana ilk katıldığı ana geri git ve bana neler olduğunu anlat?

Negatif enerjinin özel bir formu da 'beddua/lanet' olarak adlandırılır. Bu, yoğun odaklanmış düşünceyle yaratılan ve etkisinin büyük bir kısmının danışanın korkularıyla beslenebildiği bir formdur. Bu lanetin gönderilmesini isteyen kişi, gönderen kişi ve danışan arasında bir enerji hattı bulunduğundan, bunlar arasında ruhsal alemde gerçekleşen karşılaşmalara benzer şekilde sezgisel bir diyalog kurulması yöntemi kullanılabilir. Bu, danışana yeni kavrayışlar ve anlayış verir. Enerji bağlantısının çözülmesinde ruhsal rehberlerden destek ve yardım istenebilir.

Tüm davetsiz enerji çalışmalarında, varlığı tespit edilen enerjinin danışandan uzaklaştığının kontrol edilmesi gerekir. Bu, enerji taramasıyla veya yüksek benlikle bağlantılı parmak işaretleşmesiyle olabilir.

EBEDİ RUHU ŞİFALANDIRMAK

Yüksek benliğinden, enerji alanının sana ... (danışan)'a ait olmayan tüm enerjilerden arındığını bana bildirmesini istiyorum.

ENERJİ ŞİFASI VE BUNUN SORGULANMASI

Bir seansın sonunda, danışanın enerji alanının yeni enerjiyle doldurulması ve bu enerjinin yerleşebilmesi için zaman tanınması gereklidir. Burada reiki, ruhsal şifa veya benzeri bir enerji kanalı uygulaması kullanılabilir ve bunun tamamlandığının kontrol edilmesi sırasında da parmak sinyallerini değerlendirme yöntemi kullanılabilir:

Enerji alanının şifalanması tamamlandığında, yüksek benliğinin 'evet' parmağını kaldırmasına izin ver.

Alternatif olarak danışanlar interaktif bir şekilde bu sürece dahil olabilirler. Bunu yapmak için ilk adım, iyileştirilmeye ihtiyaç duyulan bölgeye evrenden enerji getirmeye niyet etmektir. Sonraki adım ise, danışana şifalı enerjiden oluşan bir şelalenin altında durduğunu, bu enerjinin baş, omuz ve en sonunda da tüm bedeninden aşağıya aktığını iç gözünde canlandırmasını istemektir.

Seansın sonunda, danışan seans sırasında neler olduğu hakkında konuşmak isteyecektir ve belki de bu konuda rahatlatılmaya ihtiyaç duyabilecektir. Hollywood korku filmleri ve dini ritüellerle kötü ruhların defedilmesine dair eski bilgiler, ruhsal eklenti konusunda insanların genel algısını etkilemiştir ve bazı danışanlar bundan dolayı endişeli olabilirler. Onlara bazen, yolunu kaybetmiş istenmeyen bir misafire ev sahipliği yaptıklarını söylerim ve normal koruma sistemlerinin zayıfladığı bir dönemde bu enerjinin kendilerine nasıl eklendiğini anlatırım. Benzetme yaparsak, fiziksel bedenin içinde gözle görülmeyen birçok parazit ve bakteri bulunur ve sadece savunma sistemimiz zayıflayınca bunlar bir probleme sebep olurlar ve o zaman bu konuyla ilgilenmek gerekir. Bazen bu terapiyi, psikoterapinin bir formu olan görsel imgeleme ve 'bölümlerle' diyalog kurmak olarak tarif ederim. Danışanın, parmak sinyallerinin kendisinin bilinçli zihin kontrolu dışında verildiğini onaylaması şunu anlamasını sağlar, 'başlangıçta orada birşey vardı ve sonunda temizlendi'. En önemli şey danışan için terapötik bir fayda sağlanmasıdır.

ÖZET

Davetsiz enerji tartışmalı bir konudur ve bazıları tarafından regresyon terapisinin profesyonel duruşunun kredisini azaltan bir şey gibi görülebilir. Ben şahsen, davetsiz enerji çalışmasını danışanlarımın çoğunda etkili bir şekilde kullanıyorum. Danışan görüşmelerinden davetsiz enerji hakkında aldığım ipuçlarına göre, blokaj ve hislerin herhangi mantıklı bir sebep olmaksızın harekete geçtiğinin görülmesidir. Yüksek benlikle bağlantıda olarak yapılan enerji taraması ve parmak sinyalleri, danışanın enerji alanında davetsiz enerjinin var olup olmadığını onaylayabilir. Enerjinin diyalog kurarak mı yoksa kurmadan mı gönderilmesi gerektiğini belirlemek önemli bir adımdır. Diyaloğa başlandığında eğer zorluk yaşanırsa, biraz sabırlı olmak gereklidir.

Eklentinin danışanla olan bağlantısını zayıflatmayı ve ayrılıp gitmek için neye ihtiyaç duyduğunu bulmayı amaçlayan sorular bu çalışmadaki önemli sorulardır. Genellikle sadece ihtiyaç duyulan şeyler, geçmiş yaşamdan sevilen birileri veya bebekler için ruhsal boyuttan gelen uzman bir bebek bakıcısıdır. Onlar, ruhsal rehberle birlikte, eklentiyi ışığa götürebilirler. Eklentinin ayrılmadan önce, danışanın enerji alanına eklendiği sırada danışanın hayatında neler olduğunu sormak, daha sonradan regresyon terapisi ile üzerinde çalışıp temizlenebilecek duygusal travma vaya kanca duyguyu tespit etmeyi sağlar.

Bir seansın sonunda, danışanın aurasını yeni enerjiyle doldurmak önemlidir. Danışan ne olduğuna dair bir açıklamaya ihtiyaç duyacaktır. Gerçeğin derinliği, deneyimlenen şeyin mantıklı gibi gelmesinden ve tutarlı olmasından daha az önemlidir. Davetsiz enerjinin ayrılıp gitmesiyle, pek çok danışanda problem belirtileri azalır ve daha önceden hipnotik taransa veya geçmiş yaşama geçişlerini engelleyen blokajlar genellikle ortadan kalkar.

10

ENTEGRASYON

Zihin huzurlu olduğunda, dünya da huzurlu olur.
Hiçbir şey gerçek değil, hiçbir şey eksik değil.
Gerçekliğe tutunma, boşlukta takılıp kalma.
Ne azizsin ne de bilge, sadece görevi tamamlayan sıradan birisin.
Layman P'ang 8.yy. Çinli Zen Ustası

Geçmiş yaşam veya şimdiki yaşam anılarını deneyimlemek, kişinin problemlerinin nedenini anlamasına yarar. Ruhsal boyuttaki buluşmalar yeni bir anlayış kazandırır ve ilk orijinal kompleksten kaynaklanan donmuş enerjileri salıverip dönüştürme fırsatı sunar. Sonrasında iyileşme sürecinin tamamlanabilmesi için bu deneyimin danışanın şimdiki hayatına tam olarak entegrasyonu sağlanmalıdır.

GEÇMİŞ YAŞAM REGRESYONUNUN ENTEGRASYONU

Geçmiş hayatın şimdiki hayata entegrasyonunda en kolay yol, ikisi arasındaki paternleri sorgulamaktır. Bunu açıklamak için örnek olarak Jenny diye isimlendirdiğim bir danışanımın vakasını kullanacağım. Terapiye geliş nedenini açıklarken yüzündeki ifadenin gerginliği çok açıktı: *'Anlatmak benim için hiç kolay*

EBEDİ RUHU ŞİFALANDIRMAK

değil, ilişkimin fiziksel tarafıyla ilgili.' Yıllarca süren danışma ve terapilerden sonra hala bir şeyler doğru gitmiyordu:

Jenny büyük bir evde hizmetçi olarak çalışan 7 yaşındaki bir kız çocuğu olduğu geçmiş hayata geri gitti. Çalmaya çalıştığı bir porselen heykelciği elinden düşürmüştü. Yere çarpmanın etkisiyle paramparça olan heykelciğin parçalarını umutsuzca toparlamaya çalışıyordu. Jenny öksürmeye başladı ve *'Boğazım! Boğazlanıyorum!*' dedi. Küçük kız çabucak ölüyordu. Ölüm anındaki düşünceleri *'Çok gayret ettim. Yeterince iyi değildim.'* oldu.

Küçük kıza o hayatın önemli olaylarını yeniden gözden geçirmesi söylendi. Ailesi tarafından o büyük eve çalışmaya gönderilmesinin nedenini anlayamamıştı. Eve vardıklarında evin efendisi ve ailesine tanıştırılıyordu. Bu anda evin genç oğlunun onu aşağıdan yukarıya yüzündeki şeytansı ifadeyle alaycı şekilde süzdüğünü fark etti. Tüm çalışanlar o genç oğulun huysuz olduğunu biliyordu. Bu yüzden küçük kız da ondan sakınmaya çalıştı. Daha sonraki bir anda küçük kız bir porselen heykelciği çalıp eteğinin altına saklıyordu. Ne yazık ki evin oğlu küçük kız oradan geçerken onun kolunu sıkıca yakalayınca porselen heykelcik yere düşüp kırılıyordu. Yere eğilip parçaları toplamaya çalıştığı sırada oğlan onun arkasına geçmişti, oğlanın kızgın monoton sesini duyabiliyordu. Oğlan deri bir kayışla kızın boğazını sıkarak öldürüyordu.

Ruhsal boyutta küçük kız anne ve babasının ruhuyla buluşup, o eve çalışmaya gönderilmesinin nedenini anlamaya çalıştı. Onu sevmelerine karşın, para ve gıda yetersizliği yüzünden başka çareleri yoktu. Jenny bunu anladığında *'Yeterince iyiyim.'* derken rahatladığı çok açıktı. Küçük kız onu boğan delikanlının ruhuyla karşılaştığında ona porselen heykelciğin kırılmadığını göstermek istedi.

Entegrasyon

'*Bak, kırılmadı.*' derken duygusal bir karşılaşma yaşandı. Sonra gülümseyerek, '*Bunun için kimseyi öldürme!*' dedi. Enerji alanı taraması sırasında Jenny hala başının yan tarafında bir gerginlik hissettiğini bildirdi. Bu gerginlik hissinin ilk kez başladığı, kırılan heykelciğin parçalarını toplamaya çalıştığı ana geri gitti. Sezgisel bir ilhamla '*Deli gibi bakmaya ihtiyacım yok. Parçaların öylece orada durmaları uygundur.*' dedi. Danışana, acaba o küçük kızın delicesine parçaları bir araya getirme çabasıyla şimdiki hayat arasında benzerlik var mı diye sorulduğunda gözleri yaşla doldu. '*Kocamla hayatımın cinsel tarafını toplamaya çalışıyorum ama yapamıyorum.*' Küçük kızın başındaki baskı hissini nasıl serbest bırakabileceği sorulduğunda Jenny, '*Kendine böyle zor anları yaşatmaktan vazgeçerek.*' dedi. Ansızın gülerek, '*Kendime zor anlar yaşatmaya daha fazla ihtiyacım yok. Yeterince iyiyim.*' dedi. Bu cümle şimdiki hayatı için bir olumlama olarak verildi.

Seanstan 2 hafta sonra Jenny aşağıdaki e-postayı gönderdi:

'*İlişkimde genel olarak çok daha rahat hissediyorum. Her zaman düşmanlık hissederdim fakat bu tamamen geçti ve olanlara çok daha fazla gülebiliyorum. Seanstaki kırdığım ve bir türlü bir araya getiremediğim porselen figürün ilişkimin sembolü gibi olduğuna inanıyorum. Şimdi tamamen güvende hissediyorum ve tüm kuşkularım sona erdi. 'Yeterince iyiyim' olumlaması çok güçlendirici oldu. Ne zaman bir sorunum olsa ve moralim bozulsa bu olumlamayı kullanıyor ve çok daha rahatlamış hissediyorum. Boğulmuş çocuğu daha az hissediyorum. Her şeyi yapabilecek daha muktedir biriyim ve bu yeterince iyi. Sonsuz minnettarlığımı kelimeler ifade edemez.*'

EBEDİ RUHU ŞİFALANDIRMAK

Jenny için geçmiş yaşam ve şimdiki yaşamı arasındaki tekrarlayan motif yeterince iyi olmamaktı. Diğer danışanlar için bu bir duygu, fiziksel bir duyarlılık, ilişki sorunu veya hatta bir kişiyi fark etmek de olabilir:

Şimdiki yaşamında o geçmiş yaşamdan gelen herhangi bir benzer durum fark ediyor musun?

Şimdiki yaşamında o geçmiş yaşamda yer alan herhangi bir kişi fark ediyor musun?

Danışan hala bu dönüşmüş bilinç düzeyindeyken, sezgisel iç görülerin ortaya çıkması için bir süre beklenebilir. Eğer bazı tekrarlayan durumlar atlanmışsa yeni bir soru sorulabilir: 'Sırtındaki ağrıyla bağlantılı olarak geçmiş yaşamın ve şimdiki yaşamın arasında herhangi bir bağlantı var mı?' Danışanın kendisini keşfetmesini teşvik etmek açısından araştırıcı sorular sormak, görüş veya fikir vermekten çok daha güçlüdür.

Bir danışan olumsuz takıntılı düşüncelerden kaynaklanan belirtiler gösteriyorsa, şimdiki yaşamlarına bir olumlama taşımaları konusunda onlarla hemfikir oluyorum. Bu olumlama ölüm anındaki olumsuz düşüncenin veya bir takıntının yerine geçecek olumlu bir telkin yaratmaya odaklanmalı. Bazen ruhsal rehberin tavsiyesi kullanılabilir. Jenny'nin durumunda, ölüm anındaki 'Çok gayret ettim, yeterince iyi değildim.' düşüncesi, 'Yeterince iyiyim.' olumlaması ile değiştirilmişti. Olumlamalar, geçmiş yaşamdan şimdiki yaşama sızan olumsuz düşüncelere karşı durmanın bir yoludur.

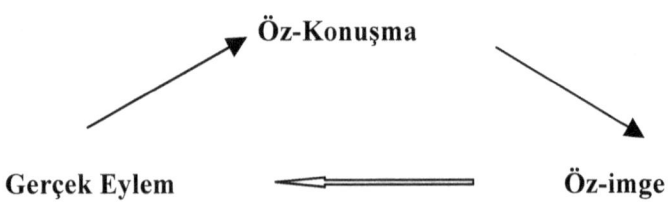

Entegrasyon

Takıntılı bir düşünceyle bağlantılı olan yük regresyon sırasında ortadan kaldırıldığında, pozitif öz-konuşmanın destekleyici döngüsünü yaratmak daha kolay olacaktır.

Olumlamaların şimdiki zaman diliyle söylenmesi, olumlu anlam içermesi ve akıldan çok imgeleme ve duygulara hitap etmesi gerekir. Örneğin; " Adama cesaretle karşı çıkarken güçlüyüm" ya da " Kendi kaderimi yönlendirmekte kendimi özgür hissediyorum". Bunlar düzenli olarak tekrar edilebilir veya bilinçli zihne hatırlatmak üzere, danışanın gözönünde bir yere koyması için bir karta yazabilir.

Hayatlar arası ruhsal regresyondan sonra gözden geçirilen geçmiş yaşam olaylarının sırasını ve ruh grubuyla buluşmasını özetlemek yararlı olur. İçerik hakkında araştırıcı bir soru sorulabilir:

Bu kısımla ilgili hangi önemli anları hatırlıyorsun ve bunlar sana nasıl yardımcı oldu?

Kendi kayıtlarını dinlemeden önce birkaç hafta beklemelerini öneririm. CD'nin her dinlenişinde, içerdiği yoğun bilgi nedeniyle daha fazla içgörü edinilmesi mümkündür. Geri bildirim için zamanı geldiğinde bu bilginin onlar için nasıl yararlı olduğuna dair bir özeti bana e-postayla göndermelerini isterim. Bu entegrasyon sürecine yardımcı olur.

REGRESYON TERAPİSİNİN ENTEGRASYONU

Regresyon terapisinde zaman çizgisi, danışanın sorunuyla ilgili geçmiş yaşamları olduğu gibi şimdiki hayatının önemli olaylarını da kapsayacak şekilde uzatılır. Hepsinin bilinçli farkındalık düzeyine getirilmesi ve bir veya birkaç seansla dönüştürülmesi gerekmektedir. Jane'le yapılan çalışma buna örnek olarak gösterilebilir. 32 yaşında iki küçük oğlan ve bir kız çocuğu annesiydi. Halen erkek arkadaşı ile beraber yaşıyor ve gece hemşiresi olarak çalışıyordu. İki yıl önce eşinden ayrıldıktan sonra hafif bir depresyon geçirmişti. İlişkilerinde sürekli kötü muameleye maruz kalma motifi bulunmaktaydı. Eşi de son derece huysuz olmasına rağmen bu ilişkiye tutunmaya devam etmişti. Şimdiki erkek arkadaşından ayrılma konusunda kaygılı şekilde pek çok terapiste görünmüştü. Sorununun farkındaydı ancak bunlarla ilgili eyleme geçmeyi zor buluyordu. Son zamanlarda günde iki veya üç kez, midesinde spazm ve ağrıların da eşlik ettiği panik ataklar geçirmeye başlamıştı. Hastalığı nedeniyle işe gidemiyordu ve doktoru ilaçlarını iki katına çıkarmayı önermişti. Ancak Jane farklı bir yaklaşım denemek istiyordu:

> Jane önceki gece yaşadığı son panik atağı anlatır anlatmaz midesinde spazm başladı. Bu spazma odaklanması istendiğinde boynu ve çenesi kasıldı, tüm bedeni sarsılıyordu. Yoğunluk azaldığında bu duyarlılıkla ilgili bir imge göz önüne getirmesi istendi. On yıl önceki sezaryen ameliyatı ile ilgili bir anıdan söz etti. Lokal anestezi altında kesik atıldığında bebeğinin öleceğinden korkmuş fakat hareket edememişti. Jane o ana geri döndürülerek, ileri doğru eğilmesi ve bebeğin sağlıklı olduğunu görmesi için cesaretlendirildi.
>
> Midesinde kalan gerilime odaklandığında Jane şimdiki yaşamında bu olaydan daha erken bir ana geriledi. Beş yaşındaydı ve tatilde kullanılan ahşap küçük bir teknedeydi. Aniden patlayan fırtınada sular teknenin yanından gelmeye başlamıştı. Babası teknenin diğer tarafındaydı ve öleceğini düşünerek bir çığlık atıp en yakındaki adamın bacaklarına yapışmıştı. Kızının bir yabancının bacaklarına yapışmasına

Entegrasyon

gülen babası durumu daha da kötüleştirdi. Ne yazık ki kızının yaşadığı travmatik durumu fark etmemişti. Jane'den o anda bedenine neler olduğunu göster dendi. Beden duruşunu ayarlayıp elleriyle sıkıca kavradığı minderle doğrularak oturduğunda bütün bedeni sarsılmaya başladı, nefesi yüzeysel ve sıktı. Sakinleştiğinde bu olayın herhangi bir kısmını istediği şekilde değiştirmesine fırsat verildi. Yeniden aynı ana geri gittiğinde babasına, *'Sana ihtiyacım var. Bana gülmeye hakkın yok.'* diye bağırdı. İzleyen dönüşüm regresyonlarında bu anıyı panik atak geçirmeksizin hatırlayabildi.

Bu seansın temel odağı Jane'in şimdiki hayatında daha erken zamanlarda yaşadığı iki travmatik olayın bedensel anılarıyla çalışmaktı. Jane'in tek seansta üstesinden geldiği bu tür yoğun çözülmeler için çok dikkatli çalışmak gerekir. Jane bir hafta sonra ikinci seans için geldi. Panik atakların ve mide spazmlarının sıklığı ve yoğunluğunun azaldığını bildirdi. Spazmlar konusunda daha fazla çalışmak istedi:

Son panik atağını anlatırken Jane'in midesi sarsılmaya başladı. Midesindeki duyarlığa ve ilk başladığı ana odaklanması istendi. Tüm bedeni sarsılmaya başladı ve zorlukla soluyarak, *'Hava alamıyorum, eziliyorum. Ah, karnım. Bir grup yerli yaklaşıyor. Birinin bıçağı var ve onun bedenini hissediyorum. Ah, bıçak karnıma saplanıyor.'* dedi. Çabucak ölmüştü.

Jane o geçmiş hayatı detaylıca gözden geçirdi. Viktorya döneminde fırtınada denize düşen hamile bir kadındı. Zorlukla kıyıya yüzüyor ve sahilde kendisini yerli bir grup kadın ve çocuk tarafından çevrilmiş buluyordu. Yerliler onun bakımını sağlıyor ve ikiz erkek çocuk doğuruyordu. Bir zaman sonra yalnız başına yürürken bir grup erkek yerli

EBEDİ RUHU ŞİFALANDIRMAK

ona yaklaşıyor, sırtını bir ağaca yasladığında da yerlilerden biri onu karnından bıçaklıyordu. Son nefesini aldığında bedenini terk ettiğini, yukarıya süzüldüğünü ve bedenini uzaktan gördüğünü hatırladı. Ölüm anındaki düşünceleri çocuklarını bir daha göremeyeceği hakkındaydı.

Bıçaklanmanın acısını hissetmeden bir önceki ana geri gitmesi ve istediği şekilde durumu değiştirmesi için teşvik edildi. Destek olarak bir yastığın yardımıyla yerliyi itip uzaklaştırmasına ve terapistin eliyle uyguladığı bıçak baskısını da çekip atmasına imkan tanındı. Bir iç çekme ile karnındaki acının gittiğini ve rahatladığını ifade etti.

Ruhsal boyutta kadın, o yaşamdaki çocuklarıyla buluşarak onlara neler olduğunu anlamaya çalıştı. Şaşırmış bir ses tonuyla, 'B*ana olanlar hakkında çok üzgünler.*' dedi. Yeniden kucaklaşmalarını deneyimlemesi için bir yastık kullanıldı. Bir sonraki kişi onu bıçaklayan yerli adamdı. Çocuklarının da desteği ile anladı ki, o yerlinin kendisine ihtiyaç duyan bir karısı ile bir çocuğu vardı, çok üzgündü ve affedilmeyi diliyordu. Böylece daha geniş anlayış kazanmıştı ve şimdi affetmeye hazırdı. Çok yoğun bir seans olmasına rağmen yaşadığı çözülmenin getirdiği büyük rahatlamayı ifade etti.

Değişik anıları araştırmak ve uyandırmak bir soğanın kabuklarını soymaya benzeyebiliyor. Her bir anı katmanındaki bir sorunla ilgili olan enerjiyi ortaya çıkıncaya kadar takip etmek, çözülmeyi ve dönüşümü sağlayabilir. Bu seansın önemli bölümü Jane'in geçmiş yaşamında affedişi ve anlayışı bulmasını sağlamıştı. Birçok insan şimdiki yaşamında affetmeye hazır olmadan önce geçmiş yaşamda affetmeyi daha kolay bulmaktadır. Bu Jane'in üçüncü seansının konusuydu. Geçmiş yaşam seansı sonrasında konuşulduğu üzere, şimdiki yaşamında kurban olmakla ilgili aynı motifi taşıyan şimdiki yaşam anılarına geri gitti:

Entegrasyon

Jane erkek arkadaşı ve eski eşinin kötü muamelelerini yeniden hatırladı. Eski eşinin ruhuyla bir toplantı imgelemesi ve o anda söyleyemediği şeyleri söylemesi istendi. Uzun bir aradan sonra, *'Senin huysuzluğunla yaşayamam. Çocuklar için bu doğru değil.'* Cevabının ne olduğu sorulduğunda, işindeki stres nedeniyle hırçın olduğu ve ayrıca Jane'in huysuzluklarıyla da başa çıkamadığı için kötü davrandığı anlaşıldı. Terapist Jane'e geçmiş yaşam seansında çözüme ulaşmasını sağlayan affedişe nasıl ulaştığını hatırlattı. Daha sonra bir yastık yardımıyla eski eşini duygusal olarak kucakladı. Benzer bir süreç erkek arkadaşı için de uygulandı. Jane şimdi erkek arkadaşı ayrılsa bile, kendisi için yeni bir cesur adım olacak şekilde onunla karşılaşmaya hazırdı.

Geçmiş yaşamla şimdiki yaşam arasındaki durum motif benzerliğinin anlaşılması genellikle entegrasyon için yeterlidir. Yine de, hala şimdiki yaşama ait duygusal yükler varsa onların da çözümlenmesi ve sonuçlandırılması gerekir. Bu bazen tek bir seansla ya da birkaç seansla mümkün olabilir. Jane ilk seansında babasıyla, üçüncü seansta ise erkek arkadaşı ve eski eşiyle olan konularını çözmüştü. Daha önce, geçmiş yaşam regresyonu sırasında, geçmiş yaşam karakteri ile bağlantılı duygusal enerji arasında nasıl bir sezgisel bağlantı olduğunu göstermiştim. Farklı bilinç seviyesindeyken bu bağlantıyı kullanarak konuşmak mümkündür. Aynı prensipler, şimdiki hayattaki birinden kaynaklanan bağlantılı duygusal enerji için de uygulanabilir:

... (şimdiki yaşamda yer alan kişinin ismi)' **nın ruhuyla buluşmak için kendine izin ver. O anda söylemek isteyip de söyleyemediğin ne var?**

Onlar sana ne söylüyor?

Bu görüşmelerdeki dönüştürücü diyalog, yeni iç görüler ve affediş getirir. Dönüşüm aynı zamanda şimdiki yaşam anılarının yeni bir ruhsal içgörüyle değiştirilmesiyle de sağlanır ve buna yeniden çerçeveleme denir.

Yeni niteliklerini beraberinde getir (ruhsal içgörüler veya güç hayvanları) **ve o ana git...** (tam olarak başlamadan bir an öncesi) **ve o anıyı sana yardımcı olacak herhangi bir şekilde tekrar deneyimle.**

Geleceğe uyarlama geçmiş veya şimdiki yaşam regresyonunun entegrasyonunda çok güçlü bir yöntemdir. Bu, danışanın kendisini gelecekte hedeflerini gerçekleştirmiş olarak görmesini sağlar. Danışanın sezgisel veya bilinçli olarak bilgi vermesi sağlanarak katılımcı olmasıyla çok daha iyi çalışır.

Bu seanstan altı ay sonrasına git ve kendin olarak geriye doğru altı ay içinde neler olduğuna bak, kendindeki değişiklikleri ve yeni ruhsal içgörülerin farkında ol.

Son altı ay içinde sosyal yaşamında neler olmuş bana anlat. (veya iş yaşamı, ya da ilişkileri)

ENERJİYİ YERLEŞTİRME VE TOPRAKLAMA

Genellikle regresyon seanslarının danışanın enerji sistemi üzerinde büyük etkisi vardır. Enerji blokajları çözüldüğünde veya ruhsal eklentiler temizlendiğinde, enerji alanının yeniden dengelenmesi birkaç gün alır. Bu sadece iyileşme sürecinin devam ettiğini gösterir. Bu konuda şaşkınlık yaşamamaları açısından danışan önceden bilgilendirilmelidir.

Entegrasyon

Bir regresyon seansının sonunda enerji alanını dengelemek için bir çok terapist danışan ayrılmadan önce onun enerji alanına birkaç dakika enerji aktarır. Bu reiki yaparak, dokunma terapisiyle, ruhsal şifalandırma ile veya benzer başka tekniklerle yapılabilir. Bazı regresyon terapistleri dışarıdan enerji aktarılmasına gerek olmadığını, en iyisinin danışana bunu kendi kendine yapmasını öğretmek olduğunu düşünmektedir. Daha önce sözü edilen beyaz ışık tekniği kullanılabilir. Her iki teknik de değerlidir. Ben eğer sezgisel olarak buna çekilirsem sadece enerji aktarıyorum. Ayrıca bir banyo da enerji alanının temizlenmesi için yardımcı olabilir. Ben danışana 24 saat içinde her hangi bir duygusal durumdan kaçınmasını ve kendisine nazik olmasını tavsiye ediyorum.

Ruhsal regresyondaki derin hipnozdan sonra danışanın tamamen uyanık hale gelmesi için zaman gerekir. Bu aynı zamanda kan dolaşımının da normale dönmesine yarar. 10 dan 1e doğru geriye sayarak bedenin bazı kısımlarını hareket ettirmesi de istenebilir. Bu çabucak dimdik şekilde oturmaktan çok daha nazik bir yoldur.

Hipnoz kullanılmamış olsa bile iç dünyanın deneyimlerine odaklanma sürecinde bilinç seviyesi doğal biçimde değişmektedir. Danışanın terapistten ayrılmadan önce tamamen topraklanmış ve bedenine yerleşmiş olması çok önemlidir. Tam konsantrasyon sağlanmadan bazı hareketler örneğin araba kullanmak tehlikeli olabilir. Topraklanma seansın sonunda dik pozisyonda otururken on dakikalık görüşme süresince başlayabilir. Diğer topraklanma işlemleri bir bardak su içmek ve uzun bir yürüyüşe çıkmak olabilir.

EBEDİ RUHU ŞİFALANDIRMAK

DİĞER ENTEGRASYON İŞLEMLERİ

Çocukluk travması durumunda, içsel çocuğun kendi büyümüş haline bir mektup yazması, regresyon seansının sonuçlarının entegrasyonu açısından çok güçlendirici bir yöntemdir. Sonia isimli danışanımın mektubu, çocukluğundan beri tekrar eden problemini yansıtıyor. Kelimeleri seçmek için gösterdiği hassasiyetin epeyce zaman almış olduğuna dikkat edin:

Kaygısız ve mutlu çok güzel bir çocuktum. Beni mutlu etmeye çalışan sevgi dolu bir ailede yetiştim. On yaş civarındayken şeytanın baştan çıkarmasıyla asla eskisi gibi olmadım. *'Bu bizim küçük sırrımız,'* dedi. *'Anlamayacaklardır. Sen benim özel kızımsın. Seni seviyorum.'* Ellerini hissettiğimde bunun doğru olmadığını hissediyor ama olmasına engel olamıyordum. Sırların, yalanların ve utancın olduğu bir hayatı sürdürmeyi iyi öğrenmiştim. 13 yaşında mutluluk numarası yaparak kendimi korumak için çocukluk anılarımı bloke ettim. *' Öyle güzelsin ki,'* dedi. *'Kimseye anlatma.'* Değişik ellerdi fakat aynı sırlar, yalanlar ve utanç. 18 yaşında, hoş fakat öz saygıdan yoksun, planlanmamış bir hamilelik. Aldırmayı düşünmüyordum ama annemin emriyle aldırdım. Onun yaptığı gibi benim de hayatımı mahvetmemem konusunda kararlıydı. Büyüdüm ve aşık oldum, fakat adamın elleri vardı. Dövülmüş ve tecavüz edilmiş şekilde iken kimsenin beni anlamayacağına inanıyordum. Fiziksel, duygusal ve zihinsel işkence yüzünden bir teste tabi tutuldum. Sinir krizi dediler, depresyon belirtileri, intihar düşünceleri, fazlasıyla öfke ve acı. Hala diğer duygular üzerinde çalışıyorum ama daha fazla sır, yalan ve utanç yok.

Entegrasyon

Kelimelerin güçlü ve harekete geçirici etkisi vardır. Eğer şifalanma henüz tamamlanmamışsa ve danışan bir kurbansa, anılar kötü muamele edenle karşılaşmak için çok acı verici olabilir. Yazmak bir seviyeye kadar o anılardan kopmayı, ayrışmayı sağlar. Hayatını çocukluğunda cinsel tacize uğramış yetişkinlerle çalışmaya adayan Penny Parks[1], *İçsel Çocuğu Kurtarma* adlı kitabında, içsel çocuğun deneyimini resimler veya yazılar aracılığı ile entegre etmenin öneminden söz eder.

Çocuk tacizinin kurbanları olan bir çok danışan kendinden iğrenme yüküyle kötürümleşmiştir. Birçoğu olgun bir cinsellik ve güvenilir ilişkiler oluşturmayı zor bulmaktadır. Rose'un önceki bölümde yer alan vaka çalışmasında değinildiği gibi, geçmiş bir yaşam genellikle böyle acı verici çocukluk anılarıyla karşılaşmadan önce bir arka kapı gibidir.

Regresyon seansları arasında yapılacak aktiviteler entegrasyon sürecinin devam etmesine ve iyileşme sürecinde kendini güçlendirmesine yarar. Her geçmiş yaşam için bir günlük tutmak işe yarar ve izleyen gün ve haftalarda gelecek iç görüler de eklenebilir. Kopma-ayrışma deneyimini yaşayanlar at binme, eskrim, futbol veya beden bilinciyle bağlantılı her hangi bir spor gibi fiziksel aktivite yapmaları yönünde teşvik edilebilir. Sıkışmış bir çığlığı açığa çıkaramayan danışana çocuklarıyla birlikte haykırmanın mümkün olduğu oyunlar oynaması tavsiye edilebilir. Duygularını deneyimleyemeyen bir danışana enerji şifa çalışması veya homeopatik ilaçlar önerilebilir.

Her seansın başında terapist bu aktiviteleri gözden geçirebilir. Belirtilerin azalması ile ilgili olarak danışana sorulacak sorular, önceki seansın sonuçları hakkında terapiste geri bildirim verecektir. Tek bir seansta kayda değer gelişmeler olmakla beraber, en iyisi başlangıçta üç seans veya daha derin problemlerde beş seans olarak plan yapmaktır.

ÖZET

Regresyon sonrası, şifalanma sürecinin tamamlanması için deneyimin danışanın şimdiki hayatına tümüyle entegre edilmesi gereklidir. Geçmiş yaşamla şimdiki yaşam arasındaki tekrar eden kalıpları fark etmek bile genellikle yeterlidir. Bunlar terk edilme, yalnızlık, kurban modu veya tekrarlayan duygusal ve fiziksel belirtiler olabilir. Bu kalıplar şimdiki yaşamda yer alan bir geçmiş yaşam karakteri de olabilir. Tek bir seans için danışandan e-posta veya telefonla alınacak bir geri bildirim ve destekleyici sorular entegrasyon sürecini devam ettirir.

Birçok sorun için regresyon şimdiki yaşam ve / veya geçmiş yaşam anılarının birleşimini kapsamalıdır. Genellikle şimdiki yaşamın acı verici bir anısıyla yüzleşmeden önce kısmi bir şifalanma için geçmiş yaşam arka kapı gibidir. O zaman bunlar da aynı şekilde geçmiş yaşamın önemli olayları gibi ele alınır ve ilgili kişilerle sezgisel düzeyde karşılaşmalar kolaylaştırılabilir. Bilincin farklı seviyesindeyken bu buluşmalardan yeni iç görüler ve tamamlanış gelebilir. Olumlamalar, anıların yeniden çerçevelenmesi ve geleceğe uyarlama diğer entegrasyon yöntemleridir.

11

ÖN GÖRÜŞME

Herkes biliyor ki komplekslerimiz vardır. Fakat insanların unuttuğu şey, komplekslerin bize sahip olmasıdır.
Carl Jung

Bir gün telefonu açtığımda yaptığımız konuşmanın özeti şöyle:

Oğlum için bir geçmiş yaşam regresyonu yapabilir misiniz?
Şey... eğer cinsiyet değiştirme ameliyatına girerse, kızım...Şu anda hormon tedavisi oluyor ve ismini Mary olarak değiştirdi. Ne yapacağımı şaşırmış haldeyim çünkü konuyu kimseyle konuşmak istemiyor. Birkaç ay içinde ameliyat için Hollanda'ya gidecek.
O geçmiş yaşam regresyonu istiyor mu?
Evet, ama diğer hiçbir terapistle konuşmak istemiyor. Onunla görüştüğünüzde ameliyatın tehlikeleri konusunda konuşur musunuz?
Sizin onun yerine aramanız çok iyi bir şey. Geçmiş yaşam regresyonu yapabilirim ama sadece o isterse. Her zaman danışanlarımla konuşur onların öyküsü hakkında bilgi toplarım. Bir sorunları varsa değişime birlikte karar veririz. Tüm bilgi onunla benim aramda gizli kalır. Cinsiyet değiştirme ameliyatı hakkında tartışmak istemezse onun bakışına saygı duyarım.

Kısa bir süre sonra bir elbise giymiş olarak bana geldi. Elbisesinin altından fırlayan göğüsleri ve sesindeki kadınsı ton, hormon tedavisinin etkisini açıkça gösteriyordu. Seansı bir geçmiş yaşam regresyonu olmasına karar verdik. Onu Mary olarak çağıracaktım. Gittiği geçmiş hayatta, umutsuzca bir erkek çocuk bekleyen aileye doğan bir kızdı. O kısa hayatında mutsuzdu çünkü yanlış cinsiyetteydi. Ölüm, yerel köylülerden birinin baltayla saldırısı sonucu kan kaybıyla geldi. Seansın sonunda Mary'ye kendisi de cinsiyet değişikliği ameliyatı geçirmiş ve bu konuda yardımcı olma konusunda uzmanlaşmış yerel bir danışmanın ismini verdim.

Mary'ye ne olduğunu hiç bilmiyorum. Ancak geçmiş hayatta baltayla öldürülmek ve şimdiki yaşamda Hollanda'da planlanan ameliyat arasındaki benzer kalıp, üzerinde düşüneceği bir konu olduğunu fark ettirmiş olmalıydı.

UYUM (GÜVEN)

Önceki özet ön görüşme sırasında kurulacak güven ilişkisinin ve bunun seans boyunca da sürdürülmesinin ne kadar önemli olduğunu göstermektedir. Bu, diğer psikoterapiler [1] ile regresyon terapisinin bazı ortak noktalarından biridir. İlişkinin yapılandırılması acı verici, utanç verici veya korkutucu bilginin açığa çıkmasını sağlamak için gereklidir. Yargılayıcı olmayan, mahremiyet ve güven içeren bir ilişki kurmak esastır. Cinsel taciz gibi hassas travma vakalarında ilk seans, danışan regresyon terapisine hazır oluncaya kadar bu güven ilişkisini kurmayı gerektirebilir.

Aşağıdaki özet, çalışmaları modern hipnoterapinin oluşturulmasında yararlı olan A.B.D.'li psikiyatrist Milton Erickson' dan alınmıştır. Milton Erickson[2]'ın Toplu Yazıları'ndan

Öngörüşme

özetlenenler, onun psikotik bir hastayla kurduğu güven ilişkisine harika bir örnektir:

Massachussetts' teki Worcester Devlet Hastanesinde yatan bir hasta, odasına kilitlenmesini istemişti ve zamanını endişe ve korkuyla pencerenin demir parmaklıklarına ip sararak geçiriyordu. Düşmanlarının gelip onu öldüreceğini biliyordu ve tek giriş pencerelerdi. Demir parmaklıkların çok zayıf olduğunu düşünüyordu. Bu nedenle onları iplerle sararak güçlendiriyordu. Odaya girdim ve ben de iplerle demir parmaklıkları güçlendirmesine yardım ettim. Tabandaki çatlakları fark ettim ve bu çatlakları gazete kağıdıyla tıkamayı önerdim. Böylece düşmanlarının bu yolla gelişi de kapanmış olacaktı. Sonra kapının etrafındaki çatlakların da gazeteyle kapatılmasının gerektiğini keşfettim, yavaş yavaş odasının bütün koğuşta bulunan birçok odadan biri olduğunu, çalışanların onun düşmanlara karşı savunmasının bir parçası olduğunu fark etmesini sağladım. Ve daha sonra hastane yönetiminin, polisin ve valinin de. Sonra da onun savunma sistemini eyaletlere ve son olarak da Birleşik Devletlere kadar genişlettim. Bu onun kapısının kilitli olmasından vazgeçmesini sağladı, çünkü pek çok savunma hattı vardı. Düşmanlarının onu öldüreceği hakkındaki psikotik düşüncesini değiştirmeye ve düzeltmeye çalışmadım. Sadece ona birçok savunma hattının bulunduğunu gösterdim. Sonuçta hasta saha avantajlarının olduğunu ve bu alanda emniyetli şekilde gezinebileceğini kabul etti. Çılgınca çabalarını bıraktı ve daha az problem oldu.

Erickson, yargılayıcılıktan uzak ve diğer kişinin iç dünyasına saygılı bir yaklaşımın problemin dönüşümünden önce ne kadar çabuk güven sağlanabildiğini göstermiştir. Bu durumda dönüşüm, hastanın anlama yeteneğine bağlı olarak yavaşça gelir. Geleneksel olarak bir danışan terapiye cevap vermiyorsa 'dirençli' olarak tanımlanır. Regresyonda dirence gerek yoktur çünkü seansta ne ortaya çıkarsa problemin bir parçası olarak ele alınır.

Pensilvanya Üniversitesi'nin araştırması, iletişimin algılanmasında % 55 beden dili, % 38 ses tonu ve % 7 sözlerin etkin olduğunu göstermiştir. Dolayısıyla konuşma sırasında kişi bilinçli olarak sözcüklere odaklandığında, iletişim % 93 bilinçaltı tarafından yapılmaktadır. Aynalama bu bilinçaltı iletişimi sağlamak için bir yöntemdir. Vücut aynalaması ile göz teması kurarak, beden duruşu ve hareketleriyle uyum sağlanabilir. Ani el ve kol jestlerine hemen uyumlanmak bazen mümkün olmayabilir. Yine de konuşma zamanı geldiğinde, dikkati çekmeksizin beden duruşu aynalanabilir. Ses tonu, ritmi ve yüksekliği diğer kişinin kullandığı kalıplar veya sözcüklerle birleştirilerek uyum sağlanabilir. Güven tesisi, daha çok diğer kişi gibi olmak ve onunla uyumlanmakla ilgilidir.

Danışanın ölümden sonra ne olacağıyla ilgili inancını öğrenmek yararlı olacaktır. Bazıları materyalistik bakış açısına sahiptir. O zaman geçmiş yaşam regresyonu, geçmiş yaşamı temsil eden bilinçaltı anılarının gözünde canlandırma ve yaratıcı imgelenmesiyle bir problemin iyileştirilmesi olarak açıklanabilir. Ruhsal inançları daha çok olanlara ise problemin geçmiş yaşamdan gelen kaynağının iyileştirilmesi şeklinde açıklanabilir. Mutlak gerçek, danışanın tutarlı ve mantıklı algılamasından daha az önemlidir. Analitik kişilere bir filmi durdurup kısmen yorumlamadıklarını, aynı şeyi geçmiş yaşam regresyonu için de uygulayabilecekleri hatırlatılabilir.

Regresyonun nasıl yardımcı olabileceği, benzer koşullardaki danışanlardan örneklemelerle açıklanabilir. Terapistin yararlı bir sonuç elde edileceğine inancı, sağlam bir dayanak oluşturur.

Öngörüşme

HEDEFLER VE ÖLÇÜLEBİLİR BELİRTİLER

İlk görüşme, danışanın terapiye gelmekteki amacını ortaya koymak için bir fırsattır. Regresyon terapisi uygulanırken danışanın amacına yönelik belirtileri de bir araya getirmek gerekecektir. Bunlar ansızın gelen izinsiz düşünceler, olumsuz duygular ve açıklanamayan ağrılardır. Birçok terapi öğrencisinin hatası 'Öfkeleniyorum', gibi muğlak belirtiler almasıdır. 'Son üç yıldır günde iki öfke patlaması', gibi ileri sorgulamalar gerçekleşme sıklığını belirleyecektir. Yoğunluk, 10 danışanın deneyimlediği en güçlü öfkeyi ve 1 hiç öfkeyi temsil etmek üzere verilecek ölçek ile belirlenebilecektir. Geçen ay belli durumlarda 7 seviyesinde bir öfke patlaması benzeri ilave bilgi sağlayacaktır. Yoğunluk ve sıklığa ait ölçülebilir belirtilerin alınması, hem danışanın hem de terapistin belirtiler azaldıkça terapinin etkinliğini değerlendirmesini sağlar.

SINIRLAR VE ÖYKÜNÜN ALINMASI

Kurban olma problemiyle çalışan bir danışan olduğunda, herhangi bir fiziksel temas olmadan önce terapistle güvenilir bir ilişki kurulması gerekmektedir. Regresyon seansında beden terapisi sırasında minder vb. araçlarla temas gerekebilir ve bunun için önceden danışanın onayı alınmalıdır. Ön görüşme sırasında basit bir örnekle onay alınabileceği gibi, seans sırasında ihtiyaç duyulduğunda da 'Rahatlamaya yardımcı olmak üzere elimi itmeni isteyeceğim', gibi bir ifadeyle de onay alınabilir. Profesyonel amaçlar için seans kaydı alınıyorsa da bu onay gereklidir.

Bu tür terapilere aşina olmayanlar için danışanın beklentilerini de belirlemek önemlidir. Bu; hipnoz, geçmiş yaşamlar veya hayatlar arası hayat deneyiminin neye benzeyeceğiyle ilgilidir. Ayrıca iyileşme sürecinin bir parçası olarak duyguların yüzeye çıkabileceği hakkında da açıklama yapılır. Seansların sayısı ve süresinin de görüşülmesi gerekir.

Kişisel öykünün önemli bir kısmını önceki terapi deneyimleri, zihinsel sağlık problemleri, fiziksel hastalıklar, sağırlık ve yüksek tansiyon gibi bozukluklar hakkında bilgi alınması oluşturur. Bu bilgiler, regresyon terapisine uygun olmayan danışanları ayırt etmeyi sağlar.

REGRESYON TERAPİSİ İÇİN UYGUN OLMAYAN SORUNLAR

Regresyon çalışmasında yeni olan terapistler, ya çok fazla çalışmayı gerektirmeyen ya da daha önce başkalarıyla çok çalışmış danışanları bulacaklardır. Daha deneyimli oldukça daha zor problemlerle baş etme yeteneği artacaktır. Obsesif kompalsif bozukluklar gibi birçok problem, ciddi zihinsel sağlık problemleri ile çalışmada ve diğer psikoterapötik yaklaşımların entegrasyonunda deneyim gerektirir.

Yine de bazı danışanların problemlerinde regresyon terapisi uygulamaktan kaçınılmalıdır. Bunlar net ve akılcı düşünemeyen veya kuruntulu danışanlardır. Beden kritik kilonun altına düştüğünde anoreksiya da bunlardandır. Gıda protein eksikliği, normal beyin aktivitesi için yeterli hormon sağlayamadığını gösterir. İleri seviyede depresyon da bunlara dahildir. Azalan aktivite düzeyi, aşırı uyuma, sürekli yorgunluk, odaklanma güçlüğü ve çalışma kapasitesinde yetersizlik bu durumun belirtileridir. Karşıt göstergelerden biri de majör depresyondan manik periyoda kadar değişen, dikkatin kolayca dağıldığı ve uyku

Öngörüşme

ihtiyacında azalmayla kendini gösteren bipolar kişilik bozukluğudur.

Şizofrenik eğilim gösteren danışanlar da dikkatle ele alınmayı gerektirir. Onlar kendilerini geçmiş hayat kalıntıları ile aşırıtanımlamaya ve varlıklarına entegre etmek yerine onlarla detaylı sahneler oluşturmaya teşebbüs edebilirler.

Eğlence amaçlı ilaç kullanımı veya 'anti-depresanlar' veya 'endişe giderici' özellikteki ilaçların yüksek dozlarda kullanılması da çalışmamayı gerektiren karşıt işaretlerdendir. 50 mg üzeri dozlar, konsantrasyon güçlüğü ve anıları hatırlamada zorluk yaratmaktadır. Kişinin kendi yüksek benliği ile bağlantı kurma yeteneği etkilenir, geçmiş hayat anılarını hatırlamak ve ruhsal boyutlarla çalışmak zorlaşır.

Yoğun duygusal boşalma gibi deneyimler sözkonusu olacağı için, kalp problemleri ya da epileptik krizler gibi tıbbi koşulların bulunduğu durumlarda katartik çalışma yapmaktan kaçınmak gerekir. Hamilelerle çalışmaya, fetüsün duygusal deneyimi kendisininki gibi kaydedebileceği için dikkatle yaklaşılmalıdır.

Eğer terapist 16 yaşından küçük bir çocukla çalışma yapıyorsa, ebeveynin yazılı izni alınmalıdır.

PSİKOTİK İLAÇLARIN OLUMSUZ ETKİLERİ

Psikotik ilaçlar daha derin depresyona veya psikoza giden spiral döngüyü kırmak için kullanılır. Bununla beraber, terapinin kullanılabileceği durumlarda uzun vadeli çözüm değildir. Bu tür ilaçların yan etkileri endişe vericidir. Doktorların yaygın olarak kullandığı Jerrold Maxmen[3]'ın *Psikotropik İlaçlar İçin Hızlı Bilgi* kitabında, psikotik ilaçlar hakkında ulaşılabilen araştırma verileri birleştirilmiştir. Bu yan etkiler arasında zihin karışıklığı, yönelim bozukluğu, halüsinasyonlar, hipomanya ve hatta anksiyete ve depresyon düzeyinde artış da bulunmaktadır. Oysa ilaçların alınma sebebi zaten bu rahatsızlıklardır.

Bir danışan psikotik ilaçları almayı bıraktığında genellikle rahatsız edici yan etkiler görülür. Anksiyete ve depresyonun özgün belirtileri kısa bir dönem yoğunlaşabilir. Bu nedenle normalde %10 luk azaltma yöntemi^4 tavsiye edilmektedir. İlacın alımı 10 adımda ve her adım için %10 azaltmayla sonlandırılır. Son adım bazen iki daha küçük adımda tamamlanır. Her adımın süresi ilacın daha önceki alım düzeyine ve ne kadar süreyle alındığına bağlı olarak değişecektir. Her adım, danışanın ilacı bir önceki adımda azaltmaktan gelen yan etkilere dair kararına göre atılacaktır. Bu yan etki belirtilerini azaltırken, ilaç kullanımını azaltma döneminde depresyon veya anksiyeteye ait özgün belirtilerin yorucu olabileceği konusunda terapist uyanık olmalıdır. Şüphesiz bir danışanın alacağı ilacın düzeyine danışanın doktoru ile konuşup tartışarak karar verilmelidir.

SAHTE ANILAR

Şu örnek, sahte anılar nedeniyle suçlanmanın ne kadar kolay olduğunu göstermektedir :

Eylül 2003'te ileri gelen bir çocuk psikiyatristi, 13 yaşındaki bir kız çocuğuna cinsel tacizle ilgili sahte anılar yerleştirmekle suçlanmıştı. İngiltere Genel Tıp Kurulu mesleğini kötüye kullanmakla ilgili suçlamayı inceledi. Kız, yatılı okulda yemek yemekten vazgeçmiş ve aşırı dozda antidepresan ilaçlar almıştı. Bu nedenle de psikiyatriste yönlendirilmişti. Bundan önce de bir kemik uzmanı ile görüşmekteydi. Çünkü ailesi yaşına göre yeterince hızlı büyümediğinden endişeleniyordu. Bu görüşmelerden birinde kemik uzmanı kızın göğüslerini görsel olarak muayene etmişti. Çocuk psikiyatristi kızın kemik uzmanının göğüslerini okşadığını anlattığını ifade etmişti. Ancak daha sonra anlaşıldığı üzere bütün görüşmelerde kızın ailesi hazır bulunmuştu ve böyle bir olay da yaşanmamıştı.

Bazı ülkelerde, özellikle A.B.D. de, sahte anılardan kaynaklanan iddialar, terapist hakkında dava açılmasıyla sonuçlanmaktadır. Kanıtlanması zor olmakla birlikte terapistin koruyucu önlemler alması gerekmektedir. Regresyon sürecinde eğer beden terapisi kullanılıyorsa bazı fiziksel temaslar söz konusu olabilecektir. Bu nedenle profesyonel olmayan davranışlarla ilgili iddialara karşı terapistin her senası kaydetmesi önerilmektedir. Saatlerce kayıt yapabilecek dijital kayıt araçlarının gelişmesiyle, teknoloji her seansın kaydedilmesine olanak sağlamaktadır. Bu kayıt cihazları ile en sessiz konuşmalar bile kaydedilebilmektedir. Özellikle taciz bilgisi bir regresyon seansı sırasında ortaya çıkarsa, terapistin yönlendirici ifadeler kullanmak yerine soru sorma konusunda dikkatli olması gerekmektedir.

ÖZET

Ön görüşme regresyon terapisinin mi yoksa hayatlar arası regresyonun mu uygun olacağına karar vermek için bir fırsattır. Net ve akılcı düşünememe ya da hayal dünyasında yaşama, danışanlarda karşıt işaretler olarak değerlendirilmelidir. Bunlar danışanın bir çatışmasından kaynaklanabileceği gibi, eğlence amaçlı veya tıbbi nitelikte ilaçlar almasından da kaynaklanabilir. Danışanın tıbbi tedavi ve zihinsel sağlık öyküsü dikkatle kontrol edilmelidir. Her seansın kaydedilmesi sahte anılardan kaynaklanan veya profesyonelce olunmadığına dair iddialara karşı önlem olabilecektir. Güven tesisinin ön görüşmeden itibaren sağlanması ve seans boyunca da sürdürülmesi gerekmektedir. Bu,

EBEDİ RUHU ŞİFALANDIRMAK

terapi sırasında neler olacağının ve beklentilerin de tartışılıp mutabakat sağlanmasını da içerir. Yargılayıcı olmayan bir yaklaşımla birlikte, gizlilik ve güven esasına dayalı bir ilişki esastır. Regresyon terapisi için amaçlarla bağlantılı rahatsız edici düşünceler, negatif duygular ve açıklanamayan ağrılar gibi ölçülebilir belirtilerin dikkatle kaydedilmesi önemlidir. Yoğunluğu ve sıklığının anlaşılması, danışanın gelişiminin takibi için gereklidir.

12

SONUÇ

Hata ve tesadüf yoktur, tüm olaylar öğrenmemiz için bize verilen ilahi armağanlardır.

Elizabeth Kubler-Ross

Ian Stevenson ve meslektaşları, geçmiş yaşamlarını hatırlayan çocukların vakaları ve ölüme yakın deneyimlere ilişkin yaptıkları çalışmalarda, geçmiş yaşamları gerçeklik olarak kabul etmek dışında bir açıklama getirmeyi zorlaştıran objektif deliller toplamışlardır. Batı biliminin bu konuda bir açıklaması yoktur. Dolayısıyla antik bilgelik ve ruhun gelişimi ile ilgili ilkeler, karma ve yeniden doğuş teorisi ile bu durumu açıklamaktadır. Michael Newton'ın kapsamlı araştırmalarında ve kendi hayatlar arası ruhsal anılarımla bunun nasıl doğrulandığını daha önce göstermiştim. Bazen geçmiş yaşam gibi görünen tortular ortaya çıkabilir. Babası tarafından cinsel tacize uğrayan Rose'un vakası buna iyi bir örnektir. Savaş sırasında yıkılmış bir binanın molozları arasına düşerek sıkışan bir asker olduğu geçmiş yaşama gerilemişti. Çocukluğundaki acı verici anıyla karşılaşmaktan çekinirken, bacaklarındaki baskıyı hatırlaması iyileşmeyi başlatmıştı. Ruhunun kendi yolunu bulmasına ve önce geçmiş yaşamda sonra da şimdiki yaşamda bağlantıları oluşturmasına tümüyle izin verilmişti. Belirtilerin azalmasına yol açan bir çözüm noktasına gelebilmişti. Bu tür bir terapide geçmiş

EBEDİ RUHU ŞİFALANDIRMAK

yaşamdaki gerçeği aramak, onun iyileştirici gücü kadar önemli değildir.

Regresyon terapisinin, diğer terapilerin başarısız olduğu yerde nadiren başarısız olan bir terapi olduğu yönündeki iddialar abartılı olabilir. Ayrıca, psikoterapinin ve aşkın deneyimlerin bütün anahtar disiplinlerini tek bir süreçte birleştirdiği yolundaki iddialar abartılı ve yanlıştır. Çünkü herkes için aynı şekilde çalışmaz. Bazı danışanlar için regresyon terapisi yoğun ve bunaltıcı gelebilir. Bazıları ruhlarının henüz olgunlaşmamış yanlarının açığa çıkmasından hoşlanmayabilir ve sadece hayata karşı güvenlerinin yeniden kurulmasına yardım edecek terapötik bir ilişki isteyebilirler. Bazıları görsel çalışma yerine geçmiş yaşamlarla ilgili sezgilerini özgür bırakmayı seçebilirler. Bazıları da bir çatışmayı henüz bırakmaya hazır olmadıkları için o kadar derinde takılı kalmışlardır ki, fiziksel ve duygusal acının yüksek benliğin yararına deneyimlenmesi gerekmektedir. Tıbbi yaklaşımın anlamadığı şey, tekrarlayan ağrılar ve uyumsuzluk ruh için en önemli öğretmen olduğudur.

Regresyon terapisi, kronik fiziksel belirtiler ve duygusal kötürümlük durumlarında kayda değer çözülmeler sağlar. Bunların çoğu vaka çalışmalarında belirtilmiştir. Regresyon terapisiyle ilgili araştırma, diğer terapilerin başarısız olduğu vakaların % 60'ında danışanın belli düzeyde bir fayda deneyimlediğini göstermektedir. Danışanın inancı ne olursa olsun, geçmiş yaşam regresyonu kişinin şimdiki yaşamındaki kalıpları ve onların nasıl oluştuğunu anlamasına yardımcı olur. Geçmiş bir yaşamdaki ölümün ardından ruhsal boyutlara gitmek derin bir etki bırakabilir ve geçmiş yaşamdaki bir karakteri affediş, bilinç seviyesinde değişim için bir metafor oluşturur. Ruhsal rehberlerle sezgisel iletişim kurmak ruhsal bilgelik düzeyine geleneksel terapinin ötesinde katkıda bulunur. Terapistlerin iyileşme sürecinde alçakgönüllü bir takım arkadaşı olması önerilir. Regresyon seanslarıma her zaman ışık varlıkların

Sonuç

danışanın yararına olmak üzere bana yardımcı olmalarına açıkça niyet ederek başlarım.

Bu terapinin önemli bir parçası da ruhsal çalışmanın bir enerji çalışması olduğunu farketmektir. Bir danışan aşırı dozda aldığı ağır ilaçlar alarak intihara teşebbüs ettiği anla hastanede uyandığı süre arasında geçen altı saat boyunca neler olduğunu öğrenmek istemişti. Doktorlar normal düzeyin altı katı kadar fazla alınıp ölüme yol açabilecek ilaçtan sonra nasıl sağ kalabildiğini açıklamakta zorlanmıştı. O deneyime gerilediğinde ruhsal rehberinin onun bedenine akıttığı iyileştirici enerjiyi hissederek, şefkat ve sevgiyle göz yaşları içinde kalmıştı. Hücresel düzeyde ilacın etkisi bloke edilmişti ve rehberi neden ölmesine izin verilmediğini açıkladı. Ruhsal boyutlarda çalışmanın gerçek değeri; korku, suçluluk, öfke ya da tekrar eden düşünceler benzeri ifade edilmemiş ve donmuş enerji kalıplarının çözülüp dönüştürülmesinde çok yönlü yaklaşımların uygulanmasına zengin olanaklar sunmasıdır. Ayrıca terapistin geçmiş yaşam karakterlerinden taşınan örneğin ölüme neden olan düşman askerleri veya ölünceye kadar dövülen köleler gibi ruhsal eklentilerin enerjisini fark edip serbest bırakmasını da sağlamaya yarar.

Eklenti enerjiler, bu çalışmaya geleneksel psikoterapinin bakış açısı yerine enerjiyle çalışıldığının farkında olmanın da önemini gösterir. Bu konu tartışmaya açık ve kanıtlanması zor olmakla beraber, öyle görünüyor ki dünya boyutuna takılı kalmış enerjiler ve negatif enerjiler danışana eklenebiliyor. Kafasında sesler duyan Joe'nun vakasında olduğu gibi veya Ek-1 de yer alan Ron Van der Maeson'ın araştırmasında görüleceği gibi, bazı danışanlardaki belirtilerin eklenti enerji olduğunun anlaşılması, önemli dönüşüm sağlayabiliyor. William Baldwin buna ruhun serbest bırakılması adını verir. Şamanlar da ruhun kayıp parçasıyla çalışma diye adlandırırlar. Enerjinin serbest bırakılması ve tamamlanmışlık yanında nasıl adlandırıldığı önemsizdir.

EBEDİ RUHU ŞİFALANDIRMAK

Bilişsel davranış terapisi gibi bir çok terapi, konuşma terapisidir. Herhangi bir şekilde yoğun duygusal boşalım çözümlemesinden kaçınırlar. Ancak sadece bilişsel anılara odaklanmakla, bedene ve travmaya ait kök anıların depolandığı beyindeki limbik sistemi göz ardı ederler. 1920'lerde Wilhelm Reich sert mizaç konusunu ve bunun bedende nasıl ifade edildiğini keşfetmişti bile. Bedenin bu sert yapısının fiziksel stresten değil derinlere bastırılmış duyguların doğrudan ifadesi olarak ortaya çıktığını göstermiştir. Bessel van der Kolk ve psikiyatri araştırmacısı arkadaşları, danışanların donmuş beden enerji anılarına gerilemenin gerekli olduğunu, böylece diğer anılarla çalışmadan önce bu donmuşluğu harekete geçirip serbest bırakarak dönüştürülebileceğini fark etmişlerdir. Alice Bailey geçmiş yaşamların zorlu hastalıkları ve bedensel anılarından kaynaklanan karmik mirası yönetmenin ilkelerini belirlemiştir. Bu durum Ian Stevenson'un geçmiş yaşamlardaki şiddetli ölümlerle bağlantılı olarak çocukların fiziksel belirtileri üzerinde yaptığı çalışmalarla da bağımsız olarak doğrulanmıştır. Bu demektir ki; etkili hatırlama ve travmatik tortunun temizlenebilmesi için çalışmaya beden de dahil edilmelidir.

Spiritüel (hayatlar arası) regresyon ruhun hayatlar arası anılarını detaylı olarak verir. Ruh grubunun diğer üyeleri ile buluşmada bazı üyeler şimdiki yaşamdaki kişiler olarak tanınabilir. Genellikle danışanın önceki yaşamlarından gelen karmik çatışmaları olabilmektedir. Yeniden doğmadan önce bunun birlikte planlanmış olduğunu fark etmek, ilişkilerde dönüşüm yaratır. Neden bedenimizi ve yaşam koşullarımızı bu şekilde seçtiğimizi anlamak daha derin bir iç görü verir. Herhangi bir hayatlar arası regresyon çalışmasının en ilginç kısımlarından biri, şefkat ve sevgileriyle şimdiki yaşamın planlanmasına rehberlik eden yaşlı bilgelerle buluşmaktır. Genellikle kişinin hayatındaki karar noktasında ruhsal yönlendirmeler yaparlar. İnsanoğlunun tarihinde bu ancak bir hayatın tamamlanmasıyla

Sonuç

mümkündür. Dünyanın kaderine rehberlik eden ışık varlıklar kuralları değiştirmiş ve ruhsal iyileşmenin hızlanması için bu bilgiyi kullanılmaya hazır hale getirmiş görünüyorlar. Clare'in hayatlar arası regresyon seansından sonra söyledikleri bu durumu iyi özetliyor:

Bu çalışmanın bana daha da derin düzeyde dokunduğunu fark ettim. Güven kelimesini çok kullandım. Şimdi fark ediyorum ki sadece güvenmek değil, her şeyin mükemmel olduğunu biliyorum. Bu biliş hali kalbimi ve ruhumu açtı. Yeniden bağlantı kurduğumu fark ettim. Nerede olduğumu, niye geldiğimi, verdiğim kararların o an için mükemmel olduğunu ve sevildiğimi biliyorum.

Buda, kadim bilgeliğin zamandan bağımsız yönleri aracılığıyla ruhun iyileşmesi için gerekli adımları göstermiştir. Birinci adım, bir problemin belli bir bilinç düzeyinde var olduğunu fark etmektir. İkinci adım buna neyin sebep olduğunu bilmektir. Geçmiş yaşam ve hayatlar arası regresyon, insanlara bu yaşamın karmaşası ve kişilik içerikli ilüzyonlarının ötesini görmelerine yardımcı olur. Üçüncü adım ne yapacağını bilmektir. Regresyon terapisi, değişimi zorlaştıran duygusal ve fiziksel yükleri temizler ve olağandışı ruhsal deneyimler yeni içgörüler getirir. Dördüncü adım düşünce yapımızı ve şimdiki yaşamımızdaki diğer kişilere karşı davranışımızı değiştirmektir. Geçmiş yaşam ve hayatlar arası regresyondan sonra entegrasyon danışana yardımcı olur, ancak sonuçta değişim gerçekleştirme, ruhsal olarak büyüme ve gelişme için özgür iradeyi kullanmak tamamen danışana bağlıdır.

Ruhsal iyileşmeye yardımcı olan bu güçlü araçların neden içinde bulunduğumuz bu zamanda kullanılmaya hazır olduğu konusu net değil ancak muhtemelen insanlık tarihinin zor zamanlarında bulunduğumuz içindir. Açgözlülük ve maddiyatçı oluş sebebiyle yapılan tüm hatalar, dünyada var olan dualite ile ilgili farkındalığımızla, olumlu niyetin gücüyle ve karmaya saygıyla değiştirilebilir. Eski kadim bilgeliğin dediği gibi: 'Sevgiden geldik ve sevgiye döneceğiz.'

EK I

NOTLAR

1- REGRESYON TERAPİSİNİN TARİHİ

Geçmiş yaşamlarla çalışma 30 yıl önce öğretmen-yazar Dr. Morris Netherton ile başladı. *Deep Healing* kitabının yazarı Dr. Hans Ten Dam bu çalışma üzerine yeni teknikler ekledi. Kendisi, Hollanda'daki regresyon terapistlerinin çoğunun, Brezilya'dakilerin üçte birinin eğitiminden sorumludur. Dr. Roger Woolger 20 yıllık bir süreçte psikodramayı, Reich'ın beden farkındalığını ve Jung'ın kompleks teorilerini kendi regresyon terapi tekniğine entegre etti ve *Deep Memory Processes* (DMP) olarak adlandırdı. Regresyon terapisi geleneksel tıp dünyasında dikkate alınmaktadır. Portekiz'de Prof. Mario Simoes, Japonya'da Dr. Terumi Okayama, Rusya'da Dr. Pavel Gyngazov, Hindistan'da Dr. Newton Kondavati ve Brezilya'da Dr. Julio Peres gibi tıp doktorları tedavilerinde regresyon terapisini uygulamaktadırlar. Prof. Ian Stevenson'ın çocukların spontane geçmiş yaşamlarıyla ilgili araştırmaları, Dr. Michael Newton'un 30 yıl boyunca derin hipnoz kullanarak kaydettiği hayatlar arası seanslar da geçmiş yaşamlara dair farkındalığı artırmıştır.

Dünya çapında pek çok emek verenleri hariç tutmuyoruz ancak amacımız bazı öncülerin pek çok değişik yolla katkı sağladığını ifade etmekti.

2 – REGRESYON TERAPİSİYLE İLGİLİ ARAŞTIRMALAR

Dr. Ron Van der Maesen'in regresyon terapisi kullarak yaptığı çığır açan çalışma genellikle psikoterapi ile tedavi edilemeyeceği düşünülen danışanlarla ilgiliydi. İlk çalışması Tourette Sendromu[1] ile ilgiliydi. Bu, istemdışı olarak tekrar eden davranışlarla ilgiliydi ve uzun zaman nöro-psikiyatrik bir durum olarak görülmüştü. Araştırma, *Hollanda Regresyon Terapistleri Derneği*'nin 10 üyesiyle birlikte yürütüldü. Yirmiiki deneğin yaşları 9 ila 22 arasında değişiyordu. Hepsi tıbbi tedavi altındaydı ve tiklerini kontrol etmek için ilaç alıyordu. Deneklerin 10 tanesi terapiyi tamamladı ve 1 yıl sonra takip formu doldurdu. Beş tanesi özellikle motor tiklerinin geniş çaplı ortadan kalktığını veya sıklığının çok azaldığını bildirdi. Aynı durum ses tikleri için de geçerliydi. Beş denek artık hiç ilaç almadığını belirtti.

İkinci araştırması[2], rahatsız edici sesler ve düşüncelerin eşlik ettiği işitsel halüsinasyonlu şizofreni tanısı (*Diagnostic and Statistical Manuel of Mental Disorders - DSM-IV*) Akıl Hastalıklarının İstatistiksel El Kitabı referansı üzerinden konmuş danışanlardı. Terapi ve kontrol grubu olarak ikiye ayırdığı 54 denekle çalıştı. Hollanda Regresyon Terapistleri Derneği araştırma için terapist sağladı. Terapiden sonra dışarıdan bir psikiyatrist tarafından yapılan 6 aylık takip boyunca deneklerin % 25'i seslerin yok olduğunu, % 32'si de seslerle başa çıkabildiğini belirtti. Toplamda % 80'i pozitif kişisel deneyim yaşadığını ve aynı problemi yaşayan diğerlerine bu terapiyi tavsiye ettiklerini bildirdi. Psikoterapinin eleştirel bir değerlendirmesi olan *What Works for Whom*[3] (Kimin İçin Ne Çalışır) kitabında Prof. Fonagy şizofreniden muzdarip olanların yarısında psikolojik tedavinin etkili şekilde işe yaramadığını göstermektedir. Diğer yarısındaki

Ek I - Notlar

gelişme ise sadece kuruntular (delusion) konusunda olmuştur. Helen Wambach[4]'ın uygulama temelli olarak yaptığı geniş çaplı araştırmada, 26 regresyon terapistinin geçmiş yaşam regresyonu çalıştığı 17.350 danışanla ilgili sonuçlar incelenmiştir. Bunlardan % 63'ü duygusal ve fiziksel semptomlarını iyileştirmiş, % 40'ı kişiler arası ilişkilerini iyileştirmiştir. Bu çalışmanın dikkat çekici yanı, danışanların sadece diğer terapötik yaklaşımların fayda görmemiş olanlardan oluşmasıdır.

Hazel Denning[5] 1985 - 1992 yılları arasında 8 regresyon terapistinin katıldığı ve yaklaşık 1000 danışan üzerinde uygulama temelli olarak geniş bir araştırma gerçekleştirdi. Sonuçlar hemen terapi sonrasında, 6 ay sonra, 1 yıl sonra ve 5 yıl sonra ölçüldü. Kendisine 5 yıl sonra ulaşılabilen 450 danışanın % 24'ü belirtilerin tamamen yok olduğunu, % 23'ü çarpıcı gelişmeler gösterdiğini, % 17'i kayda değer gelişmeler olduğunu ve % 36'sı hiçbir gelişme göstermediğini belirtmiştir.

3 - PSİKOTERAPİDE İMGELEME

Yönlendirilmiş imgelemenin psikoterapi tarihinde uzun ve saygı duyulacak bir yeri vardır. 1935'te Jung[6]'ın 'aktif imgeleme'yi kendi tekniğinin temel taşı yapmasından, 1940'ta yönlendirmeli imgeleme meditasyonunu Psikosentez adını verdiği tekniğe uyarlayan Roberto Assagioli[7]'ye kadar. Psikoterapide imgelemenin gücüne duyulan saygı, benlikötesi (transpersonal) psikoterapisi[8]'ni de şekillendirmiştir. Günümüz modern hipnoterapinin önemli figürlerinden Milton Erickson, metaforlar ve öyküleri güçlü iyileşme tekniği[9] olarak kullanmada öncülük etmiştir. Erickson'ın çalışması geniş çaplı kullanılan NLP[10] tekniğinin de temelini oluşturmuştur. Yönlendirmeli imgelemin kullanıldığı bir diğer örnek ise David Groves[11] tarafından geliştirilen *Metafor Terapisi*'dir. Bu terapinin en temelinde terapistin danışanın problemi ile ilgili danışanla birlikte bir imge veya metafor geliştirmesi yer almaktadır. Tüm psikoterapi ve hipnoterapi yöntemlerinde bir düzeyde imgeleme kullanıldığını söylemek abartı olmaz.

4 – KATARSİS-YOĞUN DUYGU BOŞALIMI

Katarsis sözcüğünü ilk kez Sigmund Freud, danışanı Anna'nın belirtilerinin, daha önce bastırmış olduğu duygularını açığa çıkardıktan sonra yok olduğunu fark ettiğinde kullanmıştır. Terapinin tamamlanmasından birkaç yıl sonra belirtilerin yeniden ortaya çıktığını gördüğünde ise bu sözcüğü kullanmayı bırakmıştır. Beden farkındalığının kurucusu Reich ve daha sonra Moreno katarsis ile çalışmaya devam etmişlerdir. Freud'un gözden kaçırdığı ve Moreno'nun fark ettiği katarsisin bastırılmış öfke, korku, kızgınlık ve üzüntüden daha fazla bir şey olduğuydu. Moreno bunu danışanın yeni iç görüler edinmesi ve bunu şimdiki yaşamına aktarması için bir fırsat olarak gördü. Bu fikirler ve grup terapileri A.B.D. de zihinsel sağlık organizasyonları ve ayakta tedavi gören hasta gruplarında başarıyla kullanıldı. Yaygın olarak bilinen psikodrama[12], Fritz Pearl'ün gestalt terapisi, yeniden doğuş ve içsel çocuk terapileri gibi bazı terapiler, sıkışıp kalmış enerjiyi serbest bırakma ve entegre etme yöntemini kullanmaktadır. Bu terapiler, bir imgeyle bağlantılı güçlü ve doğru ifade edilmemiş duyguların öncelikle serbest bırakılmaması halinde değişim için gereken algılamayı zorlaştırdığını göstermiştir. Bu serbest bırakıldığında danışana daha doğru bir bakışla durumu görmesi[13] konusunda yardımcı olunabilir. Dr. Hans Ten Dam, Dr. Roger Woolger ve birçok regresyon terapisti bastırılmış ve bloke edilmiş duyguların çözülüp

Ek I - Notlar

dönüştürülmesinin derin problemleri iyileştirebildiğini fark etmiştir.

Hipnoterapi ve bilişsel davranışçı terapi dahil birçok psikoterapi tekniği katarsisi 'boşalma' olarak adlandırır ve kaçınmaya çalışırlar. Hipnoz kullanan regresyon terapistleri duyarlılığı azaltmayı öğrenmişlerdir. Burada temel fikir, kısaca durumu ya da gerilenen negatif anıyı açmak ve sanki dışarıdan gözlüyormuşçasına bilinçli zihnin bunu yavaşça sindirmesine izin vermektir. Odak noktası problemin çözülüp dönüştürülmesinden çok geçmiş yaşamı bilinçli farkındalık düzeyine getirmektir.

5 - BEDEN ANILARI

Bessel Van der Kolk[14]'un geliştirdiği travma terapisi, duygusal salıvermenin olduğu kadar fiziksel çözülmenin de öneminin altını çizmiştir. Birlikte çalıştığı Harvard psikiyatrik araştırmacıları beynin daha yaşlı kısımlarının, özellikle sürüngen ve limbik sistemin rolünü vurgulamaktadırlar. Beynin bu bölümü hayatta kalmak için gereken ölüm-kalım kararını verir ve travmatik duygularla beden anılarının depolanmasından sorumludur. Limbik bölgenin altı duyu ve hareketleri kontrol ederken, orta bölge duyguların işlenmesini kontrol eder[15]. Bu bölüm, beynin normal olarak mantık ve düşünme için kullanılan ön kabuğundan ayrıdır. Bütün bunlar, etkili bir hatırlama ve travmatik tortuların salıverilmesi için bedenin de dahil edilmesi gerektiğini anlatır.

Eski kadim bilgelik[16], fiziksel anıların bedenin enerji alanında nasıl eterik bir anı olarak tutulduğunu açıklar. Geçmiş yaşamda boğazlanarak ölen bir kız, ölüm anında nefes alamama duyarlılığını taşıyacaktır. Fiziksel bedeni terk ettiğinde bu anı eterik olarak beden hafızasına yerleşir. Bu anı, daha sonraki bir yaşamda bebeğin bedeniyle ruhunun birleştiği anda bedene tekrar yerleşir. Geçmiş yaşam beden anılarıyla çalışmanın; beden

EBEDİ RUHU ŞİFALANDIRMAK

zırhında spontane çözülmelere ve bloke olmuş fiziksel libidonun iyileşmesine yol açtığı sıklıkla dile getirilir ki bu Wilhelm Reich'ın fiziksel serbest bırakmalar üzerine yaptığı çalışmalarla aynı doğrultudadır. Gerçekten de bir dış gözlemci tarafından izlendiğinde bu çalışmanın en çarpıcı yanı danışanın fiziksel olarak çalışmaya katılmasının yarattığı gevşeme ve rahatlamanın görülmesidir. Roger Woolger[17]'ın ortaya çıkardığı gibi, kronik fiziksel kalıplar taşıyan bir danışan sadece gözleri kapalı olarak imgeleri saymaz veya oturmaz. Aksine sanki midesine saplanmış bir zıpkını çıkarmak için ya da köle olarak dövüldüğü bir andan kurtulmak üzere dramatik beden hareketleri yaparlar. Bu, sadece bilişsel ve ruhsal bir anlayış geliştirmeyi amaçlayıp bedeni ihmal eden hipnoz altında uygulanan geçmiş yaşam regresyonuna göre en önemli farktır. Tersine, beden anılarıyla çalışma, danışanın fiziksel anılarının canlı olarak hatırlandığı bedene odaklıdır.

EK II

BİR REGRESYON TERAPİ SEANSININ YAPILANDIRILMASI

HAZIRLIK

Kayıt cihazınızı hazır bulundurun. Seans sırasında terapistin olası yanlış anımsamalara karşı korunması ve / veya danışanın geçmiş yaşam kaydını talep etme durumu için kayıt cihazınızı yanınızda bulundurun.

Rahat bir destek. Danışanın uzanabileceği ve regresyon terapisi sırasında gereken vücut hareketlerine imkan veren rahat bir destek gerekmektedir. Eğer hipnoz kullanılıyorsa başlığı bulunan bir yatar koltuk kullanılabilir.

Rahatsız edici seslerden arınmış bir oda. Sabit ve cep telefonlarının (danışanın ki dahil) kapatılmış olduğu rahatsız edici seslerden arınmış bir oda sağlayın.

Bir kutu kağıt mendil. Olası duygu boşalımları için bir kutu kağıt mendili yanınızda bulundurun.

ÖN GÖRÜŞME

Ön görüşmede amaç treapistin, danışanın regresyon çalışmasına uygun olup olmadığına karar vermesidir. Ayrıca, karşılıklı ilişki kurularak güven kazanmayı ve danışanın kaygılarının azaltılmasını da sağlar.

Danışanın öyküsünü oluşturun. Ön görüşmenin başında danışanın kişisel bilgilerini,öyküsünü ve mevcut sorunlarını tespit edip bunların karşıt işaretlerle kontrol edilmesi gerekmektedir. Danışanın varsa kullandığı ilaçları ve piskolojik tedavi görüp görmediğini öğrenin.

Danışanın hedefleri konusunda uzlaşın. Danışanın terapiden beklediği değişimin netleştirilmesi ve beklentilerinin gerçekçi bir zaman planına oturtulması gerekmektedir. Başka bir danışanla yapılan çalışma, bu süreci tarif etmek için kullanılabilir:

Bugün beni görmeye sizi ne getirdi?
Öncelikli olarak çalışmaya başlayacağımız en önemli sorununuz hangisi?
Terapiye başlamamızdan sonra gelişme kaydettiğini farketmeni sağlayacak ilk şey nedir?

Danışanın huzursuzluk veren duygu ve düşüce kalıpları ile fiziksel rahatsızlıklarını öğrenin. Yoğunluk ve sıklığı da içeren ölçülebilir belirtiler almak terapi sırasında iyileşme sürecinin izlenmesine imkan verir:

Bu problemi en son yaşadığınzda o sıralar hangi duygular içersindeydiniz?
Bu belirtileri hangi sıklıkta deneyimliyorsunuz?
Günlük, haftalık, aylık?
Bu duygularınıza hangi düşünceler eşlik ediyor?
Onlarla birlikte vücudunuzda nasıl bir gerginlik ya da acı oluyor?
Bu belirtileri hissettiğiniz deneyimi, 10 en kötüsünü, 1 ise sıkıntının olmadığı durumu gösterirse en son kaç seviyesinde yaşamıştınız?

Ek II – Bir Regresyon Terapi Seansının Yapılandırılması

Terapi zaman çizelgesi. Her seans diğer bir regresyondan belli bir dereceye kadar farklı olacaktır. Ancak bazı süreçler ve özellikler ortaktır. Regresyon terapi seansları için tipik olarak 2 saatlik bir süre planlanır. Ön görüşme genelde 15 dakika alırken sürecin diğer aşamaları da; 10 dakika köprü ya da trans geçişi, 80 dakika regresyon, 15 dakika uyandırma ve danışandan geri bildirim alma şeklindedir.

Arkadaş ve/veya yakınların seansa katılmalarından sakının. Seansta ortaya çıkan bilgiler son derece kişiseldir ve arkadaşlar veya eşler de bu karmik bilgide yer alıyor olabilirler. Bu sebeple seansta bulunmamaları en iyisidir. Danışan daha sonra dilerse bu bilgileri herzaman paylaşabilir.

Beklentilerin netleştirilmesi. Terapist seans sırasında ne olacağını ve trans, geçmiş yaşam veya hayatlar arası tecrübesinin neye benzediğini anlatabilir. Kararsız danışanlar açık fikirli olmaya cesaretlendirilebilir. Analitik danışanlara analiz etmek için bir filmi yarısında durdurarak seyredilemeyeceği hatırlatılabilir. Ayrıca bastırılmış veya geriye atılmış anıların açığa çıkması duyguların da salıverilmesini içerir. Bunun konuşulması ve tedavi sürecinin bir parçası olduğunun açıklanması gerekmektedir.

Sınırlar. Beden terapi fiziksel hareket ve bazen de aksesuarlar vasıtası ile danışana dokunmayı gerektirebilir. O yüzden terapiden önce ya da seans sırasında dokunmadan önce danışandan izin alınması gerekir.

REGRESYON KÖPRÜLERİ

Regresyon terapi köprüleri danışanın problemi ile ilgili toplanan bilgilerden ortaya çıkar. Ön görüşme sırasında en basit köprü kullanılabilir:

Bu problem ilk başladığında hayatında neler oluyordu?

Ön görüşmede belirtilmiş olan, danışanın yaşadığı problem ile bağlantılı ve duygu yoğunluğu yüksek, kalıp cümleler, rahatsızlık veren düşünceler kullanılabilir.

Derin bir nefes al ve bu kelimeleri bir kaç defa tekrarla ve neler olduğuna bak.

Duygular için, şimdiki hayat anıları hatırlandığında yüzeye yakın olan belirtiler kullanılabilir:

En kötü kısmı neydi?
Tüm dikkatini o duyguya ver ve en derinine çekirdeğine kadar git.
Bu duyguyu ilk hissettiğin zamana geri git ... Neler oluyor?

Ön görüşmede belirtilmiş sebebi açıklanamayan fiziksel belirtiler için:

Bedeninde nasıl hassasiyetler yaşıyorsun? Yüzeye yakın mı derinde mi ... geniş bir alanda mı küçük bir alanda mı?
Beden duruşunu kol ve bacaklarını bu anıdakine uygun olarak ayarla, yoğunlaşan herhangi bir duyarlılık var mı anlamaya çalış.
Sanki ... ne oluyor gibi?
Hangi görüntüler geliyor?

Bedensel duyarlılıkları veya duyguları tetikleyerek tespit etmek için enerji alanı taraması kullanılabilir:

Ek II – Bir Regresyon Terapi Seansının Yapılandırılması

....(problem) **ile ilgili herhangi bir blokaj olup olmadığını anlamak için senin enerji alanını tarayacağım.**

Bedeni, üstünden geçtiğiniz her alanın adını söyleyerek 2 ya da 3 kez tarayın:

Gözlerin kapalı, ellerim belli bir mesafe yüksekte ayaklarından başına kadar tüm bedenini tararken sen de gezdiğim bölgelere odaklan. Bir tıkanıklık, hafiflik ya da ağırlık ... gerginlik veya bedensel duyarlılık ... veya bir duygu algıladığında bana söyle. Ayaklarından başlayarak ... alt bacaklar ... dizler (vb.). En güçlü duyarlılık hangisi? O bölgeye odaklan. Tüm farkındalığını o bölgeye koy.

Sonra da bedensel duyarlılık köprü geçişini kullanın.

HİPNOZ

Hipnoz ve yönlendirmeli imgelem Ek 3 de ele alınmıştır. Eklenti enerji olup olmadığını belirlemek için istemdışı parmak sinyali aracılığı ile yüksek benlikle iletişim yöntemi kullanılabilir.

GEÇMİŞ YAŞAM KARAKTERİNİ OLUŞTURMAK

Geçmiş yaşam karakteri ile ilgili detaylı bilgi alın ve deneyimin şimdiki zaman ifadeleri ile ve o bedende olacak şekilde anlatıldığından emin olun. Eğer danışan, kendiliğinden bir katarsis durumuna doğrudan girerse, bununla ilgili olan bilgi daha sonra alınabilir.

Üstünde nasıl kıyafetler var?
Giysileri daha detaylı olarak anlat.
Giysinin malzemesi teninde nasıl bir his bırakıyor?
Bir şey taşıyormusun?
Kadın mı yoksa erkek misin? ... Genç mi yoksa yaşlı mısın?

SAHNEYİ OLUŞTURUN

Geçmiş yaşam sahnesi hakkındaki tüm bilgileri oluşturun. Nasıl bir sahnenin çıktığına bağlı olarak farklı sorular sorulabilir:

Kırsal bir alanda mısın yoksa bir takım binaların yanında mısın?
Detaylı olarak anlat
Yalnız mısın biri var mı?
Diğer insanlar ne yapıyor?
Ne tür kıyafetler giyiyorlar?
Etrafında başka neler farkediyorsun?
Gündüz mü gece mi?

GEÇMİŞ HAYATI KEŞFEDİN

Danışanı geçmiş yaşamı içersinde ilerleterek, öldüğü ana kadar götürmek için doğrudan komutlar kullanın. Sıradan detayları atlayın ve hayat içersindeki belirleyici kısımlara gidin. Dönüm noktaları ve çöküş noktalarını araştırın.

Sonra neler oluyor?
Devam etmeden önce belirleyici başka bir şey var mı?
3'e kadar saydığım zaman bir sonraki belirleyici olaya git. 1 ... 2 ... 3 şimdi, neler oluyor?

**3'e kadar saydığımda ilk belirleyici olaya geri git.
1 ... 2 ... 3 şimdi, neler oluyor?**

KATARSİS (ANİ DUYGU BOŞALIMI)

Ani duygu boşalımı ortaya çıkarsa boşalmasına izin verin. Cesaretlendirici sözleri normalden daha yüksek bir sesle söyleyin ve tekrar edin.

**Bırak hepsi çıksın ... beden devam et
Beden, bunun sonuna git.**

ÖLÜM GEÇİŞİ

Ölüm anı mutlaka ele alınmalıdır. Ölüm anındaki tamamlanmamış düşünce ve duygular çok derin izler bırakır ve daha sonra temizlenmek üzere mutlaka kaydedilmelidir. O anla ilgili fiziksel anılar; nefes almada zorluk veya bir yara almak, gibi not edilebilir:

**3'e kadar saydığımda kalbinin son kez atmasından
hemen önceki ana git. 1 ...2 ... 3 şimdi neler oluyor?
Hayatı hangi duygu ve düşüncelerle terkediyorsun?**

Şiddetli bir ölüm varsa yaratacağı rahatsızlığı minimuma indirmek için hızlıca ölüm anına gidin. Bu yüksek sesle ve aşağıdaki ifadelerle söylenmelidir:

Çabuk ölüm anına git ... Hepsi bitti şimdi.

Ruhun bedeni terkettiğinden ve dünyaya bağlı kalmadığından emin olun. Eğer terketmediyse, ruhsal boyuta geçmesini sağlayacak bir yol bulun:

> **Bedenle birlikte kalıyor musun yoksa bırakabiliyor musun?**
> **Bedeni sonunda bırakmak için neye ihtiyacın var?**

RUHSAL ALEMDE DİĞERLERİYLE YÜZLEŞMEK

Geçmiş yaşam karakterleriyle karşılaşmak yeni içgörüler getirecektir. Ruhsal rehberler de yardım için çağrılabilir. Gerçek affediş derin bir iyileşme sağlar ve sıklıkla tamamlanmayı belirtir:

> **Şimdi** (diğer geçmiş yaşam karakteri) **... nin olduğu yere git ve onlarla buluş. O hayattta onlara söyleyemediğin neleri söylemek istersin?**
> **Onlar sana ne diyor?**

Danışan, failleri bağışlamıyor veya bu konuda zorluk yaşıyorsa:

> **Telepatik olarak onlara acını göster. Şimdi neler oluyor?**
> **Onlara küçük bir miktar sevgi enerjisi gönder. Şimdi neler oluyor?**
> **Onlarla birlikte olduğun başka bir geçmiş yaşama git.**
> **Ruhsal rehberlerine danış. Onlar sana ne tavsiye ediyor?**

Ek II – Bir Regresyon Terapi Seansının Yapılandırılması

BEDEN TERAPİ – BEDEN HAFIZASINI KEŞFETMEK

Bu yöntem şimdiki hayat ve geçmiş hayat anıları için kullanılabilir ve genelde duyguların boşalmasını (katarsis) sağlar. Yönlendirici ve kesin bir ses tonu gerektirir:

> **... den hemen önceki ana git.** (ör. Dayak sırasında ilk darbeyi hissettiğin ana)
> **Beden neler olduğunu bana göster.** (Kol ve bacak hareketlerini yapması için cesaretlendirin.)
> **Beden bana sonra ne olduğunu bana göster.** (Gerektikçe tekrar edin.)
> **Beden bunun sonuna git.** (Katarsis anında bunun yüksek sesle söylenmesi gerekir.)

BEDEN TERAPİ – BEDEN HAFIZASINI DÖNÜŞTÜRMEK

Beden hafızasını keşfettikten hemen sonra yapılmasında fayda vardır. Çöküş durumlarında dönüştürme için ekstra enerji gerekecektir. Bu enerji bir hayvan seçilerek alınabilir:

> **Beden** (yumruk halindeki eller vb.) **isteyip de hiç yapamamış olduğun neyi yapmak isterdin? Hayvan krallığına git ve ihtiyacın olan enerjiye uygun bir hayvan seç. Hayvanın enerjisini içine al ve** (dönüştürülecek beden bölgelerinden) **içeri giren bu enerjinin gücünü hisset.**

Dönüşüm için ne yapmayı düşündüğünüzü gözden geçirin. Terapiste beden terapiyi koordine etmek için zaman kazandırmak açısından, üçe kadar saymanın faydası olur:

1 diye saymaya başladığımda (ör. ilk darbeyi hissettiğin) **...'den hemen önceki ana git. 3'e geldiğimizde ...** (ör. dönüştürme için ne yapılacaksa onu) **yapacaksın.**

1 ... (ör. ilk darbeyi hissettiğin an) **dan hemen önceki ana git.**
2 ... o darbe gelmek üzere ... (veya piskodramayı oluşturacak benzer bir cümle)
3 ... Beden (veya yumruk vb.) **neyi yapmak isterdin göster bana.**

Beden hikayesini uygun aksesuarlar (yastık, havlu, vb.) kullanarak dönüştürün. Dönüşüme imkan vermeden önce piskodramayı oluşturun veya dönüşüm sırasında biraz direnç sağlayın.

Beden hafızası dönüşümünde ilgili olumlamalar yardımcı olur. Örneğin; 'Gördün mü, onları itmek için şimdi ellerin ne kadar da güçlü.'

ŞİMDİKİ HAYAT REGRESYONU

Şimdiki hayatta yaşanan belirleyici olaylar geçmiş hayatlardaki belirleyici olayların uzantısı olarak görülebilir. Danışanla yapılan ön görüşmeden veya geçmiş hayattan bir köprü kullanılmasıyla çıkabilir.

Şimdiki hayatında öfkeyi ilk hissettiğin ana git (veya korku, vb.) **Neler oluyor?**

Ek II – Bir Regresyon Terapi Seansının Yapılandırılması

Şimdiki hayat anıları gözden geçirildikten sonra, bu anılar geçmiş hayat anılarının dönüştürülmesine benzer şekilde olaylardaki karakterlerle yapılan diyologlarla dönüştürülür:

Kendine ... (ilgili kişi)**' nin ruhu ile bağlantıya geçmeye izin ver. O zaman söyleyemediğin neleri söylemek istersin?**
Onlar sana ne diyor?

Anıları yeniden çerçeveleyin:

Yeni özelliklerini (ruhsal iç görü veya hayvan gücü) **yanına alarak, ...** (başlama noktasından hemen önceki) **ana git. Ve o anıyı sana yardımcı olacak herhangi bir şekilde yeniden yaşa.**

Geleceğe doğru ilerletmek:

Kendin olarak bu terapi seansından 6 ay sonrasına git. Bu geçen 6 ay boyunca olan olaylara bak ve edindiğin yeni ruhsal farkındalıklarınla kendinde ne gibi değişiklikler gördüğünü farket.
Bu geçen 6 ay sonunda sosyal hayatında neler oldu anlat bana (veya iş hayatında , veya ilişkilerinde)

TAMAMLAMA

Seansın tamamlandığına dair kontrol, enerji alanı taraması veya yüksek benlikle irtibat kurularak yapılan ideomotor (istemdışı) sinyal testi ile yapılabilir. Tamamlanmamış herhangi bir konu varsa o noktaya geri gidilerek olayın keşfedilmesi ve dönüştürülmesi gerekmektedir.

Tek seanslık bir terapi sonrasında geri bildirim için telefon ya da elektronik posta entegrasyon için yardımcı olabilir. Birden fazla terapi seansı durumunda danışan tarafından geçmiş yaşam günlüğü tutularak, geçmiş hayatın olumsuz etkisinin dağılması için fiziksel aktiviteler teşvik edilir ve yeni bir seansa başlamadan önce bir önceki geçmiş yaşam gözden geçirilir.

ÇIKIŞ GÖRÜŞMESİ

Seansın bu bölümünde danışanın oturur pozisyona geçmesi gereklidir ve bu aşamada danışan, muhakeme edebilir/ yorumlayabilir duruma gelmiş olacaktır. Terapistin görevi, danışana seansla ilgili kendi yorumunu bulmasında yardımcı olmaktır. Danışanla konuşmak ve seansla ilgili yorumlarının toparlanması için 15 dakikalık bir süre ayrılabilir.

Geçmiş yaşam terapisi sonunda aşağıdaki sorular şimdiki hayatı ile entegrasyonu başlatacaktır.:

Bu geçmiş hayatın ile şimdiki hayatında benzerlikler, benzer süreçler var mı?
Şimdiki hayatında bu geçmiş hayattan tanıdığın insanlar var mı?

EK III

BİR RUHSAL REGRESYON SEANSININ YAPILANDIRILMASI

Bu bölümdeki metinler ve soruları içeren metodoloji Dr.Micheal Newton'ın *Hayatlararası Hipnoterapi*[1] adlı kitabından uyarlanmıştır. Bu bilgiler aynı zamanda Micheal Newton Enstitüsü'ndeki eğitim notlarında da kullanılmaktadır.

HAZIRLIK

Amaç, her ruhsal regresyonu başarılı kılmaktır.

Danışanı değerlendirin. Önce başarılı bir hipnoz ve geçmiş yaşam regresyonu tecrübeleri olup olmadığını kontrol edin. Daha önce yapmamış olanlar için hipnoz kullanılarak bir geçmiş yaşam regresyonu yapılması istenebilir. Danışanlar eğer daha önce bir trans ya da benzer şekilde değiştirilmiş bilinç farkındalığı yaşamışlarsa daha derin seviyelere inebilirler. Kendi kendine Hipnoz CD'si temin etmek buna yardımcı olabilir. Karşıt belirtiler özellikle ilaç kullanımı, uyuşturucular veya duygusal çalkantılar kontrol edilir. Ruhsal regresyon seansı travma anılarını çözmek veya temizlemek için yapılmaz.

Kayıt cihazınınızı yanınızda hazır bulundurun. Seansın kaydedilmesi gerekir çünkü danışan daha sonra hayatlar arası regresyonun bütün detaylarını hatırlamayacaktır. Danışanlar sıklıkla bu kayıtları yeni içgörüler kazanmak için bir çok kere dinlerler. Ayrıca ikinci bir kayıt sistemini yedek olarak kullanmakta faydalı olur.

Danışanın vücudunu rahat hissedebileceği bir desteğe ihtiyacı vardır. Seanslar üç ila dört saate kadar sürebilir. Derin transta danışan duruşunu değiştiremeyeceğinden vücudundaki baskıyı azaltmak için rahat bir pozisyonda bulunması çok önemlidir. Terapist kanepesi ya da yatan bir koltuk kullanılabilir. Kan dolaşımı yavaşladığında üşümemelerini sağlamak için bir battaniye kullanmak faydalı olur.

Odayı rahatsız edici seslerden arındırın. Sabit telefonlar ve danışanın ki de dahil olmak üzere cep telefonlarının kapatılması gerekmektedir.

Seans uzunluğunun gözönünde bulundurulması gerekmektedir. Bu süre dört saate kadar uzayabilir bu sebeple danışanla birlikte hem seans hem de sonrasında deneyimin yorumlanabilmesi için stressiz bir zaman geçirilmek üzere yeterli uzunlukta bir sürenin önceden ayarlanması gerekmektedir. Bu regresyonlar terapist açısından sürecin önemli bir kısmında sezgisel olarak ruhsal rehberlerle bağlantıda olduğu için yüksek enerji yoğunluğuna sahiptir. 'Terapist tükenmesi' durumundan kaçınmak için bir gün içersinde maksimum bir adet hayatlar arası regresyonu planlanması tavsiye edilir.

Seans için kutsal bir alan yaratın. Terapistin öncelikli kaynağı sezgisel bağlantısıdır. Eğer normalde kullandıkları düzende değillerse kendilerini rahat hissedecekleri bir ortam ve enerji alanında olmaları gerekir. Hipnoz sürecinde yardımcı olması için fonda kutsal müziklerin çaldığı bir CD çalar kullanılabilir.

Seans öncesi danışanın ön hazırlıkları. Danışana sözlü yada e-posta yoluyla verilmesi önerilen talimatlar:

'Katılımınız/Güveniniz için teşekkürler. Hayatlar arası regresyondan önce başarılı geçen bir hipnoz tecrübeniz olması önemlidir, çünkü ruhsal anılarınıza ulaşabilmek için

Ek III – Bir Ruhsal Regresyon Seansının Yapılandırılması

derin hipnoz seviyesinin yakalanması gerekmektedir. Trans durumu, analitik düşüncenin geri planda kaldığı ve içe dönük odaklanmanın sağlandığı doğal bir farkındalık halidir. Hafif trans hergün doğal olarak yaşanan bir durumdur. Buna bir örnek uzun bir süre araba kullanırken içsel düşüncelerimiz dışında yolculuğun az bir kısmını hatırladığımız farkederiz. Derin transa girmek ortaklaşa bir çabadır. Trans durumuna aşina olan kişiler bu dönüştürülmüş farkındalık durumunu ilk kez tecrübe edecek kişilere nazaran hipnotik seviyeye daha çabuk ve daha derin düzeyde girme eğilimindedirler.

Eğer hiç hipnozite olmadıysanız yerel birini bulabilirsiniz ya da adresinizi bana gönderebilirseniz size gevşeme için kendi kendine hipnoz CD'si sağlayabilirim. İnsanlar ne kadar çok hipnoz deneyimlerlerse o kadar derin seviyeye ulaşabilirler.

Diğer bir önemli husus da ruhsal regresyon gününden önce bir geçmiş yaşam regresyonu deneyimleyerek sizin hipnozun derin seviyelerine ulaşmanızı engelleyen enerji blokajlarının temizlenmiş olmasıdır. Seanslar normalde 2 saat sürer, ücreti *** kadardır ve *** da yapılmaktadır. Uygun tarihler ve zamanlar *** dır.

Hayatlararası regresyon seansları 4 saate kadar sürebilir, ücreti *** kadardır ve *** da yapılmaktadır. Uygun tarihler ve zamanlar *** dır.

Seansın kaydını içeren bir CD vereceğim ama isterseniz siz de kendi kayıt cihazınızı getirebilirsiniz. Genellikle danışanlar tüm bilgiye iyice vakıf olmak için bu kaydı bir çok defa dinlerler. Seans için hedeflerinizi, elde etmek istediğiniz sonuçları, amaçlarınızı düşünmenizi istiyorum. Şimdiki hayat amacınızı ruhsal ve karmik ilerleyişinizi de içeren muhtemel hedefler şunlar olabilir: Hayatınızdaki belirli olayların niçin yaşandığını bulmak, bu hayatınızdaki ruh ailesi üyelerini tespit etmek ve ruhsal rehberinizle tanışmak. Ayrıca sekiz kişiye kadar hayatınızdaki olumlu yada olumsuz etkiye sahip belirleyici kişileri teşhis etmek. Sizinle olan ilişkilerini oturtmak/saptamak ve herbiri için 3 adet tanımlayıcı özellik belirlemek. Örneğin, Joanne-Anne: seven, kontrolcü, uzak.

Seansın uzunluğu sebebiyle üzerinizde rahat kıyafetler bulunması ve seans sırasında uzanmanız iyi olacaktır. Seans sırasında yakınlarınızın veya arkadaşlarınızın bulunması alınacak bilgilerin kişisel olması sebebiyle tavsiye edilmez. Daha sonra istediğiniz zaman kaydınızdaki bu bilgileri onlarla paylaşabilirsiniz.

Ayrıca seansın hemen sonrasında kendiniz için sakin geçirebileceğiniz bir vakit ayırmanız, dönüş yolculuğunda araba kullanmak zorundaysanız da öncesinde kendinize yeterli zamanı ayırmanız tavsiye edilir.

SEANSIN BAŞLAMASI

Bu kısmın amacı danışanla yakınlığın sağlanması, amaçlarının anlaşılması beklentilerin netleştirilmesi ve oluşabilecek sorulara cevap verilmesidir.

Danışanla ilgili detayları toparlayın. Danışanın kişisel bilgileriyle ilgili detayların öğrenilmesi ve geçmiş yaşam regresyonu karşıt işaretlerin kontrol edilmesi gerekmektedir. Danışanın yaşının da öğrenilmesi gerekmektedir. Ayrıca eğer çocukluk travması var veya çocukluğunda hatırlayamadığı dönemler varsa bu husus yaş küçülterek derinleşme yönteminden kaçınılması ya da dikkatli kullanılmasını gösteren bir işarettir. Daha önce hipnoz tecrübesi olan danışanlara hangi tekniklerin daha etkili olduğu sorulabilir ve bunlardan bazıları hipnoz geçişi

Ek III – Bir Ruhsal Regresyon Seansının Yapılandırılması

için veya derinleştirme için kullanılabilir. Analitik danışanlar için karmaşa bazlı geçişe gerek duyulabilir.

Danışanın endişelerini giderin. Tearapist seans sırasında neler olacağını açıklayabilir ve danışanın endişelerini giderebilir. Danışana derin transta olsa bile tuvalet ihtiyacını belirtebileceği hatırlatılır.

Olacaklarla ilgili beklentileri netleştirin. Danışanın deneyimleri konuyla ilgili okumuş olduklarından farklı olabilir. Duyumsal deneyimi görselden daha fazla olabilir. Bu tip regresyonda olayların oluş sırasında bir akış vardır ve detay miktarları değişir. Bazı seanslar yüksek benlik tarafından tamamen ya da kısmen bloke edilebilir. Fakat her ne olursa olsun tam o sırada neye ihtiyaç duyuluyorsa o olacaktır. En derin hipnozda ve beden çok ağır durumdayken bile bilinç belli bir seviyede hala şimdiki anda ve sıklıkla şaşkın bir gözlemci pozisyonunda olacaktır. Bazen hayatlararası regresyon seansından sonra danışan bu bilgileri kendi uydurduğunu düşünebilir. Bunun olabileceğinin ve bilgilerin gerçek olup olmadığını danışanın anlaması için belirleyici faktörlerin bulunduğu danışana açıklanabilir. Bunlar: ruhsal rehber ve ruh ailesi üyeleri ile biraraya gelindiğinde hissedilen pozitif duygular, hikayenin kendiliğinden ortaya çıkması, detayların seviyesi, ruhsal rehberler ve yaşlı bilgelerin yaptıkları yorumların kendi içlerinde bir karşılığının bulunmuş olmasıdır. En önemlisi de danışanın evrenden her ne şekilde gelirse gelsin bu bilgiye açık olmasını/kendini açmasını vurgulanmasıdır.

Danışanın hazırlıklarını gözden geçirin. Hedefler ve belirleyici kişi listesi gözden geçirilir.

Arkadaşların katılmalarından kaçının. Seanstan çıkan bilgiler son derece kişiseldir ve arkadaşlar ya da eşler karmik bilginin bir parçası olabilirler. Bu sebeple en iyisi seansa katılmamalarıdır. Danışan seans kaydını eğer isterse daha sonra istediği zaman onlarla paylaşabilir.

TRANSA GEÇİŞ

Bazen danışanlar aktif zihinlerini sakinleştirmek için küçük bir yardıma ihtiyaç duyarlar.Aşağıdaki öneri hipnoz trans öncesi için yardımcı olabilir:

'Gözlerini kapatmanı ve herhangi bir kutu hayal etmeni istiyorum ... onu görebilirsin, hissedebilirsin veya nasıl istersen o şekilde duyumsayabilirsin ... ve bütün düşüncelerinin o kutuya girmesine izin ver ... endişelerinin herbiri, kaygıların veya düşüncelerin o kutunun içine giriyor ... şimdi hangi tür istersen o şekilde olan bir kapağın kutuyu sıkıca kapadığını hayal et ... ve başınla işaret ederek o kapak sağlam bir şekilde kapandığında bana haber ver ... ve sonra o kutuyu arkana koy.'

45 dakikaya varan bir trans geçiş ve derinleştirmeden sonra danışan ruhsal anılarının detaylı bilgilerine daha kolay ulaşabileceği derin seviyelere götürülmelidir. Terapistin sesi duraklamaları kullanarak bir ritim içermelidir. Ve trans geçiş sırasında konuşma hızının adım adım yavaşlatılması da yardımcı olur. Geri planda olan rahatsız edici seslerin perdelenmesi için yumuşak bir kutsal müzik, kullanılabilir. Danışanın gevşemiş olduğunu ve uzandığı koltukta tam olarak desteklendiğinden emin olun. Elleri terapist tarafından görülebilir olmalıdır. Mümkünse talimatların akışı danışanın nefes verişi ile senkronize edilir. Aşağıdaki gibi bir metin kullanılabilir:

'Gözlerin kapanmasına izin verirken ... birkaç derin nefes al ... ve nefesine odaklan ... nefes aldıkça ... gevşemeyi içine çek ... ve nefes verdiğin zaman ... gerginlik varsa dışarı çıksın ... şimdi başının tepesine odaklan ...ve kaslarındaki gerginlik bırak gitsin ... Sadece gevşe ve bırak

Ek III – Bir Ruhsal Regresyon Seansının Yapılandırılması

gitsin ... merak ediyorum, alnındaki derin gevşeme ve hafiflik ... yayılmaya başladı mı? ... gözlerinden aşağıya doğru ... yüzüne ... ağzına ... ve çenene ... boynundan aşağıya derin huzurlu ... ağır ... ve fiziksel olarak gevşedikçe ... zihinsel olarak da gevşiyorsun ... ve çok yakında ... bu güzel tümüyle gevşeme duygusunun tadını çıkarabilirsin ... ve merak ediyorum bu gevşeme ne kadar hızlı yayılacak ... boynuna ve omuz kaslarına ... ve omuz başlarına ... o kasların kendini bırakmasına izin ver ... ve gerginlikten kurtul ... ve kollarına ... gevşemelerini hisset ... ve aşağıya dirseklerine doğru ... ve kollarının altı ... sadece kasların gevşemesine izin ver ... ve bırak gitsin ... bileklerine doğru ... eller ve parmaklar ... parmakların ucuna doğru ... bütün kaslarındaki gerginliğinin gitmesine izin ver ... ve nefes alış verişinin kolaylaştığını farket hatta ... belki de dışardaki seslerin daha da azaldığını ... ki bütün o sesler rahatlamanın ve gevşemenin bir parçası olsun ... ve farkettiğin herşey bu rahatlamanın bir parçası olsun ... şimdi mükemmel hayal gücünü kullanmanı istiyorum ... ve eski bir köy evini ziyaret ettiğini hayal etmeni istiyorum, onu görebilirsin, hissedebilirsin veya istediğin şekilde duyumsayabilirsin ... gerçekten çok güzel ... eski köy evi ... ılık güneşli bir öğleden sonra ... ve bir merdivenin önünde duruyorsun ... aşağıdaki bir giriş kapısına doğru iniyor ... ve aşağıya baktıkça ... açık olan kapıdan dışarıyı görüyorsun ... büyüleyici bir bahçe ... ve merdivenlerden aşağıya inmek ve o özel bahçeyi keşfetmek o kadar davetkar ki ... etrafta seni rahatsız edecek veya sorun yaratacak kimse yok ... ve birazdan 1 den ona kadar sayacağım ... izin ver her sayı bir basamağı temsil etsin ... ve her basamak seni daha derine götürsün ... gevşemenin derinliklerine doğru ... ve ona geldiğimde ... derin bir şekilde gevşemeye izin ver ... olabileceğin en derin şekilde

EBEDİ RUHU ŞİFALANDIRMAK

... hatta zihninin biraz meraklandığını farkedebilirsin ... sesim gittikçe geri planda kalıyor ... ama önemli değil ... sesim seni gevşetmeye devam edecek ... bir ... hazır olduğunda ilk basamağı in ... gevşiyorsun ... ve gitmesine izin veriyorsun ... iki ... bir basamak daha in ... daha rahat ... daha huzurlu hissediyorsun ... üç ... belki her basamakla ağır, huzurlu bir duygu yayılıyor ... dört ... daha derine kendini bırakıyorsun ... daha derine ... beş ... bir basamak daha ... sakinleşiyorsun ... sakinleşiyorsun ... ve gevşemeye devam ediyorsun ... bırakmaya devam ediyorsun ... ve iyi hissediyorsun ... altı ... bu gevşemenin ... ve rahatlığın tadını gittikçe daha çok çıkartıyorsun ... ... yedi ... gittikçe daha derine ... ve daha derine iniyorsun ... Bu hoş gevşeme durumunda ... daha ileriye kendini bırakıyorsun ... sekiz ... bu hislerin tadını çıkar ... yarı uyanık yarı uykuda ... ve çok iyi hissediyorsun ... dokuz gevşemenin büyüdüğünü farkediyorsun ... ve rahatlamanın yayılmasını ... on ... şimdi merdivenin en altındasın ... ve merak ediyorsun kapıyı açmayı ... ve ötesindeki bahçeleri ... bu şirin eski köy evindeki ... huzur dolu havayı ...ve dinginliği ... iyice içine çek ... ve kapının arkasını merak ederken ... orada dur ve güzel yeşil çimenleri farket ... çalıları ve ağaçları ... yeşilleri ve kahverengileri ... ve açık mavi gökyüzünü ... kafanın üzerinde ve omuzlarında güneşin ısısını hisset ... ve bu güzel yaz öğleden sonrasının tadını çıkar ... bu güzel bahçede ... ve renk cümbüşü ile çiçek öbeklerini ... kırmızı ... sarı ... mor ... beyaz ... nefes al ve bu yerin özel parfümünü kokla ... ve etrafta kimse yok ... senden birşey isteyen kimse yok ... birşeye ihtiyacı olan kimse yok ... birşey bekleyen kimse yok ... böylece huzurun tadını çıkarabilirsin ... ve dinginliğin ... bu güzel bahçede ... ve çimenlikte yürürken ... çiçekle bezenmiş kemerli bir yola geliyorsun ... ve bazı taş basamaklara ... şirin eski basamaklar ... ve uzakta akan suyun büyüleyici sesleri ... ve bu saklı yerde daha derine gittikçe ne kadar da davetkar ... ve bu basamaklardan yavaşça aşağıya doğru yürü ... gittikçe daha fazla gevşemeye dal ve gititkçe daha fazla gevşe ... ve bu basamakların sonunda başka bir çimenlik görüyorsun ... ve uzakta küçük bir dere ... ve kenarlarında büyüyen kamışlar ... ve yavaşça çimenlerden karşıya doğru yürüyorsun ... bu güzel ... huzurlu ... yaz öğleden sonrasının tadını çıkarıyorsun ... derenin kenarına otur ... ve oturduğunda ... sadece berrak, dümdüz suya bak ... ve zihninin özgür kalmasına, boşalmasına izin ver ... ve bütünsel gevşemenin farkına var ... ve zihninin sürüklenmesine izin ver ... her nereye isterse.'

TRANS DERİNLİK DEĞERLENDİRMESİ

Bu, trans derinliğini ölçmek için faydalı bir testtir ve herhangi bir zamanda kullanılabilir.Transın derinliği cevaplardaki gecikme veya parmaktaki kesik kesik hareket ile ölçülebilir:

'Bir ölçü skalası düşün ... burda 10 tamamen uyanık olduğunu ve 1 de gidebileceğin en derin gevşeme durumunu göstersin ... şimdi 10'dan geriye doğru saydığımda elindeki parmağın senin trans derinliğini göstermesine izin ver ... 10 ... 9... 8 ... 7 ... vb.'

Parmağın kalkması için bekle. 'Güzel.'

EBEDİ RUHU ŞİFALANDIRMAK

TRANS DERİNLEŞMESİ

Aşağıdaki derinleştirici, bazen sayıların düşüşü olarak da adlandırılır, ekstra trans derinliği kazanmak için Newton'ın yaş geriletme yöntemiyle derinleştiricisine alternatif olarak kullanılabilir:

'Birazdan saymaya başlamanı istiyorum ... birden başlayarak yukarı doğru çıkacaksın ... ve saydığın her sayıyla gittikçe daha fazla ve daha fazla gevşeyeceksin ... daha rahatlayacaksın ... ve yavaşça sayıyorsun ... çok yavaş sayıyor ve bir kaç sayı sonra ... sayıların soluklaştığını farkediyorsun ... ve sonunda sayılar tamamen yokoluyor ... sadece kendini tamamen bırak ... çünkü çok rahatlayacaksın ... ve çok gevşeyeceksin ... ve artık bu sayılar bir şey ifade etmeyecek ... ve şimdi birden başlayarak yukarıya doğru saymaya başlıyorsun.'

Danışanın sayıları sayarken, sayıların arasında aşağıdakilerden herhangi biri kullanılabilir:

'kendini bırakıyorsun'
'daha derinc'
'derine ve daha derine'
'sayıların soluklaştığını farkediyorsun ... sadece soluklaşıyorlar'
'derine ve daha derine ... sayılar soluklaşıyor'
'mükemmel, derin gevşeme'

Sayılar soluklaştıkça danışanın sesi gittikçe daha yumuşar.

Ek III – Bir Ruhsal Regresyon Seansının Yapılandırılması

TRANS DERİNLİĞİNİN ÇAPALANMASI

Danışanın deneyimi transın en derin kısmında çapalanarak daha sonra gerekirse çabucak aynı seviyeye gelmesi sağlanır:

'Ne zaman DENEYİMİN İÇİNDE KAL sözlerini söylersem sen nerdeyse otomatik olarak, hiç düşünmeden, hem zihnine hem de vücuduna şu anda tadını çıkardığın aynı rahat duruma geçmeye hızlıca izin ver ... Ne zaman DENEYİMİN İÇİNDE KAL sözlerini söylersem sen nerdeyse otomatik olarak hiç düşünmeden hem zihnine hem de vücuduna şu anda tadını çıkardığın aynı rahat duruma geçmeye hızlıca izin ver ... Bu bugün ve diğer seanslarda olacak.'

SON TALİMATLAR

Bu talimatların terapist tarafından daha direktif tonda söylenmesi gerekmektedir:

'İlerledikçe, benimle uyanmadan herşey hakkında kolayca konuşabildiğini göreceksin ... hatta yapacağımız konuşmalar senin trans derinliğini korumaya hizmet edecek ... Etrafında güçlü bir altından kalkan bulunduğunu imgelemeni istiyorum ... tepeden tırnağa kadar ... sana ışık ve güç veriyor ... ve geçmişten gelen herhangi bir olumsuz duygu olursa bu ışıktan koruyucu kalkandan geri tepecekler.'

GEÇMİŞ YAŞAMA GİRİŞ

'Ve şimdi senin son geçmiş yaşamına götüren bir sis bulacağız ... veya yüksek benliğinin senin için seçtiği başka birine ... 3'e kadar saydığımda sisin içinden çıkarak o geçmiş yaşama gideceksin ... 1 ... sisin içine adım atıyorsun ... 2 sisten dışarı çıkmaya başlıyorsun ... anıların daha güçlü ve daha berrak olmasına izin veriyorsun ... ve bir sonraki sayıda tamamen sisin dışına çıkıyor ve geçmiş yaşamındaki bedenine giriyorsun ... 3 ... ayaklarına doğru baktığında sisin dağıldığını farket ... ve bacaklarına ... ve üzerindeki giysilere ... ve senin kendi zamanına ... sis tamamen temizlendiğinde ... üzerindeki giysileri bana söyle.'

KARAKTERİ OLUŞTURUN

Geçmiş yaşam karakteri hakkında detaylı bilgiyi toplayın ve kendiliğinden çıkan herhangi bir katarsis olursa üzerinden hızlıca ilerleyin. Muhtemel sorular:

Üzerinde nasıl kıyafetler var? Giysilerini detaylı oarak tarif et.
Kıyafetin teninde nasıl bir his bırakıyor? Herhangi bir şey taşıyor musun? Kadın mısın erkek mi? Genç misin yaşlı mı?

SAHNEYİ OLUŞTURUN

Geçmiş yaşam sahnesiyle ilgili bilgileri oluşturun. Geçmiş yaşam hikayesinin nasıl çıktığına göre farklı sorular sorulabilir. Muhtemel sorular:

Kırsal bir alanda mısın yoksa bazı binaların yanında mı?

Detaylı olarak anlat.
Yalnız mısın yoksa yanında biri var mı?
Diğer insanlar ne yapıyor?
Üzerlerinde nasıl kıyafetler var?
Etrafında başka nelerin farkındasın?
Gündüz mü gece mi ?
Sıcak mı soğuk mu?

GEÇMİŞ YAŞAMI KEŞFEDİN

Doğrudan talimatlarla danışanı geçmiş hayat içersinde ilerletin. Sıradan detayları atlayın ve geçmiş hayatın belirleyici kısımlarına gidin:

Sonra neler oluyor?
3'e kadar saydığımda bir sonraki belirleyici olayın olduğu ana git ... 1 ... 2 ... 3 neler oluyor?

GEÇMİŞ YAŞAM ÖLÜM ANI

Geçmiş yaşam yaklaşık 15-30 dakika arasında kısa tutulmalı çünkü normalde ruhsal anılar kısmında ruhsal rehberle daha detaylı olarak incelenecektir. Ölüm anına gitmek her zaman belirleyicidir fiziksel reenkarnasyonun sonunu belirtir. Önerilen cümleler ve sorular :

Son nefesini almadan hemen önceki ana git ve neler olduğunu bana anlat.

Şiddetli bir ölüm durumunda, rahatsızlığı minimuma indirmek için hızlıca ölüm anına gidin.

Hızlıca ölüm anına git. Şimdi herşey bitti.

RUHSAL ALEME GİRİŞ

Bu noktada çok detaylı bilgi toplamaya gerek yoktur. Bu noktada soruların cevapları için daha uzun süre tanıyın. Faydalı sorular:

> **Son kez kalbinin durduğu ana git. Bedeninle kalıyor musun yoksa onu bırakmaya hazır mısın? Kalbin durduktan sonra, en son olarak daha sonra neler deneyimledin?**

Sıklıkla beden terkedilirken kafa karışıklığı vardır. O yüzden yönlendirici sorular kullanılabilir. Muhtemel olanları şöyledir:

> **Bedenini bıraktığın ana git ve sonra neler olduğunu bana söyle. Tek başına mısın yoksa herhangi bir tür çekim hissediyor musun? Dünyaya yukarıdan mı bakıyorsun yoksa karşıdan mı?**
> **Devam ettikçe uzakta tek bir ışık mı yoksa birden fazla ışık mı görüyorsun? Herhangi bir ışık sana yakınlaşıyor mu veya sen ışığa gidiyor musun?**
> **Işık yaklaştıkça gördüğün fiziksel görüntüdeki renkleri tarif et.**

ŞİFA ALANI

Eğer geçmiş yaşam travmatikse danışanlar şifa enerjisi alanına gittiklerini bildireceklerdir.B unun amacı geçmiş yaşamdan kalan ağır duygusal enerjiyi yoketmek veya ruhsal alemde diğer ruhlarla karşılaşmadan önce enerji takviyesi yapmaktır:

> **Daha sonra nereye gidiyorsun?**
> **Çekildiğin mekanı tarif et.**

Daha önce orada olduğun halinden değişiklik farkediyor musun?
Yeni enerji mi alıyorsun yoksa eski enerjini temizletiyor musun?
Ne deneyimlediğini tarif et.
Enerji alanındaki renge bak ve ilk girdiğin haliyle şimdiki arasındaki farkları söyle.

RUH ANILARINI KEŞFEDİN

Sıklıkla aşağıdaki sorular sorulabilir:

Sonra neler oluyor?
Devam etmeden önce başka belirleyici olay olup olmadığını bana söyle.

RUHSAL REHBERLE GÖZDEN GEÇİRME

Daha önce ruhsal rehberlerini görmemiş danışanlar için bu tecrübe hayatlarının geri kalanı boyunca onlarla kalacaktır. Bu görüşme genellikle son geçmiş yaşam gözden geçirilirken olur. Muhtemel sorular:

Seni kimin karşıladığına dair herhangi bir fikrin var mı?
Rehberin kendisini enerji şeklinde mi yoksa fiziksel bir form içinde mi gösteriyor?
Ruhsal rehberinle karşılaştığında neler deneyimliyorsun?

Rehberlerinden kendilerini fiziksel formda
göstermelerini iste ve görünüşlerini tarif et.
Yüz özelliklerini tarif et. Saçlarının rengini,
uzunluğunu ve göz renklerini tarif et
Rehberinin adı ne?
Eğer rehberin geçmiş yaşamını gözden geçiriyorsa
aranızda neler konuşuldu?
Geçmiş yaşamın sana nasıl gösterildi?
Rehberin sana o geçmiş yaşamın amacını söyledi mi?
O amaca ulaştın mı? Nasıl sorunlar yaşadın?
O hayatta rehberinin sana yardım etmekteki rolünü
bana anlat.

RUH GRUBUYLA BULUŞMA

Bütün danışanların birlikte çalıştıkları ruh grupları vardır. Bazen bu alana yönlendirmeye ihtiyaç duymadan doğrudan giderler ve kendilerine yaklaşan ışıklar tarif ederler:

Herbir ışığa odaklan ve renklerini anlat.
Merkezine bak ve hangi rengi farkediyorsun bana
söyle.
Senin renklerin ile aynı mı yoksa bir şekilde farklı mı?
Tekrar onlarla birlikte olmak sana nasıl hissettiriyor?
Onları say ve senin ruh grubunda kaç kişi olduğunu
bana söyle.
Ruh grubundan herhangi biri geçmiş yaşamlarında yer
almış mı?
Grubunuzun birilkte çalıştığı ortak bir tema ya da
konu var mı?
Ruh grubunun her bireyine odaklan ve şimdiki
hayatından tanıdıkların varsa bana isimlerini söyle.

Bu noktada onlarla şimdiki hayatın için herhangi bir hazırlık yaptın mı?
Bu grupla birlikte kaç yaşam süresi geçirdin?
Grup üyeleri arasından hiç başka aktiviteler için uzun bir süre geçiren oldu mu?

DİĞER RUH GRUPLARIYLA BULUŞMAK

Eğer danışan başka bir ruh grubunun da içinde yer alıyorsa, diğer ışıklara gittiklerini anlatabilir. Muhtemel sorular:

Her bir ışığa odaklan ve renklerini anlat.
Merkezine bak ve hangi rengi farkediyorsan bana söyle.
Senin renklerin ile aynı mı yoksa bir şekilde farklı mı?
Ruh grubunun her bireyine odaklan ve şimdiki hayatından tanıdıkların varsa bana söyle.
Bu noktada onlarla şimdiki hayatın için herhangi bir hazırlık yaptın mı?
Grubunuzun birilkte çalıştığı ortak bir tema ya da konu var mı?
Bu grupla birlikte kaç yaşam süresi geçirdin?

YAŞLI BİLGE VARLIKLARI ZİYARET

Bütün ruhlar hayatlar arasında 'yaşlı bilge varlıkları' (yada her ne isim verirlerse) en az bir kez ziyaret ederler. Bu hayatlar arası regresyonun en çok odaklanılan en önemli kısımlarından biridir. Bir noktada danışan ruhsal rehberiyle birlikte ayrıldığını anlatabilir. Eğer doğrudan bu olaya gitmek isterseniz özellikle de keşfedilen geçmiş yaşam sonuncusu gibi görünmüyorsa şöyle söyleyin:

> Şimdiki hayatına enkarnasyonu planlanlayan Işık varlıklarla buluştuğun o yere git.

Sahneyi detaylı olarak oluşturun. Fiziksel ya da enerji formunda olabilir. Muhtemel sorular:

> Yolculuk güzergahını anlat. Oraya vardığında neler farkettiğini ve neler olduğunu bana söyle.
> Vardığın yeri bana anlat.
> Son ziyaretinden sonra etrafta herhangi bir değişiklik olmuş mu?
> Ruhsal rehberin yanında mı?
> Sana göre ruhsal rehberinin hangi konumda durduğunu bana söyle.
> Burayı ziyaret ederken neler deneyimliyorsun?

Yaşlı bilge varlıklarla ilgili bilgileri toplayın. Fiziksel formda ya da enerji formunda olabilirler. Muhtemel sorular:

> Orada kaç adet Işık varlık var?
> Onlara hangi isimle sesleniyorsun?
> Yakından bak. Enerji formundalar mı yoksa insan formunda mı?
> Farkettiğin yüz özelliklerini anlat.
> Saç renklerini, uzunluğunu ve göz renklerini anlat.
> En yüksek mevkide olanını bul ve nasıl giyindiklerini anlat, farkettiğin herhangi bir amblem veya madalyon benzeri bir şey var mı?
> O amblemin ya da madalyonun senin için özel bir anlamı var mı?

Ek III – Bir Ruhsal Regresyon Seansının Yapılandırılması

Yaşlı bilge varlıklarla neler konuşulduğunu öğrenin. Muhtemel sorular:

> **Sana neler söylendi?**
> **Rehberinin bahsetmediği neleri söylüyorlar? Sana bir tavsiyede ya da cesaretlendirmede bulunuyorlar mı?**
> **Bir sonraki yaşamını gözden geçiriyorlar mı ve sana tavsiyede buluyorlar mı?**
> **Bir sonraki yaşamında yanına alacağın ruh enerjisinin seviyesi hakkında konuşuyor musunuz?**

ŞİMDİKİ HAYAT FİZİKSEL BEDENİNİN SEÇİMİ

Burası danışanın şimdiki hayatı için bedenleri denediği ve bazen de seçenekleri içinden bir seçim yaptığı yerdir. Burada amaç danışana kökeni ve kendisi hakkında daha yüksek bir anlayışa sahip olmasına izin vermektir. Genellikle bu anlayış ruhsal rehberiyle veya Yaşlı Bilge Varlıklarla görüşmeleri sırasında gelir. Doğrudan bu olaya gitmek için şöyle söyleyin:

> **Bu hayat için bedenini seçtiğin yere git.**

Beden seçimi yerinde sorulabilecek diğer sorular şunlardır:

> **Etrafındakileri anlat.**
> **Rehberin yanında mı yoksa tek başına mısın?**
> **Kaç beden seçeneğin var?**
> **Bedenler sana nasıl gösteriliyor?**
> **Sence her bir beden sana neler sağlıyor?**
> **Her bir bedenle farklı yaşam, aile veya çevre seçeneğin var mı?**
> **Bazı seçenekleri neden reddettin?**

Hayat amacını gerçekleştirmek için seçtiğin beden sana ne şekilde yardımcı olacak?
Seçtiğin bedenle birlikte duygusal veya zihinsel seçeneklerin var mı?
Ruhsal enerjinin ne kadarının yanına alacağınla ilgili konuşuyor musunuz?

DİĞER RUHSAL AKTİVİTELER

Aşağıdaki liste danışanın ruhsal hatıralarının bir noktasında tecrübe etmiş olabileceklerini içerir. Sorularınıza aldığınız cevaplar doğrultusunda daha pek çok soru sorulabilir.

Eğitim odalarında veya öğrenim koridorlarındayken sorulabilecek sorular :

Etrafındakileri anlat.
Ne öğreniyorsun ?
Öğrenme işlemi nasıl gerçekleşiyor?
Bu senin şimdiki yaşamına nasıl yardımcı olacak?

Çalışmak veya derin düşünme için inzivaya çekilme alanında sorulabilecek sorular:

Etrafındakileri anlat.
Daha önce burada bulunmuş muydun?

Başka bir boyuta seyahat veya yeni bir bilgiyi öğrenme durumunda sorulabilecek sorular:

Etrafındakileri anlat.
Bu şimdiki yaşamında sana nasıl yardımcı olacak? Diğer geçmiş hayatlarından sonra da benzer yerlere gittin mi?

Ek III – Bir Ruhsal Regresyon Seansının Yapılandırılması

TEKRAR BEDENLENMEK ÜZERE RUHSAL ALEMDEN AYRILMA

Bu ruhsal anıları tamamlar ve genelde şimdiki hayatla ilgili yeni iç görüler kazandırır. Eğer doğrudan bu olaya gitmek isterseniz şöyle söyleyin:

Bir sonraki bedenlenme için hazırlandığın yere git.

Tekrar bedenlenme ile ilgili sorulabilecek sorular şunlardır:

Etrafındakileri anlat.
Ruhsal rehberin yanında mı yoksa tek başına mısın?
Yanına ruhsal enerjinin ne kadarını alıyorsun?
Bu bedenlenmeye o seviyede enerji almanın sebebi nedir?
Geçmiş yaşamından hangi duyguları ve fiziksel anıları taşıyorsun?
Yeni yaşamında karşılaşman/tanışman gereken belirleyici insanları nasıl anımsayacaksın?
Ruhsal enerjinin rahimdeki bebeğin bedeniyle birleştiği ana git. Neler deneyimlediğini bana anlat.
Ruhun onunla birleştiğinde bebek hamileliğin hangi sürecindeydi?
O süreçteyken bebekle birleşmenin özel bir önemi var mı?

YAŞLI BİLGE VARLIKLAR VE EBEDİ ŞİMDİKİ AN

Terapist, yaşlı bilge varlıklarla görüşmeyi, interaktif olarak sorulan belirli sorulara cevap almak için, hatırlanan bir anıdan 'ebedi şimdiki an'durumuna geçirebilir. Bunun tüm ruhsal anıların tamamlanmasından sonra yapılması daha iyidir çünkü daha sonra kaydı dinlerken danışan için daha az karmaşık olacaktır:

Yaşlı bilge varlıklarla (ya da hangi isim kullanıldıysa) **yaptığın görüşmeye geri git.**

Ebedi şimdiki anda Yaşlı Bilge Varlıklara sorulabilecek sorular şunlardır:

Onlardan hayat amacının ne olduğunu teyit etmelerini iste.
Bu durumla ilgili kaç geçmiş yaşamdır çalışıyorsun?
Sana yardımı olabilecek herhangi bir geçmiş yaşamı gözden geçirmelerini iste.
Bu hayattaki ilerlemenle ilgili ne tür yorumları var?
Şimdiki hayatında sana yardımcı olacak bir tavsiye vermelerini iste.
Onlara gelecekteki ruhsal aktivitelerin hakkında bilgi alıp alamaycağını sor.
Her bir yaşlı varlığa, sana söyleyecek bir şeyleri olup olmadığını sor.

RUHSAL ALEMDEKİ SON KAPANIŞ

Burada danışan şöyle yönlendirilebilir:

Yaşlı bilge varlıklardan ayrılmadan önce sormak istediğin başka bir şey var mı?

Tüm ışık ruhlara yardımları ve bilgelikleri için teşekkür et ve onlardan ayrıl.

Ek III – Bir Ruhsal Regresyon Seansının Yapılandırılması

DANIŞANIN UYANDIRILMASI

Danışan yaklaşık dört saattir derin hipnozda kalmış olduğu için tam uyanık duruma geçmesi ve kan dolaşımının normale dönmesi için zaman tanınması gerekecektir. Normal tondan daha yüksek sesle şöyle söyleyin:

'Şimdi ruhsal alemden ayrılırken tüm anılarını ve iç görülerini beraberinde getirebilirsin. Ondan bire doğru sayarken bir dediğimde tamamen uyanık, dinlenmiş ve sanki bütün bir gece uyumuş gibi tamamen tazelenmiş olarak kalkacaksın.
On ... geri gelmeye başlıyorsun ...
Dokuz ... sol bacağını hareket ettiriyorsun (bacağın hareket etmesini teşvik edin) ...
Sekiz ... sağ bacağını hareket ettiriyorsun (bacağın hareket etmesini teşvik edin) ...
Yedi ... sol kolunu ve elini hareket ettiriyorsun ...
Altı ... sağ kolunu ve elini hareket ettiriyorsun ...
Beş ... belinin hareket etmesine izin veriyorsun ...
Dört ... omuzlarını hareket ettiriyorsun ...
Üç ... daha da fazla geliyorsun ...
İki ... Bir sonraki sayıda gözlerini tamamen açıyorsun.
Bir ... Gözlerin tamamen açık ve odada olduğunun farkındasın.'

ÇIKIŞ GÖRÜŞMESİ

Danışanın bu kısımda oturur vaziyette olması gerekmektedir ancak yine de yorum yapabilir durumdadır. Terapistin görevi danışana seansla ilgili kendi yorumunu bulmasına yardımcı olmaktır. En az 15 dakika danışanla konuşulmalı ve anda olduğundan emin olunmalıdır.

EBEDİ RUHU ŞİFALANDIRMAK

Hayatlar arası regresyonun ana olay sırasını özetleyin, örneğin ruh gruplarıyla karşılaşmak, vb. ve her birinin içeriği ile ilgili şu soruları sorun:

Bu kısımla ilgili hatırladığın ana hususlar neler?
Ve bu hususlar hangi açıdan sana yardımcı oldu?

Danışandan kaydı dinlemek için ve yeni iç görüleri fark etmesi için birkaç hafta beklemesi istenebilir. Bağlantıları yorumlama kısmından sonra danışandan, bu bilgilerin kendine ne şekilde yardımcı olduğu hakkında bir özet yazıp terapiste e-posta ile göndermesi istenebilir. Bu entegrasyon sürecine yardımcı olacaktır ve terapiste faydalı bir geri bildirim sağlayacaktır.

EK IV

DAVETSİZ ENERJİ İLE ÇALIŞMAK

TESPİT-ENERJİ ALANI TARAMASI

Neyin taranacağı ile ilgili niyetin açık bir şekilde belirtilmesi önemlidir.

Şimdi sana ait olmayan herhangi bir enerjiyi tespit etmek için tarama yapacağım. Gözlerin kapalı. Ellerim belli bir mesafede ayaklarından başına doğru tüm bedenini tararken sen de bedeninin etrafındaki alana odaklan. Bedeninin herhangi bir kısmında bir hafiflik veya ağırlık ya da farklı herhangi bir şey hissedersen bana söyle. Ayakların etrafındaki enerjiden başlayarak ... alt bacaklar ... dizler ... (ve baş bölgesine kadar bedenin bütün kısımları)

Taramanın iki ya da üç kez tekrarlanması gerekebilir.

TESPİT - İDEO MOTOR PARMAK SİNYALİ

Enerji taraması yapıldıktan veya hafif hipnozdan sonra yapılması en iyisidir.

Parmakların aracılığı ile yüksek benliğinle iletişim kurmak istiyorum. Bilinçli zihnini geri planda bırak. Yüksek benliğinin EVET'i ifade etmek için sol elinde bir parmağını kaldırmasına izin ver ... Parmağın kalkması için bekleyin ... **Güzel** ... **Yüksek benliğinin HAYIR ifade etmek için sol elinde bir parmağını kaldırmasına izin ver** ... Parmağın kalkması için bekleyin ... **Güzel**

Normalde cevap geç gelir ve parmak hareketi çok hafif olur.

Yüksek benlik, (danışanın adı)'a ait olmayan herhangi bir enerji var mı?
Yüksek benlik, 2 veya daha fazla sayıda olan enerjiler mi var? Bu 3 veya daha fazlası için tekrar edilebilir.
Yüksek benlik, burada tam olarak bir enerji mi var?
Sayıyı tam olarak teyit etmek için iki, üç, vb. sorulabilir.

EKLENTİ ENERJİLERLE İLETİŞİM KURMAK

Güvende olduğunun ve korunduğunun farkında olarak bilinçli zihninin geri planda kalmasına izin ver.
Göğsündeki (ya da bacaklar vb. veya en güçlü olan) **enerjinin öne çıkmasını ve** (danışanın adı)**'nın sesini kullanarak benimle konuşmasını istiyorum.**

Enerjiyi ellerinizle göğüs bölgesinden (veya bacaklardan vb.) danışanın ağzına doğru götürün.

Merhaba, bir ismin var mı?

Daha az tehditkar olan yumuşak ve hassas bir tonda konuşulmalıdır ve onun konuşmasını teşvik etmek için biraz azimli ve sabırlı olunmalıdır.

EKLENTİ ENERJİNİN GÖNDERİLMESİNE YARDIMCI OLACAK BİLGİLER

Bazı enerjiler diyalog kurmadan hemen ayrılabilirler. O yüzden parmak kontrolü yapılabilir.

Yüksek benliğinden bu enerjinin konuşmadan ayrılıp ayrılmayacağını belirtmesini istiyorum.

Eğer cevap evet ise ruhsal rehberden onu götürmesini ve danışandan da onu dışarı itmesi istenebilir. Eğer eklenti ile diyolog kurulması gerekliyse danışanla olan bağlantısını zayıflatın:

Ölmüş olduğunun farkında mısın?
Bu bedenin senin bedenin olmadığının farkında mısın?

Işığa gitmeleri için neye ihtiyaçları olduğunu bulun, örneğin geçmiş hayatından bir sevdiği kişiyi görmek, bebekler için bir dadı vb.

Kendi hayatında sevdiğin biri var mıydı?
Öldüğünde ışığa gitmene ne engel oldu?

Eğer eklenti danışanın duygusal bir travması sırasında geldiyse bu bir kancadır ve regresyon terapisi ile temizlenmelidir. Bu husus kurulan diyalog vasıtasıyla saptanabilir:

... (danışanın adı)**'a eklendiğinde onun hayatında neler oluyordu?**

Alternatif olarak ideo parmak işareti de kullanılabilir:

Yüksek benliğinden, bu enerji gönderildikten sonra şimdiki hayat regresyonu gerekip gerekmediğini belirtmesini rica ediyorum.

Ruh eklentinin danışan üzerindeki etkisini bulun. Bunlar; düşük enerji seviyesi, belirli düşünceler, duygular veya davranış değişiklikleri olabilir:

.... (danışanın adı)**'a yerleştirdiğin herhangi bir düşünce (vb.) var mı?**

ZORLAYICI DURUMLARI İDARE ETMEK

Bazen eklentiler gitmekte isteksiz olabilirler bu yüzden biraz azim ve yeni bilgilerin bulunmasına ihtiyaç duyulur.Terapist yardım için kendi sezgilerini dinleyebilir.

Kendi merkezine saf sevgi enerjisi getir ve neler oluyor bana söyle.
Bu bedende istenmiyorsun artık gitmenin vakti geldi.
Kendine ait bir bedenin varken hayatın nasıldı? Ve öldüğünde neler oldu?
Bir ışık varlığın gelmesini ve seni ışığa götürmesini rica ediyorum.

ENERJİ GÖNDERİLİRKEN

Danışanın eklenti enerjiyi gönderirken elleriyle iterek yardımcı olmasını ve gönderilme işleminde yer aldığını bilme gücünü verdiğinizden emin olun. Ayrıca danışanın neler hissettiğini keşfedin.

O giderken neler hissettiğini bana söyle.

DAVETSİZ ENERJİLERİN DİĞER TİPLERİ

Bazı davetsiz enerjiler basitçe duygu enerjileridir.

Hiç kendine ait bir insan bedenin oldu mu?

Eğer cevap evet ise regresyon terapiye geçmeden önce enerji kısmıyla konuşarak, danışanın hayatına ne zaman girdiğini belirlemek mümkün.

SEANSI TAMAMLAMAK

Tüm davetsiz enerjilerin gönderildiğinden emin olmak önemlidir:

Yüksek benliğinden ... (danışanın adı)'a ait olmayan bütün enerjilerin gönderilip gönderilmediğini bana söylemesini rica ediyorum.

ENERJİ ŞİFASI VE SORGULAMA

Reiki, ruhsal şifa veya benzer bir şifa yöntemi kullanılabilir:

Enerji alanın şifalandığında, yüksek benliğinin 'evet' parmağını kaldırmasına izin ver.

Terapi seansının sonunda seans sırasında neler olduğunun konuşulabilir. Eklenti enerjilerini açıklamak gerekebilir. Alternatif olarak bunun terapinin bir parçası olduğu da söylenebilir. Sonrasında korunma yöntemlerinden bahsedilmelidir. Kişinin normal olarak koruması vardır ancak kaza zamanları, ameliyat ya da duygusal travma benzeri durumlarda bu korunma zayıflar ve eklenti enerjilere açık hale gelinir

DAHA İLERİ OKUMALAR

Aşağıda, regresyon terapi, geçmiş yaşamlar, hayatlar arası, reenkarnasyon, piskoloji ve psikopatoloji hakkında farklı perspektifler sunan klasik kitapların listesi bulunmaktadır. Daha fazla konular biyografide yer almaktadır.

REGRESYON TERAPİSİ

Lucas, W. (ed.), *Regression Therapy: A Handbook for Professionals*, vol. 1, Deep Forest Press, 1993. Geniş çapta, regresyon terapistlerinin yöntemleri ve makalelerini içeren bu çalışma iki cilt halinde yayınlanmıştır.

Mack, P., *Healing Deep Hurt Within; The Transformational Journey of a Young Patient Undergoing Regression Therapy*, From the Heart Press, 2011. Dr. Peter Mack bir beyin ve sinir cerrahıdır. Yıllar süren hayal kırıklığından sonra hekimliği ile regresyon terapisini birleştirerek ilaçla tedaviye cevap vermeyen ve kişiyi zayıflatıp güçten düşüren bir hastalığa sahip olan hastasını yardımcı olmuştur. Bu kitaba başladığınızda elinizden kolay kolay bırakamayacaksınız.

TenDam, H., *Deep Healing*, Tasso, 1996, (order from Hans' email; tasso@damconsult.nl.). Regresyon Terapinin öncülerinden biri olan Hans Ten Dam'ın kullandığı regresyon terapi yöntemleri.

Tomlinson, A., (ed) *Transforming the Eternal Soul*, From the Heart Press, 2011. Bu kitabın devamı niteliğindedir ve ileri düzey regresyon terapi yöntemleri içerir. Bunların içinde:

vekaleten regresyon, ruhsal içsel çocuk regresyonu, karanlık enerji temizliği, zorlayıcı danışanlarla çalışmak, tıpta regresyon terapi kullanımı, regresyonda kristal terapi kullanımı, acil ruhsal durumları yönetmek ve terapiyi danışanın şimdiki hayatına entegre etmek konuları bulunmaktadır.

Woolger, R., *Healing Your Past Lives*, Sounds True, 2004. Roger regresyon terapiye beden farkındalığını tanıtan öncülerden biridir. Öncelikli olarak genel okuyucu kitlesine hitap etmesi için yazılmış olan bu kitapta Roger, kendi kullandığı şekliyle Derin Hafıza İşlemi (DMP) olarak adlandırdığı regresyon terapiyi anlatmaktadır.

GEÇMİŞ YAŞAMLAR

Bowman, C., *Children's Past Lives*, Element, 1998. Carol'ın çocukların geçmiş yaşamlarıyla ilgili tecrübelerini anlattığı okunması kolay bir kitap.

Lawton, I., *The Big Book of the Soul*, Rational Spiritual Press, 2009. Ruhun mevcudiyetini ve Reenkarnasyonu destekleyen tüm modern araştırmaların bir özetini içerir.

Stevenson, I., *Twenty Cases Suggestive of Reincarnation*, University of Virginia Press, 1974. Ian 2.600'ün üzerinde çocukla geçmiş yaşam çalıştı. Bu kitap, bulgularını paylaştığı 20 tanesini içermektedir. Geçmiş yaşamlara dair kanıt sağlayan objektif bir araştmayı içeren klasikleşmiş bir kitaptır.

Stevenson, I., *Where Reincarnation and Biology Intersect*, Praeger Publishers, 1997. Ian tarafından hazırlanmış bu kitap, şimdiki hayatta olan fiziksel problemler ile geçmiş hayat travmaları arasındaki bağlantıyla ilgili kanıtlar sunmaktadır.

Weiss, B., *Many Lives, Many Masters*, Piatkus, 1994. Bir klinik piskologunun, bir danışmanı vasıtasıyla geçmiş hayatları keşfetmesini anlatan okunması kolay bir kitaptır.

Daha İleri Okumalar

HAYATLAR ARASI REGRESYON

Lawton, I., with research assistance from Tomlinson, A., *Wisdom of Souls*, Spiritual Rational Press, 2006. Hayatlararasındaki on adet 'yaşlı bilge varlıklar' grubu, ruhsal, tarihsel ve felsefe başlığında altında; dünya üzerindeki hayatın amacını, insanlığın geleceği ile zaman ve gerçekliğin gerçek doğasını içeren konularla ilgili derin içgörülerini paylaşmaktadır.

Newton, M., *Journey of Souls*, Llewellyn, 1994. Hikayeler, 29 kişinin hayatlar arası regresyon seans notlarından oluşmaktadır. Ruhsal alem hakkında bir temel oluşturması ve kaynak olması açısından bu kitap çok önemlidir.

Newton, M., *Destiny of Souls*, Llewellyn, 2000. İlk kitabının devamı niteliğinde olan bu kitap, rusal alemde ruhların aldığı özel görevler/uzmanlıklar konu edilmektedir.

Tomlinson, A., *Exploring the Eternal Soul*, From the Heart Press, 2012 Enkarnasyon için yeni bir bedeni seçmeden önce ruhsal alemde neler yaptığımız, nerelere gittiğimiz, bizi kimin karşıladığı ve ölmek ve öte aleme geçmenin neye benzediği ile ilgili detaylı bilgiler sunulmaktadır. Okuyucuların kendi ruhlarının kalplerinin hikayesine ulaşması için 15 kişinin deneyimlerinin hassas bir şekilde sunulması ile diğer öncülerin çalışmaları esas alınmıştır.

DİNSEL GELENEK İÇİNDE REENKARNASYON

Page, C., *The Frontiers of Health*, 1996. Bir tıp doktoru tarafından yazılmış olan bu kitapta, enerji alanımızda ve ruhumuzdaki uyum eksikliğinin sağlığımız üzerinde nasıl etkileri olduğu anlatılmaktadır.

Rinpoche, S., *The Tibetan Book of Living and Dying*, Rider, 1992. Ölüm sonrası neler olduğu ile ilgili Budist bir açıklama. Ayrıca ölüm danışmanlığına yönelik faydalı bilgiler içermektedir.

Somé, P.M., *Of Water and the Spirit – Ritual, Magic and Initiation in the Life of an African Shaman*, Penguin, 1994. Okunması kolay olan bu kitap, Şifa hakkında Şamanik yaklaşımları tanıtmaktadır.

PSİKOLOJİ VE PSİKOTERAPİ

Herman, J., *Trauma and Recovery*, New York: Basic Books, 1992. Cinsel tacizin ele alınması ve cinsel tacizle başa çıkma hakkında kullanışlı bir genel açıklama.

Parks, P., *Rescuing the Inner Child*, Human Horizons Series, 2002. Çocukluk dönemi tacizleri sonrasında yapılan içsel çocuk terapisi için teknikler.

Ireland-Frey, L. *Freeing the Captives*, Hampton Roads Publishing, 1999. Eklenti enerjilerin gönderilmesi hakkında ilgi çekici vaka hikayeleriyle dolu bir çalışma.

PSİKOPATOLOJİ

Breggin, P., *Your Drug May Be Your Problem*, Perseus Publishing, 1999. İlaç firmalarının sessiz kaldığı, anti depresan ve kaygı giderici ilaçların etki ve yan etkileri konusunda faydalı tavsiyeler içeren bir çalışma.

Morrison, J., *DSM-IV Made Easy*, The Guildford Press, 1995. Vaka örnekleri üzerinden ciddi anlamda ruhsal buzukluklar yaşayan danışanların klinik teşhisini açıklar. DSM hakkında yazılan diğer kitaplara nazaran okunması çok daha rahattır.

REGRESYON TERAPİSİ KURUMLARI

International Board of Regression Therapy (IBRT)
(Uluslararası Regresyon Terapisi Birliği)
Geçmiş yaşam terapistleri, araştırmacıları ve terapist eğitim organizasyonları için bağımsız bir inceleme ve sertifikalandırma birliğidir. Websitesinde uluslararası akredite edilmiş geçmiş yaşam ve regresyon terapi eğitim organizasyonlarının listesi bulunmaktadır.
Website: http://www.ibrt.org

Spiritual Regression Therapy Association (SRTA)
(Spiritüel Regresyon Terapisi Birliği)
Bu birlik, danışanların spiritüel/ruhsal doğalarına saygı duyan/göz önünde bulunduran Regresyon ve Hayatlararası (Life Between Lives) terapistlerinin uluslararası birliğidir.Terapistler *Past Life Regression Academy* tarafından uluslararası standartlar ve danışanların iyiliğini gözeten etik kurallar uyarınca profesyonel olarak eğitim almışlardır.
Website: http://www.regressionassociation.com

Earth Association of Regression Therapy (EARTh)
(Avrupa Regresyon Terapisi Birliği)
Regresyon terapisini geliştirmek ve genişletmek amacıyla kurulmuş bağımsız bir dernektir. İnternet forumları ve makaleler sağlamakta ayrıca kendi tarafından resmi olarak tanınan regresyon terapi eğitim okullarının standartlarını belirlemektedir. Her yaz açtığı bir dizi atölye çalışmaları ile mesleki gelişmenin sürekliliğini sağlar.
Website: http://www.earth-association.org

EBEDİ RUHU ŞİFALANDIRMAK

International Deep Memory Association (IDMA)
(Uluslar Arası Derin Hafıza Birliği)
Roger Woolger'ın çalışmalarından ortaya çıkmış olan bu birlik, üyelerinin kişisel gelişimini desteklemekte ve onların birbirleriyle temasta olmalarını sağlamaktadır. Eğitimler, seminerler ve sosyal olaylarla ilgili detayları içeren düzenli bültenler yayınlamaktadır.
Website: http://www.i-dma.org

Norsk forbund for Regresjonsterapi (NFRT)
Norveçte, Regresyon terapisinin mesleki anlamda kabulünün yaygınlaştırmasını amaç edinen regresyon terapistleri birliğidir. Regresyon terapisi ile ilgili eğitimleri ve araştırma aktiviteleri ile konuyla ilgili toplumsal farkındalığı arttırmayı teşvik eder.
Website: http://www.regresjonsterapi.no

Nederlandse Vereniging van Reincarnatie Therapeuten (NVRT)
Bu profesyonel geçmiş yaşam terapistlerini birleştiren ve reenkarnasyon terapisinin verimliliği hakkındaki araştırmaları organize eden Hollanda temelli bir dernektir.
Website; http://www.reincarnatietherapie.nl

The Michael Newton Institute
(Micheal Newton Enstitüsü)
Bu profesyonel dernek, Dr. Micheal Newton'ın çalışmalarına dayanan, hayatlar arası spiritüel regresyon uygulamasındaki araştırmalara ve gelişmeleri ilerletmeye adanmıştır.
Website: http://www.newtoninstitute.org

KAYNAKLAR VE DİPNOTLAR

Her ne kadar bu kitapta alıntıları bulunan çoğu profesyonelin psikoloji veya psikiyatri alanında doktoraları olsa da, kitap boyunca 'Dr' ünvanını her zaman kullanmadım. Buradaki niyet saygısızlık etmek değil, yorucu tekrarlardan kaçınmaktır. Diğer yazarlardan yapılan alıntıların bazıları, açıklık kazandırmak için ana içeriğe sadık kalarak özetlenmiş veya bir parça yeniden kaleme alınmış olabilir. Bütün vaka örnekleri gerçekleştikleri sırada, dikkatlice kayıt edilen danışan geri bildirimleriyle birlikte özet haline getirilmiştir. Bu çalışmalar kopyalanırken tekrarlardan kaçınmak ve grameri düzeltmek için küçük değişiklikler yapılmıştır. Benim sorularım normal puntolarla gösterilmiş, danışanın cevapları ise italik yazı ile gösterilmiştir.

ÖNSÖZ

1. Don Theo Paredes and Art Roffey offer shaman training and trips to Peru. Website: www.innervisionpc.org, email: innervisionpc@comcast.net.
2. Ipu Makunaiman and his wisdom of the rain forest trips to the Amazon. Website: www.nativeculturalalliance.org, email: tucuxi@bellatlantic.net.
3. Joao Teixeira de Faria called 'John of God'. Website: www.johnofgod.com.

BÖLÜM 1 - GİRİŞ

1. Grof, S., *Beyond the Brain*, New York; State University, 1985.
2. Assagioli, R.M.D., *Psychosynthesis: A Manual of Principles and Techniques,* Aquarian Press, 1990.
3. Somé, P.M., *Of Water and the Spirit – Ritual, Magic and Initiation in the Life of an African Shaman*, Penguin, 1994.
4. Powell, A.E., *The Astral Body*, Kessinger Publishing Co., 1998.

Powell, A.E., *The Etheric Double*, Theosophical Press, 1989.
5. Krippner, S., and Rubin, R., *Galaxies of Life; the Human Aura in Acupuncture and Kirlian Photography*, Gordon and Beach, New York, 1974.
6. Brennan, B., *Hands of Light*, Bantam, 1988.
7. Wirth, D.P., *The Effect of Non-contact Therapeutic Touch on the Healing Rate of Full Thickness Dermal Wounds*, Journal of Subtle Energies & Energy Medicine, Vol. 1 No. 1, 1990.
8. *Daily Mail*, Dec 14th 2001, page 11.
9. Van Lommel et al, *Near-death Experience in Survivors of Cardiac Arrest*; a prospective study in the Netherlands, The Lancet, 15 Dec 2001.
10. Gallup, G., *A Look Beyond the Threshold of Death*, London Souvenir, 1983.
11. Stevenson, I., *Twenty Cases Suggestive of Reincarnation*, University of Virginia Press, 1974.
12. Weiss, B., *Many Lives, Many Masters*, Simon and Schuster, 1988.
13. Newton, M., *Destiny of Souls*, Llewellyn, 2000.
14. Newton, M., *Journey of Souls*, Llewellyn, 1994.
15. Haraldsson, E., *East and West Europeans and their Belief in Reincarnation and Life after Death*, in SMN *Network Review*, No 87, spring 2005.
16. Maj, M., Sartorius, N., Okasha, A., Zohar, J., *Obsessive Compulsion Disorder*, Wiley, 2000.
17. Bowlby, J., *The Making and Breaking of Affectional Bonds*, Routledge, 1994.
18. Stevens, R., *Understanding the Self*, The Open University, SAGE Publications, 1996.

BÖLÜM 2 – GEÇMİŞ YAŞAM VE SPİRİTÜEL REGRESYON TEORİSİ

1. McLaughlin, C., and Davidson, D., *Spiritual Politics*, Findhorn, 1994.
2. Bailey, A., *A Treatise on White Magic*, Lucis Trust, New York, 1998.
Page, C., *The Frontiers of Health*, 1996.

3. Blatzer, J.P., *The Donning International Encyclopaedic Psychic Dictionary*, The Donning Company, 1986.
4. Newton, M., *Destiny of Souls*, Llewellyn, 2000.
5. Powell, A.E., *The Astral Body*, Kessinger Publishing Co., 1998
   Page, C., *The Frontiers of Health*, 1996.
6. Stevenson, I., *Where Reincarnation and Biology Intersect*, Praeger Publishers, 1997.
7. Guirdham, A., *The Cathars and Reincarnation*, Spearman, 1992.
8. Tomlinson, A., *Exploring the Eternal Soul*, From the Heart Press, 2012.
9. Rinpoche, S., *The Tibetan Book of Living and Dying*, Rider, 1992.
10. Hopking, A., *The Emergence of the Planetary Heart*, Godshaer Publishing, 1994.
11. Browne, S., *Life on the Other Side – A Psychic's Tour of The Afterlife*, Piatkus, 2001.

BÖLÜM 3 – BİR GEÇMİŞ YAŞAMA BAŞLAMAK

1. Erickson, M., & Rossi, E., *Hypnotic Realities*, New York, Ivington, 1979.
2. Wolinsky, S., *Trances People Live*, The Bramble Company, 1991.
3. Netherton, M., and Shiffren, N., *Past Lives Therapy*, Morrow, New York, 1979.
4. Woolger, R., *Other Lives Other Selves*, Thorsons, 1999.

BÖLÜM 4 –BİR GEÇMİŞ YAŞAMI KEŞFETMEK

1. TenDam, H., *Deep Healing*, Tasso Publishing, 1996.

BÖLÜM 5 – GEÇMİŞ YAŞAMIN ÖLÜMÜ

1. Rinpoche, S., *The Tibetan Book of Living and Dying*, Rider, 1992.
2. Powell, A.E., *The Etheric Double*, Theosophical Press, 1989.

BÖLÜM 6 – RUHSAL ALEMDE DÖNÜŞTÜRME

1. Tomlinson, A., *Exploring the Eternal Soul*, From the Heart Press, 2012.

BÖLÜM 7 –HAYATLARARASI SPİRİTÜEL REGRESYON

1. Newton, M., *Life Between Lives; Hypnotherapy for Spiritual Regression*, Llewellyn, 2004.
2. The Michael Newton Institute, contact website: http://www.newtoninstitute.org.
3. Newton, M., *Journey of Souls*, Llewellyn, 1994.
4. Woolger, R., *Other Lives Other Selves*, Thorsons, 1999.
5. Tomlinson, A., *Exploring the Eternal Soul*, From the Heart Press, 2012.
6. Newton, M., *Destiny of Souls*, Llewellyn, 2000.

BÖLÜM 8 – BEDEN HAFIZASI İLE ÇALIŞMAK

1. Kurtz, R., *The Body Reveals*, Harper, New York, 1976.
2. Reich, W., *Studies in Psychology*, Pearson Custom Pub., 1991.
3. *Deep Memory Process* superseded Dr Roger Woolger original work *Integral Regression Therapy*. It is provided through regular international training programs and workshops together with spirit release, ancestor work, spiritual psychology and related topics. Websites:
   US and Europe: www.rogerwoolger.com.
   Germany, Austria and Switzerland: www.woolger.de.
   Brazil: www.woolger.com.br.
4. Woolger, R., and Tomlinson, A., *Deep Memory Process and the Healing of Trauma*, article published in the Network Review, Journal of the Scientific and Medical Network, summer 2004.
   Woolger, R., *Healing your Past Lives – Exploring the Many Lives of the Soul*, Sounds True, 2004.
   Woolger, R., *Body Psychotherapy and Regression: the Body Remembers Past Lives* in Staunton, T., *Body Psychotherapy*, Routledge, London, 2002.

5. Ogden, P., Minton, K., *Sensorimotor Psychotherapy: One Method for Processing Traumatic Memory,* Traumatology, 6 (3), Article 3, October 2000.
6. Staunton, T., *Body Psychotherapy,* Routledge, London, 2002.
7. Greenberg, E., and Woolger, R., *Matrix Therapy,* available from the author.
8. Givens, A., *The Process of Healing,* Libra Books, San Diego, California, 1991.
9. Herman, J., *Trauma and Recovery,* New York: Basic Books, 1992.
10. Stevens, R., *Understanding the Self,* The Open University, Sage Publications, 1996.

BÖLÜM 9 – DAVETSİZ ENERJİ

1. Baldwin, W., *Spirit Releasement Therapy,* Headline Books, 1995
2. Ireland-Frey, L., *Freeing the Captives,* Hampton Roads Publishing, 1999.
3. Cannon, D., *Between Death and Life: Conversations With a Spirit,* Gateway, 2003.
4. The Spirit Release Foundation, website: www.spiritrelease.com
5. Newton, M., *Destiny of Souls,* Llewellyn, 2002.
6. Di Griffiths runs training courses in Intrusive Energy. Email: diana.benjamin@virgin.net.

BÖLÜM 10 – ENTEGRASYON

1. Parks, P., *Rescuing the Inner Child,* Human Horizons Series, 2002.

BÖLÜM 11 – ÖN GÖRÜŞME

1. Frank, J.D., *Therapeutic Factors in Psychotherapy,* American Journal of Psychotherapy, 25, 1971.
2. Erickson, M.H., Zeigg, J. K., *Symptom Prescription for Expanding the Psychotic's World View,* contained in Dolan, Y., *A Path with a Heart – Ericksonian Utilisation with*

Resistant and Chronic Clients, Brunner Mazel, New York, 1985.
3. Maxmen, J.S., Ward, N.G., *Psychotropic Drugs Fast Facts*, W.W. Norton, 1995.
4. Breggin, P., Cohen, D., *Your Drug May Be Your Problem*, Perseus Books, 1999.

EK I – NOTLAR

1. Van der Maesen, R., in *The Journal of Regression Therapy, Volume XII (1), PLT for Giles De La Tourettes's Syndrome* International Association for Regression Research and Therapies, 1998.
2. Van der Maesen, R., in *The Journal of Regression Therapy, Volume XIII (1), Past Life Therapy for People who Hallucinate Voices,* International Association for Regression Research and Therapies, 1999.
3. Fonagy, P., Roth, A., *What Works for Whom*, The Guildford Press, 1996.
4. Snow, C., *Past Life Therapy: The Experiences of Twenty-Six Therapists,* The Journal of Regression Therapy, Volume I (2), 1986.
5. Denning, H., *The Restoration of Health Through Hypnosis*, The Journal of Regression Therapy 2:1 (1987), pp. 52–4.
6. Jung, C.G., Hull, R.F.C., *The Archetypes and the Collective Unconscious,* Routledge, 1991.
7. Assagioli, R.M.D., *Psychosynthesis: A Manual of Principles and Techniques,* Aquarian Press, 1990.
8. Boorstein, S. (ed.), *Transpersonal Psychotherapy*, Suny, 1996.
9. Dolan, Y., *A Path with a Heart – Ericksonian Utilization with Resistant and Chronic Clients*, Brunner Mazel, New York, 1985.
10. Dilts, R., *Beliefs*, Metamorphous Press, Oregon, 1993.
11. Tomkins, P., Lawley, J., *Metaphors in Mind, Transformation through Symbolic Modeling*, The Developing Company, 2000.
12. Nolte, J., *Catharsis From Aristotle to Moreno,* Action Methods Training Center, Indianapolis, 1992.

13. Wilkins, P., *Psychodrama (Creative Therapies in Practice)*, Sage Publications Ltd, 1999.
14. Van der Kolk, B., McFarland and Weisaeth (eds), *Traumatic Stress,* Guildford Press, New York, 1996.
15. MacLean, P.D., *Brain evolution relating to family, play, and the separation call,* Archives of General Psychiatry, 42, 405–417, 1985.
16. Bailey, A., *Esoteric Healing,* Lucis Trust, New York, 1999.
    Powell, A.E., *The Astral Body*, Kessinger Publishing Co., 1998.
    Powell, A.E., *The Etheric Double*, Theosophical Press, 1989.
17. Woolger, R., *Past Life Therapy, Trauma Release and the Body,* available from the author.

EK III – BİR REGRESYON SEANSININ YAPILANDIRILMASI

1. Newton, M., *Life Between Lives; Hypnotherapy for Spiritual Regression*, Llewellyn, 2004.

EBEDİ RUHU ŞİFALANDIRMAK

KAYNAKÇA

Assagioli, R.M.D., *Psychosynthesis: A Manual of Principles and Techniques*, Aquarian Press, 1990.
Bailey, A., *A Treatise on White Magic*, Lucis Trust, New York, 1998.
Bailey, A., *Esoteric Healing*, Lucis Trust, New York, 1999.
Baldwin, W., *Spirit Releasement Therapy*, Headline Books, 1995.
Blatzer, J.P., *The Donning International Encyclopedic Psychic Dictionary*, The Donning Company, 1986.
Boorstein, S. (ed.), *Transpersonal Psychotherapy*, Suny, 1996.
Bowlby, J., *The Making and Breaking of Affectional Bonds*, Routledge, 1994.
Bowman, C., *Children's Past Lives*, Element, 1998.
Breggin, P., Cohen, D., *Your Drug May Be Your Problem*, Perseus Books, 1999.
Brennan, B., *Hands of Light*, Bantam, 1988.
Browne, S., *Life on the Other Side – A Psychic's Tour of The Afterlife*, Piatkus, 2001.
Cannon, D., *Between Death and Life: Conversations With a Spirit*, Gateway, 2003.
Collins, M., *The Idyll of the White Lotus,* Theosophical Books.
Crasilneck, H.B., & Hall, J.A., *Clinical Hypnosis Principals and Applications*, Grune & Stratton, 1985.
Daily Mail, Dec 14th 2001, page 11.
Dilts, R., *Beliefs*, Metamorphous Press, Oregon, 1993.
Dolan, Y., *A Path with a Heart – Ericksonian Utilization with Resistant and Chronic Clients*, Brunner Mazel, New York, 1985.
Dychtwald, K., *Body-Mind*, Pantheon, New York, 1986.
Erickson, M. & Rossi, E., *Hypnotic Realities*, New York, Ivington, 1979.
Erickson, M.H., Zeigg, J.K., *Symptom Prescription for Expanding the Psychotic's World View,* in Rossi, E.L. *The Collected Papers of Milton H. Erickson*, Vol IV, Ivington.
Fonagy, P., Roth, A., *What Works for Whom*, The Guildford Press, 1996.

Frank, J.D., *Therapeutic Factors in Psychotherapy*, American Journal of Psychotherapy, 25, 1971.
Gallup, G., *A Look Beyond the Threshold of Death*, London Souvenir, 1983.
Givens, A., *The Process of Healing*, Libra Books, San Diego, California, 1991.
Greenberg, E., and Woolger, R., *Matrix Therapy*, available from the author.
Grof. S., *Beyond the Brain*, New York; State University, 1985.
Guirdham, A., *The Cathars and Reincarnation*, Spearman, 1992.
Havens, R., and Walters, C., *Hypnotherapy Scripts – A Neo-Erickson Approach to Persuasive Healing*, Brunner Mazel, 1989.
Herman, J., *Trauma and Recovery*, New York: Basic Books, 1992.
Hopking, A., *The Emergence of the Planetary Heart*, Godshaer Publishing, 1994.
Ireland-Frey, L., *Freeing the Captives*, Hampton Roads Publishing, 1999.
Jung, C.G., Hull, R.F.C., *The Archetypes and the Collective Unconscious*, Routledge, 1991.
Krippner, S., Rubin, R., *Galaxies of Life; the Human Aura in Acupuncture and Kirlian Photography*, Gordon and Beach, New York, 1974.
Kurtz, R., *The Body Reveals*, Harper, New York, 1976.
Lawton, I., *The Big Book of the Soul*, Rational Spiritual Press, obtainable from website: http://www.rspress.org, 2009.
Lawton, I., *Wisdom of the Soul*, Rational Spiritual Press, obtainable from website: http://www.rspress.org, 2006.
Levine, P., *Waking the Tiger: Healing Trauma.* Berkeley, CA: North Atlantic Books, 1997.
Lucas, W., (ed.) *Regression Therapy: A Handbook for Professionals*, Vol. 1, Deep Forest Press, 1993.
MacLean, P.D., *Brain Evolution Relating to Family, Play, and the Separation Call,* Archives of General Psychiatry, 42, 405–417, 1985.
Maj, M., Sartorius, N., Okasha, A., Zohar, J., *Obsessive Compulsion Disorder*, Wiley, 2000.

Maxmen, J.S., Ward, N.G., *Psychotropic Drugs Fast Facts*, Norton, 1995.
McLaughlin, C., and Davidson, D., *Spiritual Politics*, Findhorn, 1994.
Mead, G.R.S., *The Doctrine of the Subtle Body in Western Tradition*, Society of Metaphysicians, 1987.
Michael Newton Institute, *Training Manual*, contact website: http://www.newtoninstitute.org.
Netherton, M., and Shiffren, N., *Past Lives Therapy*, Morrow, New York, 1979.
Newton, M., *Destiny of Souls*, Llewellyn, 2000.
Newton, M., *Journey of Souls*, Llewellyn, 1994.
Newton, M., *Life Between Lives; Hypnotherapy for Spiritual Regression*, Llewellyn, 2004.
Nolte, J., *Catharsis From Aristotle to Moreno*, Action Methods Training Center, Indianapolis, 1992.
Ogden, P., Minton, K., *Sensorimotor Psychotherapy: One Method for Processing Traumatic Memory*, Traumatology, 6(3), Article 3, October 2000.
Oschman, J.L., *Energy Medicine: The Scientific Basis*, Churchill Livingstone, 1999.
Page, C., *The Frontiers of Health*, 1996.
Parks, P., *Rescuing the Inner Child*, Human Horizons Series, 2002.
Perls, F., Hefferline, R., Goodman, P., *Gestalt Therapy*, The Gestalt Journal Press, 1994.
Powell, A.E., *The Astral Body*, Kessinger Publishing Co., 1998.
Powell, A.E., *The Etheric Double*, Theosophical Press, 1989.
Praagh, J., *Talking to Heaven, A Medium's Message of Life After Death*, Piatkus, 1997.
Reich, W., *Studies in Psychology*, Pearson Custom Pub., 1991.
Rinpoche, S., *The Tibetan Book of Living and Dying*, Rider, 1992.
Rossi, E., Cheek, B., *Mind Body Therapy*, Norton, 1994.
Rumi, *These Branching Moments*, versions by Coleman Barks, Copper Beech, 1988.
Rycoft, C., *Reich*, Fontana Paperback, 1971.
Snow, C., *Past Life Therapy: The Experiences of Twenty-Six Therapists*, The Journal of Regression Therapy, Volume I (2), 1986

Somé, P.M., *Of Water and the Spirit – Ritual, Magic and Initiation in the Life of an African Shaman*, Penguin, 1994.

Stevens, R., *Understanding the Self*, The Open University, Sage Publications, 1996.

Stevenson, I., *Where Reincarnation and Biology Intersect*, Praeger Publishers, 1997.

Stevenson, I., *Twenty Cases Suggestive of Reincarnation*, University of Virginia Press, 1974.

TenDam, H., *Deep Healing*, Tasso Publishing, 1996.

TenDam, H., *Exploring Reincarnation*, Tasso Publishing, 1987.

Tomkins, P., Lawley, J., *Metaphors in Mind, Transformation through Symbolic Modeling*, The Developing Company, 2000.

Tomlinson, A., *Exploring the Eternal Soul*, From the Heart Press, 2012.

Van der Kolk, B., McFarland and Weisaeth (eds), *Traumatic Stress*, Guildford Press, New York, 1996.

Van der Kolk, B., *The Compulsion to Repeat the Trauma: Re-enactment, Revictimization, and Masochism.* This article first appeared in Psychiatric Clinics of North America, 12, (2), 389–411, 1989.

Van der Maesen, R., in *The Journal of Regression Therapy, Volume XII (1), PLT for Giles De La Tourettes's Syndrome*, International Association for Regression Research and Therapies, 1998.

Van der Maesen, R., in *The Journal of Regression Therapy, Volume XIII (1), Past Life Therapy for People who Hallucinate Voices*, International Association for Regression Research and Therapies, 1999.

Van Lommel, P., et al, *Near-death Experience in Survivors of Cardiac Arrest*; a prospective study in the Netherlands, The Lancet, 15 Dec 2001; Anonymous teeth case.

Van Wilson, D., *The Presence of Other Worlds*, Harper Row, 1975.

Weiss, B., *Many Lives, Many Masters*, Simon and Schuster, 1988.

Wilbarger, P., Wilbarger, J., *Sensory Defensiveness and Related Social/Emotional and Neurological Problems*, Van Nuys, CA: Wilbarger, obtained from Avanti Education Program, 14547 Titus St., Suite 109, Van Nuys, CA, 91402, 1997.

Wilkins, P., *Psychodrama – Creative Therapies in Practice,* Sage Publications Ltd, 1999.

Wirth, D.P., *The Effect of Non-contact Therapeutic Touch on the Healing Rate of Full Thickness Dermal Wounds,* Journal of Subtle Energies & Energy Medicine, Vol. 1 No. 1, 1990.

Wolinsky, S., *Trances People Live,* The Bramble Company, 1991.

Woolger, R., *Other Lives Other Selves,* Thorsons, 1999.

Woolger, R., *Healing Your Past Lives – Exploring the many Lives of the Soul,* Sounds True, 2004.

Woolger, R., *Past Life Therapy, Trauma Release and the Body,* available from the author.

Woolger, R., and Tomlinson, A., *Deep Memory Process and the Healing of Trauma,* article published in the *Network Review,* Journal of the Scientific and Medical Network, summer 2004.

EBEDİ RUHU ŞİFALANDIRMAK

YAZAR HAKKINDA

Andy Tomlinson psikoloji mezunu ve kayıtlı bir psikoterapisttir. Ayrıca Ericksonian hipnoterapi ve regresyon terapi eğitimlerini almış *International Board of Regression Therapy (IBRT)* sertifikalı bir geçmiş yaşam terapistidir. Ayrıca *Michael Newton Institute* lisanslı bir hayatlararası terapistidir.

Andy, uluslararası boyutta bilinen regresyon terapisine adanmış özel çalışmasını 1996 yılından beri sürdürmektedir. *Past Life Regression Academy*'nin Eğitim Direktörü ve *Spiritual Regression Therapy Association*'ın ve *Earth Association of Regression Therapy* kurumlarının kurucu üyesidir. Ayrıca *Exploring the Eternal Soul* (Ebedi Ruhun Keşfi) adlı kitabın yazarı ve Ian Lawton'ın *Wisdom of Souls* (Ruhların Bilgeliği) kitabının araştırmacısıdır. Bu iki kitabında, hayatlar arası regresyon alanına önemli katkı sağladıkları bilinmektedir. Uluslar arası eğitimleri, konferansları ve konuşmaları bulunmaktadır. Andy veya eğitimleri hakkında daha fazla bilgi için websitesi: *www.regressionacademy.com*

EBEDİ RUHU ŞİFALANDIRMAK

www.ingramcontent.com/pod-product-compliance
Lightning Source LLC
Chambersburg PA
CBHW051936290426
44110CB00015B/1997